2496-89. — Corbeil. Imprimerie Crété.

ENCYCLOPÉDIE

D'HYGIÈNE

ET DE

MÉDECINE PUBLIQUE

Directeur : Dr JULES ROCHARD

COLLABORATEURS : MM. ARNOULD, BERGERON, BERTILLON, BROUARDEL, Léon COLIN
DROUINEAU, Léon FAUCHER, GARIEL, Armand GAUTIER
GRANCHER, LAYET, LE ROY DE MÉRICOURT, A.-J. MARTIN, Henri MONOD
MORACHE, NAPIAS, NOCARD, POUCHET, PROUST
DE QUATREFAGES, RICHARD, RICHE, Eugène ROCHARD, STRAUS, VALLIN

TOME PREMIER

Avec figures intercalées dans le texte et 1 planche.

PARIS

LECROSNIER ET BABÉ, LIBRAIRES-ÉDITEURS

PLACE DE L'ÉCOLE-DE-MÉDECINE

1890

CHAPITRE II

DÉMOGRAPHIE

Par M. Jacques Bertillon.

ARTICLE I. — POPULATION EN GÉNÉRAL.

§ I. — Définition et programme de la démographie.

La *démographie* (1) est l'étude des collectivités humaines. Son objet est de savoir de quels éléments elles sont constituées, comment elles vivent et comment elles se renouvellent. Son principal instrument d'investigation est la statistique.

La meilleure manière de définir la démographie est d'en parcourir rapidement l'étendue. C'est ce que j'ai fait devant le congrès international de démographie de Genève (1882) qui a paru approuver les limites que j'ai assignées à cette science.

Programme de la démographie. — La première chose à faire, lorsqu'on entreprend l'étude démographique d'un pays, c'est de prendre une notion au moins sommaire de sa constitution géographique, de la nature et de l'emploi de son sol, enfin de la race de ses habitants. L'histoire, l'anthropologie et la statistique elle-même peuvent nous éclairer sur ce dernier point qui est toujours plus ou moins obscur; la statistique des tailles des conscrits, celle des langues parlées, celle des relevés anthropologiques lorsqu'ils existent, fournissent d'utiles renseignements.

Étude du recensement. — Ces études préliminaires une fois faites, il faut procéder à l'analyse des recensements, et voir comment est com-

---

(1) Ce mot, aujourd'hui adopté universellement, a été créé par Achille Guillard, mon grand-père, qui a écrit en 1855 un volume intitulé : *Éléments de statistique humaine ou Démographie comparée.* **Paris**, chez Guillaumin.

posée la population que l'on étudie, combien elle contient d'enfants, combien d'adultes, combien de vieillards.

Cette première analyse sera toujours d'une importance capitale, à quelque point de vue qu'on se place.

Est-ce au point de vue de l'hygiène publique? La distinction des âges sera très nécessaire. Un pays qui contient beaucoup d'enfants comptera, par ce seul fait, beaucoup de décès, même si la mortalité étudiée par âges est faible, car ce sont toujours les premiers âges de la vie qui contribuent le plus à grossir les listes mortuaires. De plus, lorsque l'on considérera les causes de mort dans un pays où les enfants sont nombreux, on ne sera pas surpris d'y voir figurer quantité de maladies propres à l'enfance, tandis que les maladies des adultes (telles que fièvre typhoïde, etc.) seront ou plutôt paraîtront relativement rares. On se gardera d'attribuer au climat des résultats qui seront dus tout simplement à la composition de la population.

L'étude du recensement par âges sera plus importante encore au point de vue économique. A ce point de vue, en effet, un enfant est loin d'avoir la valeur d'un adulte. Un enfant n'est pour un pays qu'une promesse pour l'avenir; pour le présent, il n'est qu'une source de dépense. Un vieillard n'est qu'un souvenir du passé; c'est un honneur pour un pays que d'en compter beaucoup dans son sein, mais ce n'est pas une force pour lui. Et si je fais ces réflexions qui peuvent paraître banales, c'est que le législateur néglige trop souvent de les faire.

Par exemple en France, on a cru fort équitable de charger les impôts des départements en raison de la population qu'ils contiennent. C'est évidemment une erreur : les départements de la vallée de la Garonne, ne produisant que fort peu de naissances, ont fort peu d'enfants à tel point que le Gers ne compte que 220 enfants de 0 à 15 ans pour 1000 adultes tandis que les départements bretons en comptent jusqu'à 330 (Finistère); non seulement ces 110 enfants que le Finistère a en sus de ceux du Gers, ne contribuent en rien à payer les impôts, mais ils constituent pour le département une véritable charge. Loin de compter les enfants et les vieillards dans le calcul de la répartition des impôts, on devrait, en toute justice, dégrever en outre les départements où les familles supportent la lourde et utile dépense nécessaire pour élever une nombreuse postérité. Cependant c'est le contraire qui se fait. Et, chose extraordinaire, c'est par esprit d'équité qu'on est arrivé à cette injustice!

L'étude de la population par âge et par état civil est également très importante. Il faut calculer combien, sur 1000 individus en âge d'être mariés, il en est qui le sont en effet. Sans insister longuement sur l'utilité d'un tel rapport, je ferai remarquer que les pays qui comptent le plus d'époux proportionnellement à leur population, ne sont pas toujours les plus féconds, et réciproquemment. La Bretagne en France, les

Flandres en Belgique, comptent un nombre d'époux relativement peu élevé, et pourtant la natalité y est assez forte. Au contraire, dans la vallée de la Garonne, les époux sont assez nombreux, mais les naissances sont extrêmement rares.

Il faut montrer ensuite comment on utilise le recensement pour l'étude des différentes professions. On peut dire qu'un homme est caractérisé par sa profession. L'étude des professions explique souvent les particularités démographiques que présente un peuple. Aussi devrait-elle être poussée plus loin qu'elle ne l'a été de notre temps. Il est peu d'auteurs qui aient suivi la méthode indiquée par M. Le Play et qui consiste à décrire minutieusement l'alimentation, le logement, le vêtement et les habitudes de telle ou telle classe professionnelle. L'Anglais Young s'est illustré pour avoir simplement rapporté les conversations qu'il avait avec des paysans ou des muletiers au cours de ses voyages en France et en Italie. Cependant son exemple n'a guère été suivi.

Étude des mouvements de population ou Démographie dynamique. — L'étude des mouvements de population nous permet d'établir le bilan démographique d'une nation : les naissances et les immigrations nous représentent les recettes que fait le pays que l'on considère, tandis que les décès et les immigrations nous font connaître ses dépenses.

On devra étudier aussi la morbidité, la géographie médicale, la fréquence des causes de décès dont l'étude se rattache de si près à celle de la mortalité et aux questions relatives à l'acclimatation.

C'est ici que la démographie côtoie l'hygiène et peut lui rendre de signalés services. Lorsque l'hygiène, s'appuyant soit sur des observations particulières, soit sur des expériences, croit avoir trouvé un moyen de protéger l'humanité contre un des fléaux qui la déciment, c'est la démographie qui juge en dernier ressort l'efficacité du moyen proposé. C'est elle qui prouve la vérité des bienfaits de la vaccine; et qui montre aussi que, pour les compléter, la revaccination est indispensable; c'est elle encore qui a montré, dans maintes occasions, que les règles que l'hygiène imposait à la construction des hôpitaux n'avaient pas l'efficacité qu'on en espérait. C'est elle enfin qui sera appelée à se prononcer en dernier ressort sur l'efficacité de l'assainissement des villes, tel qu'on le pratique à notre époque. La démographie est le juge de l'hygiène.

Étude du genre de vie et des mœurs des collectivités. — Mais ce n'est pas tout que de voir comment une société se renouvelle, il faut savoir comment elle vit, quelles sont ses mœurs et ses habitudes.

La statistique nous fournit sur ce sujet d'importants renseignements. Déjà nous avons parlé des professions avant même d'aborder l'étude des mouvements de population, parce qu'il existe des différences profondes entre les pays industriels et les pays agricoles, et qu'il importe d'en être prévenu dès qu'on aborde l'étude de la démographie.

Il faut évaluer le degré de bien-être des diverses catégories d'habitants, savoir, autant que possible, quel est leur revenu et comment ils l'emploient. Ici la démographie touche à la science des richesses, mais ce n'est pas au même point de vue que les deux sciences doivent considérer le revenu des habitants : l'économie politique considère surtout l'*origine* de ce revenu; elle cherche pourquoi il augmente dans certains cas, et pourquoi il diminue dans certains autres; la démographie doit l'étudier plutôt dans ses *effets :* effet hygiénique du bien-être; effet au point de vue du développement de l'intelligence et de l'instruction; effet au point de vue moral, etc.

Le bien-être des habitants d'un pays consiste dans la satisfaction donnée à leurs besoins; il convient donc d'étudier la façon dont ils se logent, dont ils se vêtent, dont ils se nourrissent.

La statistique des logements est faite avec soin dans un grand nombre de pays et notamment dans les villes, malheureusement elle est médiocre en France. Il est clair que la petitesse des logements a une influence très grande sur l'hygiène des habitants et même sur leur état moral. Il est rare qu'on ait des renseignements statistiques sur le vêtement des habitants. Mais on est souvent mieux renseigné dans les villes sur ce qu'ils mangent, et aussi sur ce qu'ils boivent. Ici se trouve donc le moment d'étudier l'alcoolisme.

Ayant ainsi fait connaître les habitudes de l'homme, considéré au point de vue physique, on peut étudier ce qu'on a appelé la statistique morale. Les deux recherches se touchent en plus d'un point.

Différentes statistiques nous renseignent sur la diffusion de l'instruction; il faut demander à chacune d'elles tout ce qu'elle peut donner.

L'état religieux des populations est le plus souvent relevé par les recensements. Quant au degré de sincérité des convictions religieuses, il est rare que le statisticien puisse l'apprécier. Cependant on a relevé longtemps en Saxe le nombre des communions. Le marquis d'Angeville, statisticien trop oublié aujourd'hui, a relevé les produits du denier de Saint-Pierre dans les différentes parties de la France vers 1835.

Après avoir étudié l'état moral de l'homme, considéré dans son état normal, on peut rechercher la fréquence de ses déviations morales. La fréquence de la folie, du crime, du suicide, du divorce, peuvent être décrites, — à moins qu'on ait déjà fait ces tristes études à propos de la morbidité et des causes de décès.

De la méthode démographique. — La statistique est le principal instrument d'investigation de la démographie. En présence d'un volume de statistique un lecteur novice est souvent très embarrassé de savoir ce qu'il en faut tirer. Voici les règles à suivre :

1° La statistique vaut surtout par la comparaison. Un chiffre prend donc un intérêt bien plus grand dès qu'on le compare à ceux qui l'ont précédé dans l'histoire, ou aux chiffres similaires des autres pays.

2° Lorsqu'on étudie une statistique, on doit procéder du général au

particulier : il faut lire d'abord les chiffres les plus généraux, et des-
cendre ensuite petit à petit dans l'étude détaillée des éléments qui les
constituent.

3º Il ne faut jamais tirer de conclusions de chiffres généraux lorsqu'on
n'a pas étudié les éléments dont ils se composent. Avant de se servir
d'un chiffre total, il faut savoir ce qu'il y a dedans.

4º Cette règle est la principale : dans l'étude des chiffres statistiques,
il faut s'appliquer à comparer sans cesse la grandeur des effets à la
grandeur de leurs causes productrices :

Lorsqu'il s'agit d'apprécier la valeur d'un chiffre statistique, la question qu'on doit se faire ressemble (qu'on me pardonne la comparaison)
à celle que se fait un grammairien quand il cherche le sujet d'une
phrase; par exemple pour chercher le sujet de cette phrase : « Paul
épouse Louise, » le grammairien se demande : « qui est-ce qui épouse?
C'est Paul. » C'est donc Paul le sujet.

Le statisticien doit se faire une question analogue. S'agit-il d'apprécier un nombre de mariages pour une population donnée, la question
à se faire est celle-ci : « Quelles sont les personnes susceptibles de faire
un mariage? » la réponse est toute simple : ce sont les célibataires et
les veufs, car il est bien clair que les gens mariés ne peuvent plus contracter mariage. Divisons donc le nombre des mariages par le nombre
des mariables, et nous aurons un rapport utile.

S'agit-il de naissances légitimes? La question à se faire est la suivante : « Quelles sont les personnes susceptibles de *produire* une naissance légitime? » Évidemment ce sont les gens mariés ou plutôt pour
plus de simplicité, les femmes mariées de moins 50 ans. Comparons
donc le nombre des naissances légitimes au nombre des femmes mariées de moins de 50 ans.

S'agit-il de naissances illégitimes : « Quelles sont les personnes susceptibles de *produire* une naissance illégitime? » Évidemment ce sont
les célibataires et les veufs, ou plus simplement les filles et les veuves
de moins de 50 ans. Comparons donc le nombre des naissances illégitimes au nombre des filles et des veuves de moins de 50 ans.

Enfin s'il s'agit des décès, la question sera plus simple encore, puisque
tout le monde, hélas! est susceptible de mourir; c'est donc à la population qu'il faut comparer le nombre des décès. Tout autre comparaison est fâcheuse; ainsi il faut se dispenser du calcul suivant qu'on
trouve dans un grand nombre de traités d'hygiène : « Sur 100 décès,
combien sont causés par la phtisie? » Quelles sont, en effet, les personnes susceptibles de devenir phtisiques; ce sont les vivants et non
pas les morts. Comparez donc les phtisiques aux vivants qui les ont
fournis.

Rien de plus simple qu'une telle méthode, et pourtant on l'a souvent
méconnue, tantôt pour aboutir à des résultats pourvus sans doute

d'une certaine valeur, mais trop complexes pour parler clairement à l'esprit, tantôt au contraire, pour se livrer à des fantaisies extravagantes. N'ai-je pas vu dans un ouvrage ancien, mais qui ne manque pas de réputation, une comparaison entre les naissances et le total des mariages, des naissances et des morts? Il est inutile d'insister pour montrer combien cette méthode de calcul est stérile.

Il en est une autre fort usitée et qui ne me paraît guère préférable. Elle consiste, pour apprécier la fréquence des mariages par état civil, à calculer combien, sur 100 mariages, il s'en conclut entre célibataires, entre veufs, etc. Jamais on n'a pu tirer le moindre enseignement d'un pareil calcul.

Appliquons au contraire à ces chiffres la méthode démographique que nous venons d'indiquer. Il s'agit des mariages en secondes noces: « Quelles sont les personnes susceptibles de *faire* un tel mariage? » Les veufs, sans aucun doute. Comparons donc le nombre des mariages en secondes noces au nombre des veufs vivants, et nous aurons un rapport vraiment instructif : sur 1 000 veufs vivants, combien se marient chaque année?

Le même genre de calcul est applicable aux célibataires pour les mariages en premières noces.

Un autre point qu'on ne saurait trop mettre en lumière, c'est la nécessité de toujours faire la distinction des âges lorsqu'elle est possible, et de ne conclure qu'avec réserve lorsque cette distinction capitale ne peut être faite.

Pour les mariages, par exemple, cette distinction est très nécessaire; si on la néglige, on trouve qu'en Angleterre, par exemple, sur 1 000 filles de plus de 15 ans, il y en a 62 qui se marient chaque année, et que sur 1 000 veuves il n'y en a que 20. On sera donc porté à croire que la nuptialité des veuves est trois fois moindre que celle des filles, ce qui est justement le contraire de la vérité, car la nuptialité des veuves étudiée âge par âge est plus forte de moitié que celle des filles du même âge. Il est aisé de se rendre compte de cette apparente contradiction : la plupart des filles sont jeunes et la plupart des veuves sont vieilles. Quel que soit l'empressement que les veuves mettent à se marier, elles ne pourront atteindre la nuptialité des jeunes filles; mais cette infériorité sera le fait de leur âge et non pas de leur état civil.

La distinction des âges est rarement faite dans l'étude de la natalité. Les pays scandinaves sont les seuls, outre quelques grandes villes, qui relèvent l'âge des mères. En Suède, la distinction est faite séparément pour les mères mariées et pour les filles-mères. On voit ainsi que ce ne sont pas les filles les plus jeunes qui ont le plus de tendance à se laisser séduire; c'est surtout de 25 à 35 ans que les naissances illégitimes sont nombreuses en Suède.

Si la distinction des âges est très utile pour faire une étude complète de la nuptialité et et de la natalité, on peut dire qu'elle est absolument indispensable pour l'étude de la mortalité.

Il n'est guère de statisticien qui ne s'en rende compte aujourd'hui. Mais il est regrettable de voir un grand nombre d'hygiénistes s'appuyer sur les chiffres de la mortalité générale (sans distinction d'âges) sans se douter des illusions dont ils peuvent ainsi devenir les victimes.

Conclusion. — La démographie a pour objet l'étude des collectivités humaines : leur race, leur composition par âge, leur natalité, leur nuptialité, leur morbidité, leur mortalité, leurs causes de décès, leurs migrations, leur état économique considéré spécialement dans ses effets sur l'hygiène physique et morale, leurs mœurs, leur état intellectuel et moral (instruction, religion, etc.), la fréquence des déviations morales (crimes, aliénation, suicides, divorces, etc.).

L'instrument principal d'investigation de la démographie est la statistique.

Pour s'en servir convenablement, il faut surtout comparer les chiffres entre eux, et spécialement comparer ceux qui expriment des effets (mariages par exemple) à ceux qui expriment des causes productrices (mariables, pour l'exemple précité). Il faut, toutes les fois que cela est possible, tenir grand compte de la distinction des âges.

§ 2. — Population de la terre.

Il y a, d'après les calculs les plus récents, un milliard et demi d'hommes sur la surface de la terre. Le tableau I indique, d'après les recherches de M. Levasseur (1), comment ils se répartissent sur les différents continents :

TABLEAU I. — **Superficie et population des cinq parties de la terre, en 1886**, d'après M. LEVASSEUR.

	SUPERFICIE.		POPULATION.		
	SUPERFICIE en millions de kilomètres carrés.	RAPPORT à la superficie totale de la terre.	MILLIONS d'habitants.	DENSITÉ (habitants par kilomètre carré.)	RAPPORT à la population totale de la terre.
Europe	10.0	2.0	347	34.0	23.4
Afrique	31.4	6.1	197	6.0	13.3
Asie	42.0	8.2	789	19.0	53.2
Océanie	11.0	2.2	38	3.5	2.6
Amérique { Nord	23.4	4.6	80	3.4	5.4
Sud	18.3	3.6	32	1.7	2.1
TOTAUX	136.1	26.7	1.483	10.9	100.0

(1) *Bull. de l'Institut international de statistique* de 1886 et 1887 (Rome, héritiers Botta).

Beaucoup d'autres auteurs avaient fait pareil calcul. L'évaluation de M. Levasseur, justifiée par les recherches les plus sérieuses, est une des plus élevées. Voici les chiffres obtenus par quelques-uns de ses devanciers :

Voltaire..	900	millions	d'habitants.
Sussmilch (1765)...	1.080	—	—
Wallace (1769).............................	1.000	—	—
Moheau (1778)...............................	950	—	—
Volney (1804)..	437	—	—
Malte-Brun (1804-1810).....................	640	—	—
Almanach de Gotha (1810).................	682	—	—
Balbi (1828)................................	847	—	—
Berghaus (1843)...........................	1.272	—	—
Behm et Wagner (1883)....................	1.433	—	—

On est surpris de voir Voltaire en tête de cette liste. Sa méthode, qui laissait fort à désirer, était pourtant préférable à celle de beaucoup de ses contemporains. Après en avoir raillé plusieurs (et notamment le Wallace cité plus haut), il conclut ainsi :

« Pour moi, si au lieu de faire un roman ordinaire, je voulais me réjouir à supputer combien j'ai de frères sur ce malheureux petit globe, voici comment je m'y prendrais. Je verrais d'abord à peu près combien ce globule contient de lieues carrées habitées sur la surface. La surface du globe est de 27 millions de lieues carrées; ôtons-en d'abord les deux tiers au moins pour les mers, rivières, lacs, déserts, montagnes et tout ce qui est inhabité; ce calcul est très modéré et nous donne 9 millions à faire valoir.

« La France et l'Allemagne comptent 600 personnes par lieue carrée, l'Espagne 160, la Russie 15, la Tartarie 10, la Chine environ 1,000. Prenez un nombre moyen comme 100 ; vous aurez 900 millions de vos frères soit basanés, soit nègres, soit rouges, soit jaunes, soit barbus, soit imberbes..... Qu'importe qu'il y ait beaucoup ou peu d'hommes sur la terre ? L'essentiel est que cette pauvre espèce soit la moins malheureuse qu'il est possible. »

Voltaire ne donnait pas son évaluation comme sérieuse (1) mais comme préférable à celle de l'*Histoire universelle d'Angleterre* qui affirmait que la terre portait quatre milliards d'habitants. Si superficiel que soit son calcul, on sera porté à le croire relativement assez judicieux si l'on songe que l'Europe, à son époque, comptait presque deux fois moins d'habitants qu'aujourd'hui, et que l'Amérique n'en avait pour ainsi dire pas.

Le prudent Moheau, statisticien français du siècle dernier, présente

_____

(1) « Il faut avouer, dit-il, que d'ordinaire nous peuplons et dépeuplons la terre un peu au hasard : l'à peu près est notre guide, et souvent ce guide nous égare beaucoup. »

aussi ce chiffre de 950 millions avec une modestie qui lui fait honneur. « Moins on a de connaissances, dit-il tout d'abord, plus on est hardi dans ses assertions », et après s'être plaint des chimères politiques élaborées par quelques auteurs relativement à la population de la terre, il cite « l'un de ceux qui méritent le moins de reproche » et qui évalue la population de la terre à 950 millions. Et il ajoute : « Nous ne sommes pas plus disposé à accorder à ces auteurs une grande confiance qu'en état de les contredire. Nous ne disconviendrons pas pourtant que ces estimations fondées sur des vraisemblances forment un premier pas vers la vérité, et que la seule manière juste de les critiquer est d'en donner de plus exactes. »

Nous ne pouvons reproduire ici le détail des chiffres de M. Levasseur dans le travail considérable qu'il a publié dans le *Bulletin de l'institut international de statistique*. Chaque État, chaque portion de territoire, est mentionné avec le chiffre de la population d'après les documents les plus authentiques. Ce travail n'a pas toujours pu être fait avec la même exactitude. La population d'une grande étendue du continent africain a dû nécessairement être évaluée d'après l'impression très vague rapportée par les voyageurs.

Le tableau II résume les chiffres issus de recensements réguliers ou tout au moins d'évaluations très détaillées.

TABLEAU II. — **Population des États les plus peuplés ou les plus étendus**.

ÉTATS.	SUPERFICIE en milliers de kil. carrés.	POPULATION en millions d'habitants.
1. Empire chinois...............................	11.572	404
2. Empire britannique.............	23.616	307
3. Empire russe...................	21.915	109
4. France, colonies et pays de protectorat..........	2.949	71(?)
5. Etats-Unis.................................	9.345	58
6. Empire allemand et colonies..	1.665	48
7. Empire ottoman (sans Bosnie-Herzégovine)......	6.107	41
8. Empire austro-hongrois (avec Bosnie-Herzégovine).	674	40
9. Japon.......................................	382	38
10. Pays-Bas et colonies.......................	1.741	31
11. Italie.....................................	287	30
12. Etat libre du Congo.......................	2.074	29(?)
13. Espagne et colonies	940	25
14. Brésil....................................	8.337	13
15. Mexique...................................	1.946	10.4
16. Portugal et colonies.......................	1.917	7.9
17. Perse.....................................	1.650	7.7(?)
18. République argentine.......................	2.836	3.0
19. Pérou..................	1.049	2.6
20. Venezuela	1.639	2.1
21. Bolivie	1.300	2.0

TABLEAU III. — **Détails relatifs au** TABLEAU II.

ÉTATS.	SUPERFICIE en milliers de kil. carrés.	POPULATION en millions d'habitants.	SUR 1 KIL. C. combien d'habitants.
1. *Empire chinois*, dont :			
Chine proprement dite..............	4.024	383	95
Mandchourie, Turkestan.....	980	12	12
Dzoungarie, Tibet, Mongolie.......	7.548	21	3
2. *Empire britannique*, dont:			
Europe	313	35.4	37
Empire des Indes	3.584	254	71
Ceylan........................	66	2.8	42
Canada........................	9.092	4.5	»
Possessions en Océanie......... ...	8.874	3.2	»
3. *Empire russe*, dont :			
Russie d'Europe..................	5.477	89.7	16
Sibérie......................	12.503	4.1	0.3
Asie centrale.................	3.488	5.5	1.6
Transcaucasie	206	3.5	16.8
4. *France*, dont :			
Algérie (et Sahara algérien)........	518	3.9	7.5
Tunisie.....................	118	2.1(?)	17.8
Sénégal....	160	0.5(?)	3.1
Congo français, etc..........	500(?)	6.7(?)	13.4
Madagascar..................	592	3.5(?)	5.9
Cochinchine..................	59	2.2	38
Tonkin......................	90	6.0(?)	67
Annam....	120	6.0(?)	50
Cambodge...................	100	1.0(?)	10
7. *Empire ottoman*, dont :			
Turquie d'Europe (non compris Bosnie-Herzégovine; mais y compris Novi-Bazar)................... ..	182	4.9	24
Turquie d'Asie administrée directement...............	1.890	15.3	»
Egypte { Vice-royauté....	1.021	6 8	»
Egypte { Anciennes provinces......	1.880	10.7	»
Tripoli..	1.300	1.0	»
8. *Empire austro-hongrois*, dont :			
Bosnie-Herzégovine....	51	1.3	»

(1) Moins quelques territoires situés en Europe.

§ 3. — **Population de l'Europe.**

Le tableau IV indique comment se répartissent à la surface de l'Europe les 346 millions d'habitants qui s'y pressent.

En règle moyenne, 1 kilomètre carré contient 34 habitants.

L'Europe, la plus civilisée des parties du monde, n'est donc pas la plus habitée, car la densité de la population atteint 35 dans l'immense empire chinois (1), et 71 dans l'empire indien (2).

La Belgique, puis les Pays-Bas, et la Grande-Bretagne sont les pays

(1) 95 dans la Chine propre, et 3 le reste de l'empire (Mandchourie et pays sujets à la couronne).
(2) 86 dans le territoire britannique et 43 dans l'ensemble des états tributaires.

qui, à surface égale, nourrissent le plus d'habitants. Après eux, il faut citer l'Italie, puis l'Allemagne et enfin la France.

TABLEAU IV. — **Superficie, population et densité des différents États de l'Europe en 1886** (d'après M. LEVASSEUR).

ÉTATS ET RÉGIONS.	SUPERFICIE en kil. carrés. (Données officielles ou autres).	POPULATION calculée pour la fin de 1886, en millions d'habitants (1).	SUR 1 KIL. C. combien d'habitants en 1886.
Royaume-uni de Grande-Bretagne....	312.931	37.2	119
Dont : Angleterre et Galles, 1881....	150.697	26.0	172
Ecosse, 1881................	77.200	3.7	48
Irlande, 1881................	84.251	5.2	61
Pays-Bas.....................	33.000	4.4	133
Grand-duché de Luxembourg.........	2.587	0.2	82
Belgique.....................	29.457	5.9	201
France......................	528.400	38.2	72
Monaco......................	21.6	0.01	468
EUROPE OCCIDENTALE.............	906.396.6	86.0	95
Heligoland (Angleterre).............	2.5	0.002	800
Empire allemand.................	540.515	46.9	86
Dont : Prusse, 1885.............	348.258	28.3	81
Bavière, 1885.............	75.853	5.4	71
Saxe, 1885.............	14.993	3.2	212
Wurtemberg, 1885..........	19.504	2.0	102
Bade, 1885.............	15.081	1.6	106
Alsace-Lorraine, 1885.......	14.508	1.6	108
Suisse (avec les lacs).............	41.347	2.9	71
Lichtenstein..................	157	0.009	58
Autriche-Hongrie.....	674.246	39.9	59
Dont : Autriche cisleithane, 1880....	300.024	22.1	74
Hongrie, 1880.............	279.485	13.8	49
Croatie-Slavonie et Fiume, 1880	43.628	1.9	44
Bosnie et Herzégovine 1885..	51.109	1.3	26
EUROPE CENTRALE.............	1.256.267.5	90.0	72
Andorre..................	452	0.006	13
Portugal..................	88.869	4.4	50
Espagne..................	497.163	17.4	34
Gibraltar (Angleterre).............	5	0.02	4.798
Italie.....................	286.588	29.9	105
Saint-Marin	60	0.008	130
Malte (Angleterre)...............	303	0.16	530
Grèce....................	63.581	2.0	31
Turquie d'Europe...............	182.182	4.9	27
Bulgarie et Roumélie orientale.......	99.872	2.0	20
Montenegro	9.030	0.3	33
Serbie....................	48.586	2.0	41
Roumanie..................	131.401	5.4	41
EUROPE MÉRIDIONALE.............	1.408.092	68.0	48
EUROPE ORIENTALE : Russie...........	5.477.089	93.0	17
Suède....................	442.126	4.7	11
Norvège...................	322.968	1.9	6
Danemark.................	142.464	2.1	15
Spitzberg et autres îles boréales......	70.500	»	»
EUROPE SEPTENTRIONALE.............	978.058	8.7	9
Europe.................	10.025.903.1	345.7	34

(1) La population des États a été rapportée par le calcul à l'année 1886 afin d'arriver au total de la population de l'Europe. Pour plus d'exactitude, on a reproduit purement et simplement les chiffres du dernier recensement pour chaque portion d'État.

Des tableaux plus détaillés, mais dont la longueur dépasserait le cadre de ce travail, seraient nécessaires pour rendre un compte exact de la répartition de la population sur le sol de l'Europe, par provinces et par fractions de provinces.

Toutes choses égales d'ailleurs, la densité de la population se proportionne aux ressources alimentaires que l'homme tire du sol et des eaux. Dans des pays ou l'homme ne vit que de chasse, la densité kilométrique de la population est extrêmement faible; dans les pays où l'agriculture est très développée telle que la Chine, la densité est très forte; *media in mediis*.

Si aucun autre élément n'intervenait, la densité de la population serait à peu près proportionnée à la fertilité des terres. Il n'en est pas ainsi parce que deux éléments influents interviennent :

En premier lieu le développement de l'industrie. L'industrie concentre, sur certains points ou sur certaines régions, la population; cependant elle ne crée pas des ressources alimentaires nouvelles (et par conséquent elle ne multiplie pas le nombre des hommes); loin de là, puisque pour satisfaire à ses besoins il faut consacrer une partie des terres à des cultures industrielles ; mais elle attire dans les régions où elle est développée des subsistances qui sans elle seraient consommées ailleurs. Une contrée très industrielle telle que l'Angleterre attire les subsistances des pays voisins; elle diminue donc le nombre de leurs habitants au profit de sa propre population.

Un second élément qui contribue à régler le nombre des habitants d'un pays, c'est la grandeur de leurs besoins. Il faut à un Normand une nourriture plus substantielle et des vêtements plus chauds qu'à un Napolitain ou à un Sicilien. Aussi la Sicile contient 100 habitants par kilomètre carré, la Campanie en contient même 161, tandis que le riche département de l'Orne n'en nourrit que 62, l'Eure 61, et l'Eure-et-Loir 48.

Ainsi quatre facteurs principaux interviennent pour régler la densité de la population :

1° Les ressources agricoles du pays d'une part, et 2° les ressources industrielles de l'autre tendent à l'augmenter : les pays industriels vivant en partie des ressources agricoles des pays purement agricoles.

3° Les besoins alimentaires du pays d'une part, et 4° ses besoins de produits industriels d'autre part, tendent à la diminuer, car plus les habitants d'un pays consomment d'aliments, plus ils vendent de matières alimentaires pour acheter des produits industriels, moins il leur reste de ressources pour élever des générations nouvelles.

Les pays situés près de la mer nourrissent, toutes choses égales d'ailleurs, une population plus nombreuse que ceux qui en sont éloignés. Moheau l'avait déjà pressenti au siècle dernier, et M. Levasseur l'a démontré par une carte de France exposée en 1878 où chaque canton recevait une teinte proportionnée à la densité de sa population; on voyait, au premier coup d'œil, que le rivage des trois mers était bordé de cantons particulièrement populeux. Ce résultat s'explique aisément, puisque les populations qui vivent près de la mer ont deux sources de richesse au lieu d'une : la terre et l'eau. C'est en partie au grand nombre de ses marins et de ses pêcheurs que les Pays-Bas, pays médiocrement industriel, doivent d'avoir une des populations les plus denses de l'Europe.

L'eau des rivières est aussi une ressource précieuse ; les cantons situés près des fleuves, et surtout, comme l'a montré M. Turquan dans une œuvre très laborieuse patiemment conduite à bien — les communes situées sur le cours des rivières présentent une densité de population exceptionnelle.

En Norvège, l'eau de la mer et l'eau des rivières fournissent les principales ressources des habitants; aussi une carte détaillée de la densité de la population dans ce pays présente justement l'aspect de la carte hydrologique; la population presque tout entière se trouve le long des vallées très étroites formées par les fiords et par les rivières qui s'y jettent. Le reste du pays (sauf la vallée du Glommen qui contient Christiania et trois préfectures agricoles) n'est guère qu'un désert magnifique de montagnes et de glaciers.

En résumé, la densité de la population est grande surtout dans les pays industriels. Dans les pays agricoles, elle augmente avec les ressources que les habitants tirent du sol et des eaux, mais elle diminue en raison de leurs besoins.

De l'accroissement des populations. — S'il est aujourd'hui difficile de connaître à quelques millions près la population de l'Europe, une telle évaluation aurait été beaucoup plus grossière il y a soixante ans. Le tableau ci-joint fournit pourtant la population des principaux États de l'Europe depuis le commencement du siècle, telle qu'elle résulte des dénombrements. Pour faciliter les comparaisons, on donne ici la population qui vivait sur le territoire possédé *actuellement* par chaque État (1). Par exemple la Prusse était loin de compter 15 millions d'habitants en 1820; on a ajouté à la population qualifiée alors de prussienne, celle du Hanovre, celle de la Hesse, celle des duchés danois, etc., comme si ces territoires avaient été prussiens dès cette époque. En procédant ainsi, on se rend mieux compte de l'accroissement de population de chaque région.

On voit ainsi l'accroissement considérable de la population allemande, toute conquête mise à part. Depuis 1810, la population du territoire actuellement prussien, a doublé (13 millions et demi en 1810 et 28 millions aujourd'hui), celle de la Saxe royale a presque triplé. Au total, le territoire actuellement allemand avait en 1810 moins de 25 millions d'habitants et il en a aujourd'hui plus de 47 millions. (Voir la population de 1886 dans le tableau IV.)

(1) Exception a été faite pour la France, la Grèce, la Serbie.

Tableau V. — **Population des principaux pays de l'Europe depuis le commencement du XIXe siècle.**

(En général et sauf exception, on a attribué à chaque pays la population du territoire qu'il possédait en 1880.)

Les chiffres en caractères égyptiens résultent des recensements réguliers; les autres résultent seulement d'évaluations. Voir Tableau IV la population de chaque pays en 1886.

PAYS.	1800.	1810.	1820.	1830.	1840.	1850.	1860.	1870.	1880.
	1	2	3	4	5	6	7	8	9
1. France	27.349.003	29.107.425	30.461.875	32.569.223	34.250.478	35.783.170	37.386.313	36.102.921	37.672.048
2. Alsace-Lorraine	»	»	»	»	»	»	»	1.597.228	1.566.670
3. Belgique	»	»	»	3.785.814	4.072.619	4.426.205	4.731.996	5.087.826	5.520.009
4. Pays-Bas	2.100.000	»	»	2.613.487	2.860.559	3.056.879	3.309.128	3.579.529	4.012.693
5. Espagne	10.541.221	»	11.661.865	11.207.639	12.054.008	»	15.658.531	16.809.913	16.634.345
6. Portugal	2.931.930	2.877.071	»	3.061.684	3.396.972	3.499.121	3.693.362	3.788.187	4.160.315
7. Italie	17.237.421	18.380.995	18.492.503	21.211.926	22.936.029	23.929.135	25.046.801	26.801.154	28.459.628
8. Roumanie	»	»	»	»	»	»	4.424.961	»	»
9. Grèce	»	»	675.646	741.950	752.077	998.266	1.096.810	1.457.894	1.679.470
10. Suisse	»	»	»	»	2.190.258	2.392.740	2.507.170	2.669.147	2.846.102
11. Allemagne	»	24.831.396	27.040.797	29.767.702	32.785.547	35.959.691	38.137.410	44.058.792	45.234.061
12. Prusse	»	13.706.978	15.164.459	16.746.327	18.776.532	21.046.984	22.748.233	24.691.085	27.279.111
13. Saxe	»	1.481.212	1.264.193	1.404.949	1.694.143	1.988.043	2.225.240	2.556.244	2.972.805
14. Bavière	»	3.680.671	4.042.045	4.102.029	4.329.210	4.522.393	4.657.323	4.863.450	5.284.778
15. Wurtemberg	»	1.410.684	1.459.250	1.586.785	1.646.136	1.733.263	1.720.708	1.818.536	1.971.118
16. Bade	922.649	1.005.899	1.090.910	1.206.993	1.296.464	1.362.774	1.372.540	1.461.562	1.570.254
17. Autriche cisleithane	»	»	»	15.588.142	16.575.118	17.534.950	18.884.598	20.217.531	21.981.821
18. Pays de la couronne hong.	»	»	»	14.339.528	13.797.735	13.191.553	14.223.931	15.416.324	15.642.102
19. Croatie, Slavonie	»	»	»	»	»	»	1.628.890	1.838.198	1.892.499
20. Serbie	»	»	»	684.000	830.182	957.852	1.100.159	1.354.270	1.376.427
21. Empire russe d'Europe et d'Asie	»	»	»	»	»	»	81.650.000	85.250.000	»
22. Russie d'Europe (sans Caucase, Pologne, Finlande)	»	»	»	»	»	54.818.243	63.658.934	65.926.845	74.405.864
23. Pologne russe	»	»	3.702.306	4.059.617	»	4.852.055	5.705.607	6.026.421	7.104.864
24. Finlande	834.829	863.268	1.177.546	1.372.077	1.445.629	1.636.945	1.746.725	1.767.494	2.060.782
25. Suède	2.347.303	2.377.851	2.584.699	2.888.082	3.138.887	3.482.541	3.859.728	4.168.525	4.565.668
26. Norvège	883.038	899.000	977.500	1.131.000	1.246.355	1.399.733	1.608.653	1.741.621	1.914.000
27. Danemark	929.001	989.424	1.086.531	1.199.894	1.289.075	1.407.747	1.608.362	1.784.741	1.969.039
28. Royaume-Uni	16.302.410	18.532.522	21.272.487	24.392.485	27.057.923	27.745.949	29.321.288	31.845.379	35.241.482
29. Angleterre et Galles	8.892.536	10.161.256	12.000.236	13.896.797	15.914.148	17.927.609	20.066.224	22.712.266	25.974.439
30. Ecosse	1.608.420	1.805.864	2.091.521	2.364.386	2.620.184	2.888.742	3.062.294	3.360.018	3.735.573
31. Irlande	5.216.329	5.956.466	6.801.827	7.767.401	8.196.597	6.574.278	5.798.967	5.412.377	5.174.836
32. États-Unis	5.306.483	7.239.481	9.633.822	12.866.020	17.069.453	23.191.876	31.443.321	38.563.517	50.155.783

Observations relatives au Tableau V.

Pour éviter des détails excessifs, on a donné pour chaque pays la population du territoire *actuel* de ce pays (excepté pour la France, et quelques autres pays spécialement mentionnés ci-dessous).

1. *France*. La population de Savoie, de Nice, d'une partie du territoire de Monaco annexé en 1859 (669,059 hab.), n'est pas comprise dans les chiffres antérieurs à cette date. — La population d'Alsace-Lorraine n'est pas comprise dans les chiffres des col. 8 et 9. — Le prétendu recensement de 1811 (col. 2) n'est qu'une évaluation exagérée; on admet le chiffre de 28,840,060 hab. — La date exacte des recensements indiqués est 1801, 1811, 1821, 1831, 1841, 1851, 1861, 1872, 1881. — D'autres recensements ont été faits, en 1836, 1846, 1856, 1866, 1876, 1886. Le prétendu recensement de 1826 n'est qu'une évaluation. Les recensements français omettant un grand nombre d'enfants en bas âge, le Dr Bertillon père a été amené à préférer aux chiffres officiels les chiffres suivants : 1821, 30,825,000 ; 1831, 32,950,000 ; 1841, 34,485,000 ; 1851, 36,113,000 ; 1861, 37,655,000.

2. *Alsace-Lorraine*. Les chiffres sont naturellement compris sous la rubrique 11. La date exacte du recensement marqué col. 8 est 1871.

3. *Belgique*. Les chiffres indiqués sont des évaluations (sauf 1880). Les recensements ont eu lieu en 1846, 1856, 1866, 1876, 1880.

4. *Pays-Bas*. Naturellement, le grand-duché de Luxembourg (177,504 hab. en 1871) n'est pas compris dans ces chiffres. La date réelle des recensements hollandais est 1795, 1829, 1839, 1849, 1859, 1869, 1879.

5. *Espagne*. Y compris les Canaries (280,974 hab. en 1877) et les établissements espagnols sur la côte septentrionale d'Afrique (12,170 hab.). La date exacte du recensement indiqué col. 9 est 1877.

6. *Portugal*. Non compris les Açores (259,800 hab. en 1878) et Madère (130,584 hab.).

7. *Italie*. Population du territoire actuel. La date réelle des seuls recensements complets a été 1861, 1871, 1881.

8. *Roumanie*. On évalue la population actuelle à 5,376,000 hab.

9. *Grèce*. La population des îles Ioniennes (228,660 hab. en 1861), annexées en 1864, n'est comprise dans ces chiffres que dans les col. 8 et 9. Les provinces annexées en 1881 (293,993 hab.) ne sont pas comprises dans la col. 9. La date exacte du recensement indiqué col. 9 est 1878.

10. *Suisse*. Le chiffre de la col. 5 date de 1837.

11. *Allemagne*. Population du territoire actuel.

12. *Prusse*. Population du territoire actuel. La date réelle des recensements a été 1816, 1822, 1831, 1840, 1852, 1861, 1871, 1880. Les recensements prussiens se succédaient autrefois tous les trois ans. Depuis 1875, tous les cinq ans.

13. *Bavière*. La date réelle des recensements a été 1818, 1827, 1830, 1840, 1852, 1861, 1871, 1880.

14. *Saxe royale*. La date réelle des recensements a été 1815, 1821, 1830, 1840, 1852, 1861, 1871, 1880.

15. *Wurtemberg*. Mêmes dates que la Prusse.

16. *Bade*. Un recensement en 1807 (col. 1). Les autres dates sont celles de la Prusse.

17. *Autriche cisleithane*. Population du territoire actuel, non comprises l'armée ni la flotte (271,474 hommes en 1880). N'ont pas été compris dans ces chiffres, la Bosnie-Herzégovine (1,158,453 hab.) en 1879 ni le territoire de Novi-Bazar (168,000 habit.). La population de la monarchie austro-hongroise est au total de 39,221,847 habit. Des recensements ont été faits en 1830, 1834, 1837, 1840, 1843, 1846, 1850, 1857, 1869, 1880.

18. *Pays de la couronne hongroise*. Un recensement a été fait en 1857. La date exacte du recensement indiqué col. 8 est 1869. Les chiffres comprennent la population de Croatie-Slavonie.

19. *Croatie-Slavonie*. La date exacte des recensements indiqués est 1869, 1880. Un recensement a été fait en 1857.

20. *Serbie*. La population du territoire annexé en 1878 (303,052 hab.) n'est comprise que dans la col. 9. La date exacte du recensement indiqué col. 8 est 1874, et du recensement indiqué col. 9 est 1878.

21-24. Les chiffres relatifs à la Russie (excepté la Finlande où ont eu lieu des recensements) sont des évaluations.

25. *Suède*. La population de la Suède est recensée régulièrement depuis l'an 1751.

26. *Norvège.* Les chiffres indiqués sont calculés (sauf col. 1). La date des recensements a été 1801, 1835, 1845, 1855, 1865, 1875.

27. *Danemark.* Population du territoire actuel, non comprises les îles Fer·ᵉ (11,220 hab. en 1880) ni l'Islande.

28. *Royaume-Uni.* Outre la population des trois royaumes, ces chiffres comprennent la population des îles de Man et de la Manche (141,260 hab. en 1881) et la population de l'armée et de la marine royale et commerciale (215,374 hab.). La date réelle des recensements a été 1801, 1811, 1821, 1831, 1841, 1851, 1861, 1871, 1881.

La population anglaise n'a pas fait de progrès moins sensibles. Celle de l'Angleterre et Galles a triplé; elle était de moins de 9 millions en 1801; elle dépasse aujourd'hui 26 millions; celle d'Ecosse a moins augmenté; celle de la malheureuse et ingouvernable Irlande a successivement avancé et reculé, et se trouve être aujourd'hui ce qu'elle était alors. Au total le Royaume-Uni avait 16 millions d'habitants en 1801, et il en avait 35 en 1881, presque autant que la France (1).

L'Italie passe progressivement de 18 millions (chiffre péniblement évalué pour 1800) à 28 millions et demi, chiffre de 1881. De petits pays très pauvres, sans industrie, tels que les quatre États scandinaves, ont de même doublé leur population depuis le commencement du siècle.

Aucune des nations européennes ne présente d'accroissement comparable à celui des États-Unis, dont la population a décuplé depuis le commencement du siècle.

La France présente aussi un certain accroissement depuis le siècle dernier; mais combien il est faible comparé à ceux qui précèdent! En 1801, elle compte 27 millions; aujourd'hui, diminuée de l'Alsace-Lorraine, mais augmentée de Nice et de la Savoie, elle en compte 38 millions, dont un million d'étrangers.

Dans les chiffres qui précèdent, nous avons volontairement fait abstraction des modifications territoriales et politiques survenues dans le cours du siècle. C'est surtout si l'on tient compte simultanément des modifications survenues dans la carte de l'Europe et de l'accroissement des populations que l'on voit combien la France a perdu de sa puissance depuis deux siècles. M. Levasseur s'est livré à ce travail douloureux mais instructif (2). A la fin du xvii⁰ siècle, il n'y avait en Europe que trois grandes puissances, car l'Espagne avait déjà perdu toute sa force. Voici quelle était en millions d'habitants la population des trois grandes monarchies européennes, en 1700 :

Population des grandes puissances de l'Europe en 1700.
(En millions d'habitants.)

France	19,6
Grande-Bretagne et Irlande..............	8 à 10
Empire d'Allemagne.....................	19

(1) Remarquons en passant que l'Allemagne et l'Angleterre, les deux pays dont la population s'est le plus accrue, sont par excellence des pays d'émigrants. Combien était grande l'erreur des écrivains tels que Montesquieu, Voltaire, etc., qui croyaient que l'émigration dépeuple les États!

(2) LEVASSEUR, *Annales de démographie*, 1879.

États compris en partie dans l'État germanique :

Autriche............................... 12 à 13
Prusse................................. 2

Soit, en tout, environ 50 millions. Encore faut-il remarquer que l'Allemagne était divisée entre une quantité de monarques ayant des intérêts différents; le plus puissant d'entre eux, l'Autrichien, ne tenait que 12 à 13 millions de sujets sous son sceptre.

En sorte que la France était, non pas la plus vaste en étendue, mais la plus peuplée de toutes les monarchies européennes. De plus, sa population, comparée à l'ensemble de la population des grandes puissances, *en formait 38 p. 100*. Ce chiffre montre assez de quel poids était alors la volonté du roi Louis XIV, car il représente, toutes choses égales d'ailleurs, notre force économique, et, plus exactement, notre force militaire comparée à celle des États voisins. Notre roi était le plus puissant des monarques de son temps. Telle était la puissance que nous avait laborieusement préparée la politique habile qui aboutit au traité de Westphalie. Sans doute, c'est à l'époque de ce traité fameux que devraient s'appliquer ces calculs; malheureusement les éléments nous manquent pour remonter aussi haut.

La politique hautaine et maladroite de Louis XIV devait bientôt briser ce bel ouvrage. La politique plus sotte encore de son successeur n'était pas faite pour réparer ses fautes. Mais la folie de nos gouvernants n'était pas la seule cause d'affaiblissement de notre pays. Qu'on en juge par les chiffres suivants :

En 1789, la France avait un territoire plus considérable que sous Louis XIV, et elle comptait 26 millions d'habitants, soit 6 à 7 millions d'habitants de plus qu'en 1700; cet excès venait en partie de l'annexion de la Lorraine et de la Corse, mais surtout de l'augmentation spontanée de la population.

Malheureusement, *la population des autres nations augmentait plus vite encore*, quelques-unes par des annexions plus importantes que celles de la France, et d'autres parce que leurs naissances étaient déjà, à cette époque, plus nombreuses que les nôtres. De plus, la Russie venait de prendre rang dans les puissances européennes. Et voici comment s'était modifié dans le courant du siècle le tableau que nous tracions tout à l'heure de la population des grandes puissances :

Population des grandes puissances de l'Europe, en 1789.
(En millions d'habitants.)

France................................. 26
Grande-Bretagne et Irlande............. 12
Russie................................. 25
Empire d'Allemagne..................... 28

États compris en partie dans l'Empire germanique :

Autriche............................... 18
Prusse................................. 5

Soit, en tout 96 millions. La France figurait dans ce total pour 27 centièmes seulement. Chiffre suffisant pourtant pour que sa voix pût parler haut dans l'assemblée européenne.

Mais, après avoir été longtemps gouverné par des courtisanes, notre pays le fut par un despote, et il arriva que ce despote lui fit plus de mal en quinze ans que les courtisanes en un siècle.

Population des grandes puissances de l'Europe en 1815.
(En millions d'habitants.)

France.. 29,5
Grande-Bretagne et Irlande.................. 19
Autriche..................................... 30
Prusse....................................... 10
Russie....................................... 45
Confédération germanique (dans laquelle
    étaient comprises en partie l'Autriche et
    la Prusse) 30

En tout 139 millions (1). La France ne figurait plus dans ce total que 20 pour 100, c'est-à-dire qu'elle avait deux fois moins d'autorité que sous Louis XIV. La diplomatie française dut se subordonner à cette nécessité.

Depuis 1815, le mal n'a cessé d'empirer; les causes en sont quelque peu différentes : la direction politique de la France a été moins sotte que sous les règnes précédents, mais notre grande cause d'infériorité est bien manifeste : la France ne perd encore rien de son territoire, *mais sa population ne s'accroît que misérablement.* Au contraire, les voisins s'agrandissent et se multiplient, peuplent des continents, y étendent leur commerce et remplissent l'univers entier de leur langue, de leurs navires et de leurs armées.

Les Allemands notamment se sont multipliés si remarquablement, qu'ils ont surpassé notre population, jadis supérieure à la leur, et nous avons fini par éprouver ce que peut la force du nombre :

Population des grandes puissances de l'Europe vers 1880.
(En millions d'habitants.)

France....................................... 37,7
Grande-Bretagne et Irlande 35,2
Autriche-Hongrie........................... 39,2
Empire allemand........................... 45,2
Russie d'Europe........................... 84,5
Italie 28,5

Soit en tout 270 millions d'habitants. La France n'y figure que pour 13 p. 100.

Et, il y a moins de deux siècles, elle figurait pour 38 p. 100! Et encore, dans la tableau qui précède, nous n'avons compté que les An-

(1) Dans ce compte, entre la Confédération germanique.

glais qui habitent le Royaume Uni ; pourtant ceux des colonies ne sont pas moins attachés à la mère patrie et ne contribuent pas moins à sa puissance.

Nous n'avons pas compté non plus les États-Unis. Et pourtant, qui nous dit qu'un jour ils ne se mêleront pas à la politique de l'Europe, comme ils se mêlent déjà à son commerce ?

Sans doute ce résultat lamentable tient en partie à des causes politiques. Il est certain que l'apathie et la folie des gouvernements qui se sont succédé en France y ont contribué, en favorisant l'avènement de grandes puissances que le traité de Westphalie avait su mettre au second rang ou qui n'existaient pas de son temps.

Mais il suffit d'un regard sur nos chiffres pour voir que la principale cause de notre affaiblissement relatif, c'est la faiblesse, c'est l'insuffisance incroyable de l'accroissement de notre population. Que l'on compare la population anglaise, qui sans aucune annexion de territoire s'élève entre 1700 et 1880 de 8 à 35 millions, sans compter les colons dont elle inonde l'Amérique du Nord, l'Australie, le Cap, l'Inde, etc., et la nôtre, qui n'a même pas doublé pendant la même période, malgré l'annexion de cinq provinces (1) !

Le chiffre de la population n'est pas seulement un élément de force militaire et de force économique. C'est un facteur important de la force intellectuelle d'un peuple. Plus les naissances sont nombreuses, plus est actif le combat pour la vie, combat douloureux mais nécessaire au progrès, et d'où les plus intelligents ont toutes les chances de sortir victorieux. On dit quelquefois que, sur cent individus, il y a quatre-vingt-dix-neuf imbéciles et un homme intelligent ; quelle que soit la proportion, il est certain que, toutes choses égales d'ailleurs, une population de 1 million d'habitants contiendra dix fois moins d'hommes de valeur qu'une population de 10 millions. Si la France a donné le jour à tant de génies créateurs et bienfaisants, c'est en grande partie parce que jusqu'à ces derniers temps elle avait été plus populeuse qu'aucune autre nation.

Mais cet héritage même que nous ont laissé tant de poètes et tant d'écrivains admirables, est compromis par la décadence numérique de notre population. Qu'on se reporte plutôt aux tableaux qui précèdent.

La langue de Voltaire était celle que 27 p. 100 de la population européenne parlait de naissance. Était-il surprenant que le reste de l'Europe intelligente s'efforçât de connaître un pareil langage ? Aucun ne pouvait rivaliser avec lui.

Aujourd'hui, qu'un nouveau Voltaire soit donné à la France, par qui sera-t-il compris ? Par 45 millions d'individus (Français, créoles, Suisses, Belges, Canadiens). Mais, si cet écrivain est Allemand au lieu d'être

_____

(1) La Lorraine, la Corse, le comtat Venaissin, la Savoie et Nice. En 1866, la population française était de 38 millions d'habitants, au lieu de 19,5 sous Louis XIV.

Français, aussitôt le cercle de ses lecteurs augmente presque du simple au double; car les Allemands, Autrichiens et Suisses forment un ensemble de 80 millions d'individus parlant l'allemand. Enfin, si cet écrivain est Anglais, ses ouvrages ont chance de se répandre sur la terre entière. Partout ils y seront compris. Aujourd'hui, on compte un peu plus de 100 millions d'individus parlant anglais; mais il est impossible de deviner ce que sera devenu ce nombre dans cinquante ans d'ici. Ce qu'on peut affirmer, c'est qu'il sera prodigieux.

Sans doute ce serait exagérer que de proportionner rigoureusement l'influence d'une langue dans le monde au nombre des individus qui la parlent. Les Chinois et les Russes ont beau être plus nombreux que nous, il est certain que leur langue ne servira jamais comme la nôtre à la propagation des idées nouvelles. A ce point de vue, on peut affirmer que le français jouit d'une influence très supérieure au nombre de ceux qui le parlent. Cet avantage, il le doit à ses qualités admirables de précision, d'élégance et de clarté. Mais il le doit surtout à son passé incomparable et à la gloire que lui ont valu les écrivains des deux derniers siècles; il le doit à l'époque où nous avions l'avantage matériel du nombre et où un ouvrage, par cela seul qu'il était écrit en français, pouvait jouir d'un nombre de lecteurs que les autres langues ne faisaient pas espérer.

Ainsi, ce n'est pas seulement notre puissance politique et militaire qui est menacée par l'insuffisance de notre reproduction, c'est notre puissance économique, et c'est plus que cela encore : c'est l'influence intellectuelle et morale que nos écrivains exerçaient sur le monde, c'est le patrimoine intellectuel de la France qui est en question!

Le lecteur voit la gravité du mal. Elle est attestée par des chiffres irréfutables. Notre patrie est menacée d'une chute irrémédiable, et le problème de son relèvement dépend de la démographie.

D'où vient ce déplorable état stationnaire de notre population? Est-ce défaut de mariages? défaut de naissances? excès de mortalité? Dans quelles circonstances, dans quelles parties du pays voit-on ces mouvements de population augmenter ou diminuer? Telles sont, avec quelques autres, les questions que nous allons à présent examiner.

§ 4. — **De l'équation de la population et des subsistances disponibles.**

On distingue l'accroissement *physiologique* d'une population, de son accroissement *de fait.*

L'accroissement *physiologique* est l'excès des naissances sur les décès; on divise cette différence par la population telle qu'elle existait au commencement de la période étudiée (1), et on multiplie par 1000.

(1) D'autres auteurs prennent pour base du calcul la population qui existait au milieu de la période étudiée.

TABLEAU VI. — **Augmentation géométrique annuelle, par 1,000 habitants, dans les principaux États de l'Europe.**

ÉTATS.	PÉRIODES ANCIENNES.	CROÎT GÉOMÉTRIQUE annuel moyen pour 1000 hab.	PÉRIODES RÉCENTES.	CROÎT GÉOMÉTRIQUE annuel moyen pour 1000 hab.
Italie..............................	1800-1861	6,12	1861-1884	6,99
France (a).........................	1801-1861	4,92	1861-1881	2,52
Royaume de Grande-Bretagne et Irlande (b)......................	1801-1861	9,83	1861-1884	9,33
Angleterre et Galles.............	1801-1861	13,69	1861-1884	13,20
Ecosse............................	1801-1861	10,79	1861-1884	10,19
Irlande............................	1801-1861	1,77	1861-1884	—6,83
Empire allemand.................	1816-1861	9,58	1861-1883	8,42
Prusse............................	1816-1861	11,32	1861-1883	9,44
Bavière...........................	1818-1861	5,49	1861-1883	7,10
Saxe royale.......................	1815-1861	13,86	1861-1883	14,92
Thuringe..........................	1816-1867	7,85	1867-1883	8,29
Wurtemberg.......................	1816-1861	4,42	1861-1883	6,92
Bade..............................	1807-1861	7,38	1861-1883	7,26
Alsace-Lorraine...................	1821-1861	4,82	1861-1882	0,39
Autriche cisleithane..............	1830-1860	6,41	1860-1883	7,69
Provinces de la couronne hongroise................	1830-1860	—0,27	1860-1880	4,76
Royaumes de Croatie et de Slavonie (moins Fiume)..........	....	....	1857-1880	6,54
Suisse............................	1837-1860	5,89	1860-1883	6,20
Belgique..........................	1831-1860	7,72	1860-1883	8,38
Hollande..........................	1795-1859	7,13	1859-1883	10,23
Suède............................	1800-1860	8,32	1860-1883	7,69
Norvège..........................	1801-1860	10,22	1860-1883	7,63
Danemark.........................	1801-1860	9,35	1860-1883	10,13
Espagne..........................	1800-1860	6,62	1860-1883	3,31
Portugal..........................	1801-1861	3,86	1861-1878	7,03
Grèce (c).........................	1821-1861	12,67	1861-1882	12,61
Serbie (d)........................	1834-1859	19,19	1859-1883	14,73
Russie d'Europe, moins la Finlande, la Pologne et la Transcaucasie (e)..................	1851-1867	8,37	1867-1879	12,92
Grand-duché de Finlande.......	1800-1860	12,39	1860-1883	8,91
Pologne russe....................	1823-1867	9,88	1867-1879	18,44
Etats-Unis d'Amérique..........	1800-1860	30,09	1860-1880	23,62
Massachusetts....................	1800-1860	17,97	1860-1880	18,70
Vermont..........................	1800-1860	11,95	1860-1880	2,69
Connecticut.......................	1800-1860	10,14	1860-1880	15,24
Rhode Island.....................	1800-1860	15,57	1860-1880	23,25

(a) Dans la première période (1801-1861) sont exclus la Savoie et le territoire de Nice (669,059 habitants en 1861) et sont comprises l'Alsace et la Lorraine. Dans la deuxième période (1861-1881) sont exclues ces dernières (1,564,935 habitants en 1861) et figurent les premiers.

(b) Aux chiffres de 1884, on a ajouté le chiffre de la population des îles du Canal et de Man, et celui de l'armée et de l'équipage de la marine marchande qui se trouvaient hors du Royaume-Uni.

(c) Dans la première période (1821-1861) est exclue la population des îles Ioniennes; dans la deuxième (1861-1879), elle est comprise, mais est exclu le territoire acquis en 1881.

(d) Moins le nouveau territoire.

(e) Dans les deux périodes est comprise la partie de la Bessarabie déjà roumaine.

L'accroissement *de fait* est la différence de la population de deux recensements, différence que l'on réduit également à 1000 habitants Les deux chiffres seraient égaux si les statistiques étaient parfaitement exactes, et surtout si l'émigration et l'immigration ne venaient pas modifier les résultats.

D'autres auteurs considèrent la population comme s'accroissant géométriquement, et calculent le taux d'accroissement de la même façon que l'on calcule le taux de l'intérêt de l'argent. Cette manière de voir est assurément la plus logique, car la population gagnée pendant une année contribue à l'accroissement de l'année suivante. Les recensements se suivant généralement à des intervalles de dix ans, les résultats que l'on obtient en admettant l'accroissement arithmétique sont de très peu supérieurs à ceux que l'on obtient en admettant l'accroissement géométrique.

Enfin d'autres auteurs s'appliquent à prédire l'avenir et à faire de leur prédiction l'expression même de l'accroissement de la population. Ils prédisent dans combien de temps la France aura doublé sa population, dans combien de temps il n'y aura plus personne en Irlande, etc. Ces prédictions varient d'ailleurs avec l'époque à laquelle elles sont faites: en 1821-31, il ne fallait que 101 ans à la France pour doubler sa population, tandis que 30 ans plus tard en 1846-51, il lui faut 313 ans (1), et ce qui est remarquable c'est que les deux prédictions sont mathématiquement vraies l'une et l'autre. Ce n'est pas tout : ces chiffres sont ceux des auteurs qui admettent l'accroissement géométrique de la population; ceux qui admettent son accroissement arithmétique arrivent à d'autres résultats très différents des précédents et admettent naturellement un doublement beaucoup plus lent (2). Ni les uns ni les autres ne sont dans le vrai : ne nous mêlons pas de prédire l'avenir; le présent est déjà assez difficile à observer.

Le tableau VI, emprunté aux *Confronti internazionali* de M. Bodio, indique l'accroissement annuel géométrique des principaux pays de l'Europe (3).

Le tableau VII fournit quelques indications plus détaillées. On y compare pour chaque période décennale l'accroissement physiologique (excès des naissances sur les décès) et l'accroissement de fait tel qu'il résulte des recensements. On voit que en France et en Suède, notam-

(1) M. LEGOYT, *Journ. de la Soc. statist. de Paris*, 1867.

(2) M. Loua admet pour l'accroissement de la population française en 1831-71 une période de doublement de deux cent trente-six ans, tandis que géométriquement, la période de doublement serait cent soixante-cinq ans.

(3) L'augmentation géométrique annuel a été calculé suivant la formule $\sqrt[n]{\dfrac{p'}{p}} - 1$,

dans laquelle n représente le nombre d'années composant la période étudiée composant la période étudiée, p la population au commencement de cette période, et p' la population à la fin de cette période.

ment les deux chiffres varient beaucoup d'une période à l'autre, mais toujours ils varient parallèlement, ce qui se comprend aisément, l'augmentation de la population en Europe dépendant surtout de l'excès des naissances sur les décès, et les mouvements d'immigration et d'émigration n'ayant sur elle qu'une influence très faible.

Dans l'une et dans l'autre période, la France est (après l'Irlande) le pays où l'accroissement de la population est le moindre.

TABLEAU VII. — **Augmentation moyenne annuelle de la population pour 1000 habitants recensés au commencement de la période considérée.**

PÉRIODES DÉCENNALES.	FRANCE		PRUSSE		SUÈDE		ANGLETERRE ET GALLES	
	POUR 1000 HABITANTS		POUR 1000 HABITANTS		POUR 1000 HABITANTS		POUR 1000 HABITANTS	
	Accroissement de fait.	Excès des naissances sur les décès.	Accroissement de fait.	Excès des naissance. sur les décès.	Accroissement de fait.	Excès des naissances sur les décès.	Accroissement de fait.	Excès des naissances sur les décès.
1751-1760....	»	»	»	»	7.4	8.7	»	»
1761-1770....	»	»	»	»	7.3	6.7	»	»
1771-1780....	»	»	»	»	4.3	4.1	»	»
1781-1790. ..	»	»	»	»	1.2	4.4	»	»
1791-1800....	»	»	»	»	8.8	8.0	»	»
1801-1810....	5.5	4.3	»	»	1.3	2.9	13.9	»
1811-1820....	6.9	5.7	21(²)	15(²)	8.0	7.5	17.3	»
1821-1830....	6.9	5.8	14	13	11.7	11.0	15.6	»
1831-1840....	4.6	4.2	14	9	8.7	8.7	13.8	»
1841-1850....	4.7	4.1	10	10	10.9	10.5	12.9	10.8
1851-1860....	2.3	2.4	10	10	10.8	11.1	11.9	12.6
1861-1870....	0.6(¹)	1.4(¹)	10	11	8.0	11.3	13.2	13.4
1871-1880....	3.3(¹)	5.1(¹)	11.5	13	9.3	12.8	12.8	15.0

(1) Ces chiffres s'appliquent respectivement aux périodes 1861-1871 et 1872-80 (Alsace-Lorraine éliminée des calculs). L'excès des naissances a été 3,4 pendant la période 1861-1839 et —7,5 pendant la période 1870-1871.

(2) Depuis 1816; ces chiffres sont empruntés au *Rückblick* de M. de Fircks.

Étudions de plus près encore la fréquence des décès, la fréquence des naissances, et aussi la fréquence des mariages, qui nous expliquera souvent les variations de la fréquence des naissances. C'est année par année que cette recherche doit être faite pour être fructueuse. On en verra les résultats dans le tableau VIII dans lequel nous ne considérons que les trois pays dont l'histoire statistique remonte le plus haut : la Suède, la France, la Prusse (1).

On en déduit les règles suivantes :

I. Toutes les calamités publiques, toutes celles qui rendent la vie plus chère, c'est-à-dire plus difficile à gagner, s'accompagnent immédiatement des trois phénomènes suivants :

(1) Les lois que nous en déduisons ont été reconnues applicables à tous les pays.

TABLEAU VIII. — **Mouvements de population étudiés année par année depuis 1801. Pour 1000 habitants de chaque pays, combien de mariages, de naissances, de décès en un an.**

	PRUSSE					FRANCE				SUÈDE			
	MARIAGES	NAISSANCES (mort-nés inclus)	DÉCÈS (mort-nés inclus) MASC.	DÉCÈS (mort-nés inclus) FÉM.	OBSERVATIONS	MARIAGES	NAISSANCES (mort-nés exclus)	DÉCÈS (mort-nés exclus)	OBSERVATIONS	MARIAGES	NAISSANCES (mort-nés exclus)	DÉCÈS (mort-nés et lus)	OBSERVATIONS
1801	»	»	»	»		7.26	33.1	27.8	Guerre.	7.25	30	26.1	5,594 décès par fièvre typhoïde; 6,740 par variole,
1802	»	»	»	»		7.38	33.9	28.0	Cherté.	7.82	32	23.7	
1803	»	»	»	»		7.46	33.2	31.9		8.19	31	23.7	Bonne récolte.
1804	»	»	»	»		7.48	32.7	32.4		8.06	32	24.8	
1805	»	»	»	»		7.70	32.8	30.0		8.35	32	23.4	Guerre. — Mauvaise récolte.
1806	»	»	»	»		7.50	32.8	28.0		8.03	31	27.1	Guerre. — 7,179 décès typhoïdiques.
1807	»	»	»	»		7.60	32.0	28.6		8.21	31	25.6	Guerre. — 8,065 décès typhoïdiques.
1808	»	»	»	»		7.80	32.3	27.4		8.14	30	33.9	Guerre.—Mauv. récolte.—12,527 décès typhoïdiques; 11,459 par dysenterie.
1809	»	»	»	»		9.43	32.8	26.4		7.84	27	39.0	Guerre. — Bonne récolte. 21,171 décès typhoïdiques; 11,503 par dysenterie.
1810	»	»	»	»		8.45	32.6	25.5		10.83	33	31.8	Fièvre typhoïde (9,193). Dysenterie (9,008). — Bonne récolte.
1811	»	»	»	»		7.07	32.1	26.6		10.73	36	20.0	Fièvre typhoïde (7,430). Dysenterie (7,204). — Mauvaise récolte.
1812	»	»	»	»		7.68	30.4	26.5	Cherté.	9.19	34	30.4	Fièvre typhoïde (8,058). — Très mauvaise récolte.
1813	»	»	»	»		13.28	30.7	26.6	Cherté. — Exemption militaire des mariés.	7.77	30	27.5	Guerre. — Fièvre typhoïde (6,261). Dysenterie (6,613).
1814	11.53	44.0	29.3	27.1	Fin de la guerre. — Cherté.	6.58	33.8	29.8		7.54	31	25.1	Guerre. — Fièvre typhoïde (5,555).
1815	10.85	43.9	31.0	28.4		8.35	32.3	25.9		9.61	35	23.6	Fièvre typhoïde (5,325). Bonne récolte.
1816	10.54	43.8	30.7	28.7	Cherté très grande.	8.38	32.6	24.3	Fin des guerres.	9.30	35	22.7	Très mauvaise récolte.
1817	10.29	43.6	31.9	30.1	Cherté.	6.87	31.5	25.0	Cherté.	8.34	33	24.3	Fièvre typhoïde (5,789). Mauv. récolte.
1818	9.98	44.1	27.9	26.2		7.10	30.3	25.0	Cherté très intense.	8.46	34	24.4	(6,359). Mauv. récolte.
1819	9.40	44.7	26.5	24.6		7.08	32.0	25.8		8.14	33	27.4	(7,210).
1820	9.24	43.8	28.3	26.5		6.84	31.5	25.2	Cherté.	8.44	33	4.5	(5,877). — Bonne récolte.
1821	8.76	42.8	28.4	26.3		6.40	31.5	24.0		8.81	35	25.6	(5,853). Roug^le (6,924).
1822	9.07	42.7	27.8	26.0		7.59	31.3	25.0		9.29	36	22.6	(5,141).
1823	9.32	43.5	28.3	26.1		8.37	31.2	23.7		8.99	37	21.0	
1824	9.14	42.9	30.1	27.9		8.54	31.2	24.2		8.83	35	20.8	Bonne récolte.
1825						7.66	30.6	25.2		8.60	36	20.5	Bonne récolte.
1826						7.75	31.0	26.2		8.08	35	22.6	
1827	8.55	39.5	30.8	28.1		7.05	30.4	24.0	Cherté.	7.22	31	23.1	Fièvre typhoïde (5,294). Très mauvaise récolte.
1828	8.34	39.8	30.8	28.0		7.62	30.2	25.8	Cherté intense.	7.91	34	26.7	Fièvre typhoïde (7,871). Bonne récolte.
1829	8.53	38.0	31.0	28.5		7.70	29.6	24.6		7.91	33	29.0	(9,847). Bonne récolte.
1830	8.54	33.7	31.6	29.2		8.26	29.0	24.7		7.73	31	24.1	(9,264). Roug^le (5,995).
1831	7.59	37.8	37.2	34.1	Choléra (32,647 décès cholériques). Cherté.	7.46	29.2	24.2		6.90	31	20.0	(7,353).
1832	9.78	37.0	33.0	31.0	Choléra (9,021 décès choléri-	8.3	30.3	30.3	Choléra (102,739 décès).	7.42	31	23.4	Bonne récolte.

Année	Prusse (nupt.)	Prusse (natal.)	Prusse (mort.)	Prusse — événements	France (nupt.)	France (natal.)	France (mort.)	France — événements	Suède (nupt.)	Suède (natal.)	Suède (mort.)	Suède — événements
1843	9.17	39.5	29.9		8.17	28.0	22.0		7.19	32	21.5	Mauvaise récolte.
1844	9.11	40.3	26.6		8.08	27.3	22.0		7.44	32	20.3	
1845	8.08	39.3	30.4	Cherté.	7.65	27.2	23.0		7.39	31	18.8	
1846	8.68	38.2	30.6	Cherté très grande.	7.01	27.1	23.1	Cherté intense.	6.99	30	21.8	
1847	7.76	37.8	34.5	Choléra (20,151 décès cholér.).	8.21	25.3	23.4	Choléra (100,600 décès).	7.01	30	19.7	
1848	8.24	42.8	31.7	Choléra (45,315 décès cholér.).	7.78	26.3	23.4		7.32	30	19.7	
1849	9.21	41.5	28.9	Choléra (14,899 décès cholér.).	8.27	27.5	27.1		7.83	33	19.8	
1850	9.54	40.8	27.9		7.95	26.9	26.9		7.59	33	19.8	
1851	9.24	40.0	34.3	Choléra (41,238 décès cholér.). — Cherté.	7.75	26.5	22.1		7.36	32	20.7	
1852	8.50	40.0	31.9	Choléra (9,588 décès cholér.). — Cherté.	7.75	26.5	22.3		6.84	31	22.7	
1853	8.58	38.9	29.7		7.68	25.7	21.8	Guerre. — Choléra (143,468 décès). — Cherté.	7.20	31	23.7	Choléra (8,511).
1854	7.87	38.1	28.3	Cherté très grande.	7.42	25.3	25.3	Guerre. — Cherté.	7.69	33	19.8	
1855	7.68	36.0	30.8	Choléra (30,564 décès cholér.). Cherté très intense.	7.77	24.7	25.7		7.52	32	21.4	Dysenterie (12,730).
1856	8.21	36.4	26.5	Cherté très intense.	7.78	26.1	22.9	Cherté.	7.44	31	21.8	
1857	9.31	40.6	29.3	Choléra (4,077 décès cholér.).	8.06	25.7	23.5		7.75	32	27.6	
1858	9.55	41.7	28.6		8.36	26.0	23.8		8.11	35	21.7	
1859	8.48	42.1	26.7	Choléra (2,151 décès cholér.).	8.10	26.0	21.2	Guerre.	8.28	35	20.1	
1860	8.44	40.6	24.5		7.83	26.0	21.2		7.80	34	17.7	
1861	8.05	39.6	26.3	Cherté.	8.12	26.8	23.0		7.27	33	18.5	Rougeole (7,407).
1862	8.40	39.1	25.4	Cherté.	8.04	26.6	21.5		7.06	33	21.4	
1863	8.74	41.5	26.8	Guerre.	7.93	26.6	22.3		7.26	34	19.3	
1864	8.72	41.7	27.4		7.82	26.3	26.3		6.98	34	20.2	
1865	9.15	41.2	27.9		7.81	26.2	22.5		7.07	33	19.4	
1866	7.80	41.1	34.0	Guerre. — Choléra violent (114,683 décès).	7.90	26.2	23.0	Choléra (14,661 décès). — Cherté.	6.72	33	20.0	
1867	9.47	38.8	26.7	Cherté.	7.80	26.2	22.5		6.09	31	19.6	
1868	8.88	38.6	27.6		7.81	25.5	23.9		5.46	28	21.0	
1869	8.99	39.7	26.4		8.10	25.7	23.4		5.64	28	22.3	
1870	7.46	35.3	26.4	Guerre.	6.00	22.6	28.3	Guerre.	6.02	29	19.8	
1871	7.97	35.3	28.5	Guerre. — Variole (59,838 décès).	7.20	22.6	21.9	Guerre. — Variole.	6.49	31	17.2	
1872	10.36	41.5	29.6		9.80	26.7	23.3		6.93	30	16.3	
1873	10.19	41.4	28.0	Choléra (28,656 décès cholér.). — Cherté.	8.86	26.1	21.5	Choléra.	7.31	31	17.2	
1874	9.77	43.1	25.9		8.31	26.2	23.1		7.27	31	20.3	
1875	9.09	40.2	26.4		8.20	26.0	23.4		7.05	31	20.3	
1876	8.41	40.0	25.1		7.90	26.2	22.6		7.04	31	19.5	Mauvaise récolte.
1877	8.07	40.2	25.8		7.52	25.5	21.7		6.84	31	18.5	Mauvaise récolte.
1878	7.79	38.7	25.7		7.53	25.3	22.6		6.43	30	18.0	Rougeole (5,332).
1879	7.67	39.0	24.7		7.60	25.2	22.6		5.25	30	16.9	Bonne récolte.
1880	7.64	31.7	25.4		7.48	24.7	23.0		6.33	30	18.1	Bonne récolte.
1881	7.58	36.6	24.7		7.54	25.1	25.1		6.19	29	17.6	
1882	7.81	37.1	25.0		7.40	24.0	22.4		6.33	29	17.3	

Les chiffres de ce tableau sont empruntés aux sources suivantes : PRUSSE, période 1815-1874, *Rückblick auf die Bewegung der Bevölkerung im preussischen Staate*, par M. de Fircks; FRANCE, période 1801-1876, art. *France* dans le *Dict. enc. des Sc. méd.*, par Bertillon père; SUÈDE, période 1801-1875, *Éléments démographiques de la Suède*; les trois pays pour les années suivantes, *Confronti internazionali*.

1° La mortalité s'élève ;

2° La nuptialité s'abaisse ;

3° La natalité s'abaisse.

La disette et la guerre (toujours accompagnée de disette) se traduisent toujours par ces trois phénomènes. Ainsi dès qu'un certain nombre de rations disparaissent au banquet de la nature : 1° un certain nombre de convives disparaissent et 2° de nouveaux convives n'apparaissent pas pour prendre les places supprimées.

II. Si au contraire, une heureuse récolte, une bonne campagne industrielle ont fait baisser le prix des vivres, on remarque que :

1° La mortalité s'abaisse ;

2° La nuptialité s'élève ;

3° La natalité s'élève.

Ainsi, dès que des nouvelles rations sont servies au banquet de la nature, les convives en sont chassés moins violemment par la mort, et surtout des nouveaux convives surgissent rapidement pour occuper les nouvelles places de sorte qu'elles ne restent pas longtemps vacantes.

III. Après la fin d'une redoutable calamité publique, la nuptialité et la natalité s'élèvent, et la mortalité s'abaisse, sans qu'il soit nécessaire que le prix des vivres devienne faible (1).

Il suffit, pour que l'on constate ces heureux phénomènes, que la période nouvelle soit moins troublée que la précédente.. Un certain nombre de rations avaient été supprimées au banquet de la nature, et un nombre proportionné de convives avait été expulsé ou ne s'était pas présenté. Dès que ces rations sont servies à nouveau, de nouveaux convives surgissent pour les occuper, tandis que d'ailleurs la mort devient moins impitoyable pour les faibles, et les laisse quelque temps encore occuper leur place au festin.

Malthus avait deviné que la mort, gardien vigilant, frappe les faibles en temps de disette, mais écrivant à une époque où la statistique n'existait pas, il ne pouvait supposer qu'en réalité la nature est plus clémente qu'il ne le croyait : lorsque les rations diminuent au grand festin de la vie, sans doute elle ouvre un peu plus grandes les portes de sortie, mais en même temps, elle rend un peu plus petite la porte d'entrée ; en d'autres termes, en même temps que la mortalité augmente, la natalité diminue (2).

Si un désastre (guerre, épidémie, disette, chômage) en s'abattant

(1) Voir la France et la Prusse après les guerres du premier empire et malgré la cherté de 1817.

(2) Deux autres mouvements de population contribuent souvent à rétablir l'équilibre de la population et des subsistances (des convives et des rations). Ce sont l'émigration et l'immigration. L'Irlande en 1847, la Suède et la Norvège en 1867, frappées par la disette, ont envoyé en Amérique de nombreux émigrants. L'immigration opère en sens inverse mais dans une mesure moins visible. (Voir le chapitre relatif aux migrations.)

sur un pays diminue le nombre des mariages pendant le temps où il pèse sur le pays, il est vrai de dire que les années qui suivent sont marquées par une nuptialité toujours très élevée.

En Prusse, les guerres du premier empire sont suivies, en dépit de la cherté des vivres, d'un grand accroissement de la nuptialité ; la natalité se montre également élevée. L'influence de la cherté ne paraît se faire sentir que lorsqu'elle a cessé, en 1819. Pendant la période calme 1820-29, la nuptialité et la natalité (les deux mouvements sont fidèlement parallèles) s'abaissent quelque peu, sans d'ailleurs cesser d'être élevées comme elles le sont toujours en Prusse ; puis survient le choléra en 1831-32, et avec lui, la cherté. La mortalité s'élève tandis que la nuptialité et la natalité descendent. Aussi, en 1833, la nuptialité atteint 9,9, chiffre qu'on ne lui avait pas vu depuis 1820, et la natalité s'élève à 40,9.

Les époques de cherté, d'ailleurs modérée, de 1839-40 et 1842-43, n'ont pas eu d'influence sensible sur les mouvements de population. Mais en 1846-47, le prix des grains s'élève sensiblement, la nuptialité tombe à 8,6 et à 7,7 ; la natalité diminue pendant trois ans. Dès 1849-51 le prix des grains étant redevenu normal, la nuptialité et la natalité s'élèvent malgré le choléra à des taux que l'on n'avait pas observés depuis les années 1833-34 mentionnées ci-dessus (et qui elles-mêmes doivent de les avoir au choléra de 1831-32).

Survient alors la désastreuse période 1852-56, où la Prusse est désolée par le choléra et surtout par la cherté des vivres qui devient presque aussi intense qu'en 1817. La nuptialité et la natalité redescendent aussitôt ; dès la fin de la crise, en 1857-58, elles se relèvent l'une et l'autre et atteignent des taux très élevés.

La cherté de 1861-62 et la guerre peu dangereuse soutenue par la grande Prusse contre le petit Danemark n'ont eu sur les mouvements de population aucune influence sensible.

La guerre de 1866, à peine plus meurtrière (4,400 tués et 6,300 morts de maladie), jointe à un choléra extrêmement meurtrier, diminua la nuptialité en même temps que la mortalité s'élevait à un taux inconnu jusqu'à ce jour. L'année suivante, malgré la cherté, la nuptialité s'élevait notablement.

La guerre franco-allemande eut sur la nuptialité une influence bien plus déprimante ; elle tomba au taux le plus bas qui soit sur notre tableau. La guerre fit perdre 30,124 hommes à l'armée prussienne (21,906 tués et 8,218 morts de maladie), mais la variole fit plus de victimes : 59,838 habitants de la Prusse y succombèrent. En 1872-73-74, la nuptialité s'éleva à un taux qu'on ne lui avait pas vu depuis 1816.

En résumé, on voit que la guerre a sur la nuptialité et la natalité plus d'influence qu'aucune autre perturbation sociale ; la cherté des vivres exerce une influence très nettement visible, lorsqu'elle est intense; les épidémies même les plus cruelles, et même lorsqu'elles sont plus meurtrières que la guerre, n'ont pas une influence aussi apparente.

TABLEAU IX. — **Influence du prix des vivres sur les mouvements de la population en France.**

	PRIX MOYEN de l'hectolitre de blé (en francs).	POUR 1,000 HABITANTS		
		Combien de mariages.	Combien de naissances.	Combien de décès.
3 ans hauts prix..............	23 40	7.37	33.2	29.2
1801-10. Prix moyen des 10 ans.........	19 91	»	»	»
3 ans bas prix..................	16 81	8.28	32.7	27.5
5 ans hauts prix..............	29 69	7.42	31.4	25.5
1811-20. Prix moyen des 10 ans.........	24 72	»	»	»
5 ans bas prix................	19 75	8.69	32.4	26.7
2 ans hauts prix..............	22 30	7.66	31.1	25.1
1821-30. Prix moyen des 10 ans.........	18 22	»	»	»
5 ans bas prix................	16 24	7.55	29.9	25.2
4 ans hauts prix..............	22 12	7.73	29.0	24.9
1831-40. Prix moyen des 10 ans.........	19 08	»	»	»
4 ans bas prix................	16 11	8.12	29.4	24.7
3 ans hauts prix..............	24 97	7.60	26.7	23.5
1841-50. Prix moyen des 10 ans.........	20 49	»	»	»
3 ans bas prix	16 85	8.10	27.3	24.6
4 ans hauts prix..............	28 31	7.76	25.4	24.8
1851-60. Prix moyen des 10 ans.........	21 51	»	»	»
5 ans bas prix...............	15 90	8.08	26.8	23.2
4 ans hauts prix..............	25 08	7.94	26.2	22.7
1861-69. Prix moyen des 9 ans..........	21 44	»	»	»
4 ans bas prix...............	18 34	7.86	26.4	22.9
2 ans hauts prix..............	25 00	8.2	25.8	22.4
1872-80. Prix moyen des 9 ans	22 47	»	»	»
2 ans bas prix	20 01	8.0	26.1	22.8
2 ans hauts prix..............	21 84	7.4	24.8	22.6
1881-85. Prix moyen des 5 ans.........	19 50	»	»	»
2 ans bas prix................	17 28	7.4	24 2	22.2

Sous le premier empire, la nuptialité française dépend surtout des privilèges accordés aux hommes mariés au moment de la conscription. En 1813, les guerres terribles qui épuisaient la nation française engagent un grand nombre d'hommes dans les liens protecteurs du mariage, et par une réaction naturelle, la nuptialité s'abaisse l'année suivante en même temps que les naissances augmentaient quelque peu. Les années 1815 et 1816 sont marquées par une assez forte nuptialité que la cherté fait baisser pendant les années suivantes. Les années de cherté 1828, 1829, 1839 et surtout 1847 sont marquées par un abaissement de la nuptialité, et par suite de la natalité. En 1848, au contraire, la nuptialité s'élève, mais pour retomber aussitôt après. La malheureuse année 1854, année de guerre, de cherté et de choléra présente un abaissement de la nuptialité et de la natalité et une élévation de la mortalité. La cherté (d'ailleurs peu sensible) de 1866-67 n'a aucun effet sur les mouvements de population. La guerre de 1859 n'a été accompagnée que d'une augmentation de mortalité. Celle de 1870-71 a eu au contraire une action considérable. Comme toujours, les années qui la suivent comptent beaucoup de mariages, beaucoup de naissances, peu de décès.

TABLEAU X. — **Influence du prix des vivres sur la nuptialité en Angleterre (1841-66).**

ANNÉES.	COMBIEN DE MARIAGES annuels pour 1000 habitants en général.	COMBIEN DE MARIAGES annuels. *by licence* pour 1000 personnes vivant dans des locations de plus de 20 livres.	COMBIEN DE MARIAGES annuels *not by licence* pour 1000 personnes vivant dans des locations de moins de 20 livres.	PRIX du *quarter* de blé (en shellings).
	col. 1.	col. 2.	col. 3.	col. 4.
				s. d.
I. — Huit années de prix élevés. 1855 ...	8.08	9.16	7.91	74.8
1854....	8.58	9.58	8.42	72.5
1847....	7.93	9.09	7.74	69.9
1856....	8.37	9.47	8.19	69.2
1841....	7.69	9.05	7.47	64.4
1842....	7.37	8.47	7.19	57.3
1857....	8.26	9.44	8.07	56.5
1862....	8.07	8.53	7.99	55.5
Moyenne...........	8.04	9.10	7.87	64.11
II. — Neuf années de prix moyens. 1861....	8.14	8.80	8.03	55.4
1846....	8.61	9.26	8.50	54.8
1853....	8.94	9.57	8.84	53.3
1860....	8.55	9.13	8.46	53.3
1844....	8.01	8 31	7.96	51.3
1845....	8.60	8.80	8.56	50.10
1848....	7.97	8.90	7.82	50.6
1843....	7.59	8.16	7.49	50.1
1866....	8.85	8.32	8.95	49 11
Moyenne...........	8.36	8.81	8.29	52.1
III. — Neuf années de prix faibles. 1863....	8.44	8.48	8.44	44.8
1849....	8.08	8.59	8.00	44.3
1858....	8.02	8.81	7.89	44.3
1859....	8.52	9.04	8.44	43.10
1865....	8.84	8.56	8.89	41 9
1852....	8.73	9.13	8.66	40.9
1850....	8.60	8.80	8.57	40.3
1864....	8.68	8.65	8.69	40.2
1851....	8.58	8.84	8.53	38.6
Moyenne...........	8.50	8.77	8.46	42.1

L'influence de la cherté sur les mouvements de population en France a été résumée dans le tableau IX (1).

L'influence de la cherté sur les mouvements de population est loin d'avoir la régularité mathématique qu'on lui a quelquefois attribuée. Elle a été étudiée (2) en Angleterre, par William Farr, et pour des périodes moins étendues, en Saxe, par M. Engel; en Bavière, par Hermann; dans les Pays-Bas, par M. Beaujon; par M. Muhlemann, dans le canton de Berne, etc., en Italie enfin dans la très remarquable publication intitulée : *Inchiesta sulle condizione igieniche e sanitarie dei comuni dell Regno* 1886.

William Farr a fait pour l'Angleterre une remarque curieuse; c'est que les variations du prix des céréales ont sur la population aisée une influence directement opposée à celle qu'elles exercent sur la population générale. Il fonde cette remarque sur la distinction des mariages *by banns* (mariages pauvres) et des mariages *by licence* (mariages riches); ces derniers augmentent de nombre lorsque le prix des céréales augmente, et réciproquement, ils diminuent lorsque le prix des produits de la terre s'avilit. Le tableau X indique sur quels chiffres William Farr a établi cette conclusion (*Reg. gen.*, 1866, p. iv).

Ainsi dans les années où le blé a valu cher, c'est-à-dire plus de 56 shellings, la nuptialité des gens riches ou aisés (*higher and middle classes*, dit l'auteur) a été presque toujours supérieur à 9 mariages pour 1,000 vivants, tandis que lorsque le blé a été bon marché, c'est-à-dire à moins de 45 shellings, la nuptialité des mèmes gens a été faible, et a été presque toujours inférieure à 9.

Pour les gens de la classe inférieure, c'est le contraire qui est arrivé. ainsi qu'on le voit dans tous les pays. Il semble donc que l'avilissement du prix du blé cause une gêne relative à une partie de la population aisée (3). Mais cette exception ne concerne pas l'ensemble de la population anglaise, pour laquelle la loi ordinaire se vérifie (voir col. 1), mais seulement une partie toute spéciale de la nation. Elle ne contredit nullement les observations que nous avons faites dans plusieurs pays et pendant des périodes séculaires. La conclusion qui en découle a été formulée ainsi, sous le nom de loi de l'*équation des subsistances*, par Achille Guillard :

« *La population tend à se proportionner aux subsistances disponibles.* »

---

(1) Dr Bertillon père, *Annales de démographie*, 1877.

(2) En France, par Achille Guillard, *Éléments de statistique humaine ou Démographie comparée*, 1855; Bertillon, art. FRANCE du *Dict. encycl. des sc. médic.*; en Prusse, par M. de Fircks, *Rückblick auf die Bewegung der Bevölkerung im preussichen Staate*, 1816-1874; en Suède par M. Berg.

(3) En Bavière, à l'époque où le mariage n'était pas permis aux pauvres, on a remarqué que l'avilissement du prix du blé diminuait le nombre des mariages. En 1835-37, années d'abondance, où le prix du blé tombe très bas, la nuptialité de la Basse-Bavière tombe à 5,0 pour 1,000 habitants et se relève (avec le prix du blé) à 5,8 dans les années suivantes.

Ce que l'on a traduit plus pittoresquement ainsi : « Là où naît un pain naît un homme. Là où disparaît un pain disparaît un homme. »

On exprimerait une idée analogue en disant que lorsqu'une société humaine a été frappée par un malheur public qui a fait périr un certain nombre de ses membres, en un mot lorsqu'elle a été blessée, cette blessure tend spontanément à la guérison : les naissances se multiplient, les décès diminuent, et en très peu d'années, la population est redevenue ce qu'elle était auparavant.

Cependant cette idée, ainsi exprimée, ne serait pas parfaitement exacte. Les vides qu'une disette ou qu'une guerre a créés dans une population se font sentir en réalité pendant beaucoup plus de temps qu'on ne pourrait croire.

C'est ce que montre avec clarté un diagramme célèbre que feu M. Berg, directeur de la statistique de Suède a fait connaître à l'exposition universelle de Paris en 1878.

On sait que les pays scandinaves ont sur les autres nations de l'Europe l'avantage de posséder les recensements par âge depuis plus d'un siècle (la Suède depuis 1751; en France nous n'en avons que depuis 1851). M. Berg a eu l'idée ingénieuse de représenter par un diagramme (1) le résultat de ces différents recensements, et il s'est trouvé que la simple traduction des chiffres absolus en grandeurs figurées a révélé avec évidence des lois très simples, mais très inattendues.

Voici les principes du diagramme construit par M. Berg. Il consacre à chaque période quinquennale, soit la période 1795-1800, une colonne large de quelques centimètres, et il y prend une hauteur proportionnelle au nombre des naissances qui ont eu lieu pendant cet intervalle. Il y prend de même une hauteur proportionnelle aux enfants de 0 à 5 ans dénoncés par le recensement. Cette hauteur est nécessairement moins grande que la précédente. Une troisième ligne, tracée à une hauteur moins élevée encore, indique par sa situation le nombre des enfants de 5 à 10 ans, et ainsi de suite, chaque ligne transversale indiquant par sa hauteur le nombre des individus d'un âge donné; la plus petite de ces hauteurs indique le nombre des centenaires.

La composition par âge de la population à chaque recensement est représentée d'une manière analogue par des lignes prises à différentes hauteurs dans une colonne verticale, et toutes ces colonnes verticales sont juxtaposées. Cette juxtaposition permet d'étudier l'histoire d'une génération née pendant une période donnée; on n'a qu'à la suivre d'une colonne à l'autre. C'est là qu'est tout l'intérêt du tableau.

Étudions, par exemple, la génération née pendant la période de 1795-1800. Le nombre des naissances survenues à cette époque a été moins élevé que les années précédentes ne le laissaient prévoir, parce qu'à

(1) M. Perozzo a représenté les mêmes chiffres par d'ingénieux stéréogrammes.

cette époque funeste tous les malheurs à la fois fondaient sur la Suède. Une série de mauvaises récoltes, la disette, des épidémies de fièvre typhoïde et de variole; un peu plus tard une guerre désastreuse soutenue contre la Russie, ont presque simultanément désolé le pays. Les nais-

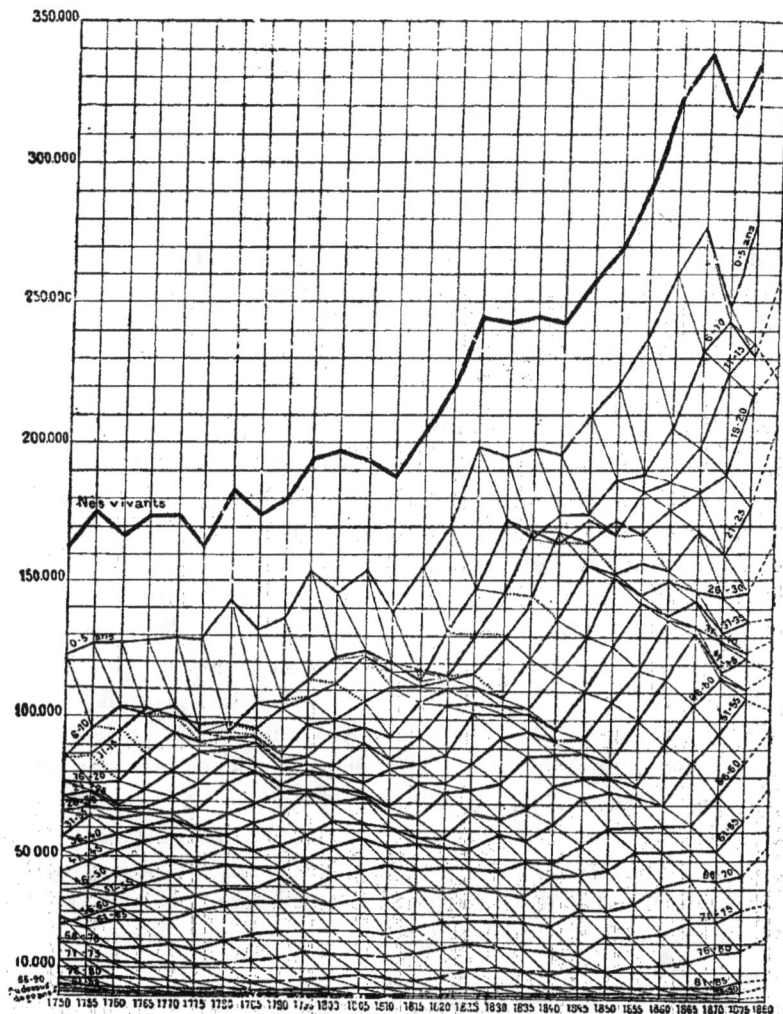

Suède. — Population masculine par âge à chaque recensement depuis 1751.

sances ayant été peu nombreuses en 1795-1800, il en résulte tout natu-rellement que le nombre des enfants de 0 à 5 ans dénoncé par le recen-sement de 1800 a été également peu considérable.

Au recensement de 1810, on a trouvé pour la même raison peu d'en-fants âgés de 5 à 10 ans; de même en 1815, on a trouvé peu d'enfants de 10 à 15 ans, et ainsi de suite; cette génération de 1795-1800 continue dans la suite des âges à être relativement peu nombreuse.

Ce que je viens de dire de cette génération sacrifiée, il faut le répéter pour celle des périodes 1800-1805 et 1805-1810, car la guerre a été longue et ne s'est terminée qu'en 1808 par le traité d'Aabo; pendant quinze ans, des calamités de toute espèce ont lourdement pesé sur la population suédoise et ont restreint le nombre de ses naissances. Après 1810 au contraire, et jusqu'en 1825, le nombre des naissances augmente régulièrement.

Reportons-nous maintenant au moment où les rares enfants nés pendant cette période malheureuse 1795-1810 ont atteint l'âge de la reproduction, c'est-à-dire l'âge de trente ans; ce sera en 1825-1840. *Étant peu nombreux, ils auront peu d'enfants*, et en effet l'accroissement régulier que nous avions constaté dans le nombre des naissances *s'arrête brusquement à cette époque* et fait même place à une petite diminution que ne justifie ni l'état des récoltes ni aucune autre circonstance.

Au contraire, après 1840, le nombre des adultes augmentant, le nombre des naissances augmente aussi et reprend son accroissement normal.

C'est ainsi qu'une guerre qui a eu lieu au commencement du siècle et dont les conséquences économiques sont depuis longtemps effacées, influe au contraire sur la population longtemps après qu'elle a fait place à la paix. Il arrive pour l'humanité un phénomène analogue à celui qu'on a souvent noté pour les hannetons. Lorsqu'une gelée tardive ou toute autre circonstance en a fait périr un grand nombre pendant une année donnée, on peut prédire à l'avance que quatre ans plus tard, quoi qu'il arrive, ils seront peu nombreux. Pour les hommes, on peut faire cette prédiction trente ans d'avance, parce qu'il suffit de 4 ans pour qu'un hanneton devienne adulte, et qu'il faut trente ans à un homme.

Mais ce n'est pas tout. Suivons en effet les enfants nés pendant cette période 1825-1840. Ils sont peu nombreux, donc ceux qui leur survivront dans les recensements suivants seront peu nombreux aussi. Suivons-les jusqu'à l'âge de reproduction, à 30 ans, c'est-à-dire en 1855-1870. Nous trouverons qu'encore à cette époque ils sont moins nombreux que ne l'étaient les adultes de même âge aux recensements précédents.

Il en résulte que les naissances sont aussi moins nombreuses, et en effet la ligne qui les représente subit une légère inflexion pendant la période 1860-1865 et un abaissement très accentuée (1) en 1865-1870.

Certes, si quelqu'un eût avancé que c'est à-cause d'une guerre datant d'un demi-siècle, et depuis longtemps oubliée que les naissances ont diminué en Suède en 1860-1870, personne n'eût ajouté foi à une asser-

---

(1) Cette diminution de la période 1865-70 n'est due qu'en partie au phénomène dont nous parlons. Il ne faut pas oublier que les récoltes de 1866, 1867 et surtout 1868 ont été très mauvaises.

tion aussi paradoxale. C'est pourtant ce qui résulte de notre diagramme (1).

Michel Tchouriloff, jeune démographe russe que la diphtérie a prématurément enlevé à la science, s'est efforcé de démontrer que ces générations, issues des années de guerre, étaient de taille plus petite que les autres, que les infirmités étaient parmi elles particulièrement nombreuses, résultats logiques, puisque les hommes de petite taille ou infirmes ne sont pas enrôlés et échappent aux périls de la guerre (2).

TABLEAU XI. — **SUÈDE**. — **Population masculine par âge** (en milliers d'habitants) (NOMBRES ABSOLUS).

AGES.	RÉSULTATS du recensement de 1860. col. 1.	RÉSULTATS du recensement de 1870. col. 2.	PRÉVISIONS faites pour 1880 d'après le diagramme. col. 3.	RÉSULTATS du recensement de 1880. col. 4.
De 0 à 5 ans...............	259	248	»	285
5 — 10 —	205	243	257	246
10 — 15 —	186	223	222	222
15 — 20 —	177	189	227	227
20 — 25 —	154	160	202	193
25 — 30 —	150	145	163	157
30 — 35 —	138	130	137	137
35 — 40 —	138	130	129	129
40 — 45 —	111	119	118	117
45 — 50 —	90	117	117	115
50 — 55 —	69	92	103	103
55 — 60 —	62	72	98	98
60 — 65 —	52	52	74	73
65 — 70 —	40	41	53	52
70 — 75 —	23	28	34	31
75 — 80 —	12	16	21	20
80 — 85 —	5	6	8	8
85 — 90 —	1.2	1.5	4	3
90 ans et au-dessus......	0.25	0.28	»	0.40

Le tableau XI montre comment on peut à l'aide de ce diagramme

(1) Ce diagramme permet encore de prévoir d'avance les résultats d'un recensement.
Enfin il explique avec clarté un fait qui paraît souvent singulier : c'est que la population d'un âge donné soit de quinze à vingt ans, puisse parfois être supérieure à celle de l'âge précédent.
Ce fait surprend toujours, car il est logique que les plus jeunes soient plus nombreux que leurs aînés, puisque la mort a moissonné ceux-ci pendant plus longtemps. Mais notre diagramme montre comment le contraire peut se produire. Par exemple, en 1840 les adultes de quinze à vingt ans étaient nombreux parce qu'ils étaient nés pendant la période 1820-25 où le chiffre des naissances était élevé. Au contraire les enfants de dix à quinze ans étaient peu nombreux, parce qu'ils étaient nés en 1825-30 où le chiffre des naissances avait baissé à cause du petit nombre d'adultes existant à cette époque (ces adultes, on s'en souvient, étaient nés pendant la période fatale de 1795-1800). Eh bien, la différence entre le nombre des naissances de 1820-25 et celui de 1825-30 est telle que, quinze ans après, en 1840 et même en 1845, nous voyons la génération produite par l'une dépasser celle de l'autre.
(2) *Revue d'anthropologie*, 1876.

prévoir à l'avance les résultats d'un recensement. Entre les prévisions faites d'après le diagramme pour l'année 1880, et les résultats du recensement fait pendant cette même année, il n'y a de différence sensible que pour l'âge de 20 à 30 ans ; l'émigration, devenue très forte en Suède, est sans doute la cause de cette différence.

§ 5. — Du parallélisme des mouvements de population.

En général, et sauf exception, on remarque que les pays où la nuptialité est élevée, ont aussi beaucoup de naissances, et que les pays où les naissances sont nombreuses ont aussi beaucoup de décès.

Ainsi en Saxe, il y a beaucoup de mariages, beaucoup de naissances, beaucoup de décès. De même en Prusse. Au contraire en Belgique il y a peu de mariages, peu de naissances, peu de décès. En Suède, il y avait au siècle dernier une forte nuptialité, une forte natalité et une assez forte mortalité ; petit à petit, les trois mouvements de population ont baissé simultanément.

Cette règle, qui n'est pas sans exception, s'explique facilement : on conçoit assez aisément que beaucoup de mariages s'accompagnent de beaucoup de naissances ; et on s'explique, aussi lorsque les naissances sont nombreuses, que les décès le soient également, puisque les jeunes enfants sont soumis à des chances de mort exceptionnelles.

D'autre part, dans les pays où la mortalité est forte, la loi de l'équation des subsistances exige que la natalité soit élevée de façon à réparer promptement les vides que la mort fait parmi les convives attablés au banquet de la vie.

En France, la nuptialité reste parfaitement stationnaire, la mortalité diminue un peu, et la natalité diminue régulièrement et progressivement de décade en décade.

En Belgique, les trois mouvements de population restent à peu près stationnaires.

Dans les Pays-Bas, la nuptialité et la natalité augmentent, tandis que la mortalité diminue. En Prusse, les trois mouvements de population vont en se ralentissant, tandis qu'en Saxe, ils s'accroissent parallèlement.

En Bavière, une loi qui se croyait philanthropique (1) interdisait le mariage aux pauvres, et les réduisait à n'avoir que des amours illégitimes. Aussitôt après l'abrogation de cette loi vers 1868, les mariages sont devenus nombreux ; les naissances ont notablement augmenté, et, par suite, la mortalité a subi un léger accroissement.

La Finlande subit durement les caprices de son climat redoutable ; sa mortalité est pourtant modérée, et sa natalité assez élevée.

---

(1) Elle ne s'appliquait pas à la Bavière rhénane qui est restée soumise aux principes du Code civil.

TABLEAU XII. — **Mouvements de population des principaux pays de l'Europe, à différentes époques, par périodes décennales.**

Tableau destiné à montrer les variations lentes de la nuptialité, de la natalité et de la mortalité.

PAYS.	PÉRIODES.	POUR 1,000 HAB., COMBIEN, EN UN AN, DE		
		MARIAGES.	NAISSANCES (mort - nés exclus).	DÉCÈS (mort-nés exclus).
FRANCE..............	1801—1810	7.8	33	29
	1811—1820	7.9	32	26
	1821—1830	7.8	31	25
	1831—1840	7.9	29	25
	1841—1850	7.9	27	23
	1851—1860	7.9	26	24
	1861—1870	7.7	26	23
	1871—188)	8.0	25	24
BELGIQUE.............	1841—1850	6.9	30	24
	1851—1860	7 4	30	23
	1861—1870	7.5	32	24
	1871—1880	7.2	32	23
PAYS-BAS	1841—1850	7.2	35	28
	1851—1860	7.9	35	27
	1861—1870	8.3	36	25
	1871—1880	8.0	36	24
ITALIE	1865—1870	7.3	37	30
	1871—1880	7.5	36.5	30
PRUSSE..............	1816—1820	10.6	43	28.5
	1821—1830	8.9	40	28.0
	1831—1840	9.1	38	30.0
	1841—1850	8.9	38	29.0
	1851—1860	8.6	38	28.9
	1861—1870	8.6	38	28.9
	1871—1880	8.7	39	26.4
SAXE...............	1835—1840	8.2	»	»
	1841—1850	8.5	41.1	20.0
	1851—1860	8.7	39.5	27.3
	1861—1870	8.9	40.1	27.8
	1871—1880	9.4	42.9	29.1
BAVIÈRE.............	1841—1850	6.6	33.2	28
	1851—1860	6.4	33.2	28
	1861—1870	9.2	37.9	30
	1871—1880	8.3	40.2	31
FINLANDE.	1812—1820	8.9	35.2	26.1
	1821—1830	8.5	37.9	24.7
	1831—1840	7.3	33.3	28.2
	1841—1850	8.1	35.2	23.6
	1851—1860	7.8	35.8	28.6
	1861—1870	6.7	34.3	32.5
	1871—1880	8.3	36.7	22.0
SUÈDE.......	1751—1760	9.1	36.0	27.3
	1761—1770	8.6	34.5	27.7
	1771—1780	8.5	32.7	27.4
	1781—1790	7.9	32.0	27.6
	1791—1800	8.5	33.4	25.3

TABLEAU XII (*Suite*). — **Mouvements de population des principaux pays de l'Europe, à différentes époques, par périodes décennales.**

PAYS.	PÉRIODES.	POUR 1,000 HAB., COMBIEN, EN UN AN, DE		
		MARIAGES.	NAISSANCES (mort - nés exclus).	DÉCÈS (mort-nés exclus).
SUÈDE.............	1801—1810	8.2	30.8	27.5
	1811—1820	8.7	33.4	25.9
	1821—1830	8.3	34.7	23.5
	1831—1840	7 1	31.5	22.6
	1841—1850	7.5	31.2	20.6
	1851—1860	7.6	32.8	21.6
	1861—1870	6.7	31.9	20.4
	1871—1880	6.8	30.4	18.2
NORVÈGE........... ..	1801—1815	7.6	27.9	25.0
	1816—1825	8.7	33.2	18.8
	1825—1835	7.5	33.1	19.5
	1836—1845	7.2	29.5	18.8
	1846—1855	7.8	31.7	18.1
	1856—1865	7.2	32.6	17.7
	1866—1875	6.8	30.0	17.5
	1876—1883	7.0	31.1	16.6
DANEMARK.............	1835—1844	7.7	31.6	22.1
	1845—1849	8.0	32.0	22.7
	1855—1859	8 4	33.8	20.4
	1861—1870	7.4	31.0	20.1
	1871—1880	7.9	31.4	19.5
ANGLETERRE............	1801—1810	8.7	»	»
	1811—1820	8.1	»	»
	1821—1830	8.1	»	»
	1831—1840	8.0	»	»
	1841—1850	8.0	32.6	22.3
	1851—1860	8.5	34.1	22.2
	1861—1870	8.4	36.0	22.7
	1871—1880	8.1	35.4	21.4
ÉCOSSE..............	1855—1860	6.8	34.0	20.7
	1861—1870	7.1	35.4	22.3
	1871—1880	7.2	34.8	21.7

Les pays scandinaves se distinguent, notamment depuis une cinquantaine d'années, par la faiblesse de la mortalité.

En Suède, nous avons déjà remarqué l'abaissement parallèlement des trois mouvements de population ; cette diminution ne se fait guère remarquer en Norvège ni en Danemark.

En Angleterre, les mariages ont été d'abord en décroissant, depuis le commencement du siècle jusqu'en **1840**, puis ils sont devenus nombreux, mais ils semblent à présent diminuer, et à nouveau les naissances (et par conséquent les décès) ont été en croissant pendant trente ans (1840-70). Depuis cette époque, les uns et les autres sont devenus un peu moins nombreux.

Après avoir jeté un regard général sur les lois les plus générales de la démographie, il convient d'étudier avec plus de détail les trois mouvements de population. Ce sera l'objet des chapitres suivants.

§ 6. — Étude des recensements.

I. **Proportion de la population de chaque sexe.** — En général, il y a en Europe un peu plus de femmes que d'hommes (1 019 femmes pour 1 000 hommes, c'est-à-dire 982 hommes pour 1 000 femmes), et cependant dans tous les pays, il naît toujours un peu plus de garçons que de filles (105 garçons pour 100 filles). Comme la mortalité des petits garçons dépasse notablement celle des petites filles, les deux sexes ne tardent pas à être à peu près aussi nombreux l'un que l'autre. A l'âge adulte, les hommes émigrent plus facilement que les femmes ; leur mortalité est souvent un peu plus forte. Ainsi se fait que généralement leur nombre total est quelque peu inférieur à celui des femmes. Chez les vieillards la disproportion des deux sexes est encore plus forte (1).

TABLEAU XIII. — **Pour 1,000 femmes recensées, combien d'hommes**.
(Recensements de 1880 ou années voisines.)

France................	996	Autriche, Hongrie......	967
Belgique..............	998	Serbie................	1,045
Pays-Bas.............	977	Russie...	973
Espagne.	957	Finlande..............	960
Italie................	1,006	Suède................	940
Grèce................	1.103	Norvège..............	954
Suisse................	962	Danemark............	966
Allemagne.......... :.	962	Angleterre, Galles....)	
Prusse............... .	968	Écosse..............	955
Saxe..................	946	Irlande . ...)	
Bavière....	952	États-Unis.....	1,035
Wurtemberg...	933	Canada................	1,025
Bade.................	951	Australie........	1,185

La Grèce et la Serbie sont les seuls pays européens où les hommes paraissent, d'après le recensement, notablement plus nombreux que les femmes. La statistique des naissances accuse dans ces deux pays (et aussi en Roumanie) un excès très anormal de naissances masculines.

Dans les pays qui reçoivent de nombreux émigrants, les hommes sont naturellement les plus nombreux. Il en est ainsi aux États-Unis et au Canada, quoique ces pays contiennent une population née dans le pays très nombreuse par rapport au nombre des immigrants. En Australie et

(1) La proportion des deux sexes est généralement indiquée sous la forme suivante : « Pour 1,000 femmes, combien d'hommes ? » Quelques auteurs préfèrent le rapport inverse : « Pour 1,000 hommes, combien de femmes ? » Nous préférons (sans attacher à la question une importance qu'elle n'a pas) le premier de ces deux rapports, parce que le nombre des femmes est plus fixe que celui des hommes. La guerre, la disette, les événements politiques, l'émigration, modifient le nombre des hommes plus facilement que celui des femmes. D'ailleurs, l'élément démographique est moins l'individu isolé que la famille, et c'est la femme qui fait la famille.

îles adjacentes, où l'élément immigré est plus important, l'excès des hommes est beaucoup plus considérable encore.

La proportion des hommes par rapport aux femmes était moindre qu'aujourd'hui d'après les anciens dénombrements.

La proportion des hommes diminue généralement au moment des grandes calamités (disette, guerre, etc.) et augmente ensuite (mais avec beaucoup de lenteur) pendant des années qui les suivent. C'est ce qu'on a appelé la *restauration des mâles*.

Voici quelques séries de chiffres qui permettront de voir quelles limites peut atteindre normalement l'inégalité du nombre des deux sexes :

TABLEAU XIV. — **Pour 1,000 femmes recensées, combien d'hommes**.

ANNÉES.	FRANCE.	ANGLE-TERRE.	PRUSSE.	SUÈDE.	ANNÉES.	FRANCE.	ANGLE-TERRE.	PRUSSE.	SUÈDE.
1751....	»	»	»	889	1830...	960	972	991	928
1760....	»	».	»	893	1835...	958	»	»	935
1769....	»	»	»	912	1840...	976	971	997	935
1780....	»	»	»	925	1845...	982	»	»	936
1790....	»	»	»	917	1850...	981	974	999	940
1795....	»	»	»	920	1855..	983	»	993	940
1800....	950	974	»	922	1860...	1000	966	993	944
1805....	»	»	»	925	1865...	1005	»	»	»
1810....	»	976	999	913	1870...	992	961	971	936
1815....	»	»	984	914	1875...	993	»	»	»
1820....	945	979	983	921	1880...	996	948	968	940
1825....	»	»	986	927	1885...	999	»	963	»

NOTA. — L'armée est comprise dans tous ces chiffres, et notamment en ce qui concerne l'Angleterre, la marine royale et la marine marchande.

Les recensements français se sont faits non aux dates indiquées, mais aux millésimes terminés par 1 et 6 ; les recensements anglais, aux millésimes terminés par 1. — Les chiffres qui concernent la Prusse se rapportent au territoire de ce royaume tel qu'il était au moment du dénombrement. Les dénombrements prussiens se sont faits, non aux dates indiquées, mais en 1810, 1816, 1820, 1825, 1831, 1840, 1849, 1855, 1861, 1871, 1880.

En France, les guerres du premier empire avaient détruit tant d'hommes, qu'en 1820 on n'en comptait que 945 pour 1 000 femmes. Petit à petit, l'équilibre se rétablit (il ne l'a été complètement qu'en 1860). La guerre de 1870 fait tomber la proportion des hommes à 992. Depuis cette époque, elle n'a cessé de se relever lentement.

En Angleterre, le nombre des hommes reste toujours très inférieur à celui des femmes (sans doute parce que ce sont surtout les hommes qui émigrent).

En Prusse, les guerres du premier empire abaissent la proportion des hommes à 984 ; l'équilibre des deux sexes se rétablit très lentement. La guerre de 1870 (et sans doute l'émigration) font tomber la proportion à 971. Elle va sans cesse en diminuant depuis cette époque.

En Suède, la proportion des hommes a toujours été très faible. Les anciens dénombrements ne trouvent dans ce pays que 889 hommes pour 1 000 femmes. Il est douteux que les guerres meurtrières et inutiles de Charles XII, et celles qui ont suivi sa mort (1718) soient responsables de la faiblesse de ce chiffre ; la proportion des hommes s'élève progressivement jusqu'en 1780, époque à laquelle commencent pour la Suède une série de malheurs (disettes 1780-83 et 1798-1801 ; épidémie 1782-92 et 1801-09 ; guerre 1788-90 ; 1805-09 et 1813-14). La restauration des hommes se fait très lentement à partir de 1815. Les mauvaises récoltes de 1866-68 et l'émigration qui suit font retomber la proportion des hommes en 1870.

Le tableau XV indique la proportion des sexes en chaque groupe d'âges pendant le cours de l'histoire de la Suède. Il montre que les modifications qui surviennent dans les proportions des sexes se font surtout à l'âge adulte. Ce sont les hommes adultes qui sont frappés par les guerres de 1788 et années suivantes. Quant aux hommes de plus de 60 ans, les événements ont peu de prise sur eux ; lorsque nous voyons le nombre relatif des hommes âgés diminuer en 1820-55, ce n'est pas dans les événements de cette période heureuse qu'il en faut chercher la cause, mais dans ceux du passé : la génération qui avait 60 ans en 1820 était précisément celle qui en avait eu 30 en 1790 et qui avait été moissonnée par la guerre et par les fléaux qui s'abattirent alors sur la Suède.

TABLEAU XV. — **SUÈDE.** — **Pour 1,000 femmes de chaque groupe d'âges, combien d'hommes des mêmes âges.**

ANNÉES.	De 0 à 15 ans.	De 16 à 60 ans.	Au-dessus de 60 ans	ANNÉES.	De 0 à 15 ans.	De 16 à 60 ans.	Au-dessus de 60 ans
1751.......	997	875	655	1830...... ..	1001	922	707
1760........	1021	860	675	1840........	1004	932	701
1780	988	916	758	1850........	1004	943	697
1790........	1015	908	775	1860........	1011	941	729
1800..... ..	1004	906	753	1870........	1014	924	742
1810........	1000	891	757	1880........	1023	932	774
1820........	997	912	737				

II. Population par âge. — Ce renseignement est l'un des plus utiles que fournisse le recensement. Il est indispensable pour le calcul de la mortalité (1), et on ne peut pas, sans son aide, apprécier exactement ni la natalité, ni la nuptialité, ni aucun autre chapitre de la démographie.

(1) Beaucoup de statisticiens occasionnels parlent couramment de la mortalité générale (sur 1,000 hab. combien de décès) et en tirent des déductions à perte de vue. Déclarons ici ce que nous répéterons plus loin : le rapport a peu de valeur car il n'a guère de signification en lui-même ; il ne commence à prendre un sens que lorsque l'on y joint (ce qui n'arrive guère) l'étude de la composition par âges de la population que l'on considère.

L'usage est de calculer le rapport suivant : « sur 1 000 habitants, combien de tel et tel âge ». Ce rapport ne me semble pas très heureux, la proportion des vieillards telle qu'elle résulte d'un pareil calcul est toujours influencée par le nombre des enfants : dans un pays où les enfants sont très nombreux, le nombre des vieillards est toujours exprimé par une proportion faible (puisqu'il faut toujours que le total soit 1 000) sans que cela signifie que la longévité est moindre dans ce pays que dans les autres (1).

Pour éviter cet inconvénient, je propose de fonder le calcul de la population par âges sur les considérations suivantes :

La population se compose de trois grands groupes primordiaux très différents à tous les points de vue : les enfants (0-15 ans), les adultes (15 à 60) et les vieillards. Les adultes travaillent et reproduisent; quant aux enfants et aux vieillards, leur âge les force à vivre aux dépens des adultes; ils constituent le *poids mort* de la société; sa partie active sont les adultes. Pour comparer la grandeur de ce poids mort dans les différents pays, il faut la comparer dans tous à un étalon fixe, qui est la population adulte; on verra bien plus clairement ainsi de quelle charge elle est alourdie soit pour élever la génération nouvelle, soit pour reconnaître les services de la génération passée.

Nulle part cette charge n'est aussi légère qu'en France, parce que nulle part les enfants ne sont aussi rares qu'en France. Il est vrai que nulle part aussi les vieillards ne sont aussi nombreux. La France est le pays qui contient le moins d'enfants et le plus de vieillards. Le premier de ces deux faits est très inquiétant pour notre pays. Le second est à son honneur, puisqu'il montre que la vie y est douce et prolongée, mais cela n'ajoute guère à sa puissance. « La France conserve longtemps ses vieillards : c'est un honneur pour elle, mais à coup sûr, ce n'est pas une force ».

L'Alsace-Lorraine et la Belgique ont un nombre de vieillards assez élevé, mais elles ont plus d'enfants que la France; les trois royaumes scandinaves, puis l'Italie et la Suisse ont assez peu d'enfants et un assez grand nombre de vieillards.

Au contraire, l'Allemagne, l'Autriche cisleithane et surtout l'Angleterre et l'Écosse comptent plus d'enfants et moins de vieillards que les pays que nous venons d'énumérer.

L'Espagne et le Portugal comptent peu de vieillards. En Croatie-Slavonie et surtout en Grèce, il y a un nombre considérable d'enfants et extrêmement peu de vieillards. La Grèce notamment présente le spectacle exactement contraire de celui de la France.

---

(1) Ajoutons que les enfants en bas âge étant presque partout (et notamment en France) mal recensés, il en résulte qu'*aucun* des chiffres du rapport critiqué n'est exact.

TABLEAU XVI. — **Composition par âge de la population des principaux États de l'Europe vers 1880.**

PAYS.	POUR 1,000 HABITANTS de tout âge, combien			POUR 1,000 ADULTES de 15 à 60 ans, combien		
	D'ENFANTS (0-15 ans).	D'ADULTES (15-60 a.).	de VIEILLARDS (60 ans-ω).	D'ENFANTS (0-15 ans).	de VIEILLARDS (60 ans-ω).	TOTAL des bouches inutiles.
France...................	267	610	123	439	202	641
Alsace-Lorraine...........	325	571	104	568	183	751
Belgique..................	335	567	98	590	172	762
Pays-Bas..................	352	562	86	625	153	778
Espagne...................	348	595	57	585	96	681
Portugal..................	339	590	71	576	121	697
Italie....................	322	589	89	568	152	720
Grèce.....................	392	556	52	706	94	800
Suisse....................	320	592	88	542	149	691
Allemagne.................	354	567	79	625	139	764
Prusse....................	361	564	75	641	132	773
Saxe..................	359	573	68	625	119	744
Bavière...............	342	565	93	606	164	770
Wurtemberg.	332	550	87	604	145	749
Bade..................	352	566	82	622	145	767
Autriche cisleithane.......	340	584	76	582	130	712
Hongrie...................	373	575	52	619	94	743
Croatie-Slavonie..........	356	592	52	604·	88	692
Finlande..................	347	583	70	594	120	714
Suède.....................	326	581	93	560	160	720
Norvège...................	347	563	90	615	159	774
Danemark..................	338	566	96	597	169	766
Angleterre................	365	562	73	649	130	779
Ecosse....................	366	556	78	657	140	797
Irlande...................	351	553	96	634	174	808

Lorsqu'on voudra apprécier la mortalité d'un pays au moyen de la seule mortalité générale (sur 1000 vivants, combien de décès?), on devra toujours commencer par regarder les chiffres de notre tableau et notamment celui qui figure dans sa dernière colonne. Si ce chiffre est élevé, on ne devra pas être surpris que la mortalité générale le soit aussi; *cette élévation de la mortalité n'indiquera pas que les chances de mort soient grandes en ce pays.* Nous développerons ce point dans notre chapitre consacré à la mortalité.

III. Population par âge, par sexe et par état civil. — Cette donnée est une des plus importantes du recensement; c'est une de celles dont nous ferons le plus fréquent usage dans le calcul des mouvements de population (nuptialité, natalité, mortalité).

Le tableau XVII en résume les principaux résultats. Nous y comparons la population de chaque état civil à la population âgée de plus de 15 ans (1).

(1) Si nous prenions pour base de notre calcul l'ensemble de la population, nous arriverions à des résultats trompeurs, puisque tous nos chiffres seraient influencés par le nombre des enfants en bas âge, dont la proportion varie beaucoup d'un pays à un autre.

La première colonne à examiner dans ce tableau est la colonne 9. Elle nous apprend que les pays qui contiennent une faible proportion de célibataires sont en premier lieu la Hongrie (261), puis la France (342). Après ces deux pays, il faut citer l'Italie (365) et la Grèce (363). L'Angleterre (379) et l'Allemagne (381) présentent des chiffres moyens dont se rapprochent la plupart des autres pays. Les pays qui contiennent le plus de célibataires sont l'Irlande (477) puis l'Écosse (440), la Belgique (435) et la Suisse (427).

Tableau XVII. —**Sur 1,000 habitants de chaque sexe, de plus de 15 ans, combien de chaque état civil (1880) dans les principaux pays de l'Europe.**

PAYS.	HOMMES.				FEMMES.				ENSEMBLE.			
	CÉLIBATAIRES.	MARIÉS.	VEUFS.	DIVORCÉS.	CÉLIBATAIRES.	MARIÉES.	VEUVES.	DIVORCÉES.	CÉLIBATAIRES.	MARIÉS.	VEUFS.	DIVORCÉS.
	1	2	3	4	5	6	7	8	9	10	11	12
France...............	371	553	76	»	314	544	142	»	342	549	109	»
Alsace-Lorraine......	429	501	69	1	387	477	134	1,6	408	488	103	1
Belgique.............	454	481	64	0,6	414	475	110	0,7	435	476	88	0,7
Pays-Bas	415	527	57	1	379	507	113	1	397	517	86	1
Italie...............	404	536	60	»	326	537	137	»	365	537	98	»
Grèce...............	435	518	46	»	285	543	172	»	363	530	107	»
Suisse...............	448	487	61	4	407	462	125	6	427	474	94	5
Allemagne...........	406	541	51	2	358	512	127	3	381	526	91	2
Prusse.	408	542	49	1,5	352	515	130	2,7	379	528	91	2
Saxe............	372	582	43	3	332	538	125	5	351	559	86	4
Bavière...........	423	522	54	1	393	494	112	2	408	507	84	1
Wurtemberg.......	389	550	59	2	372	506	119	3	380	527	90	3
Bade	420	523	56	0,5	392	489	118	1	405	506	88	0,8
Autriche...........	411	544	45	0,6	365	513	121	0,7	388	528	84	0,7
Hongrie (1).........	301	631	47	1	222	621	153	1,4	261	626	101	1
Finlande (2)........	410	538	49	»	369	502	127	»	389	520	89	»
Suède..............	430	517	53	0,7	412	471	116	1	420	493	86	1
Norvège.	427	515	56	1	417	470	112	2	422	491	85	2
Danemark..........	401	539	56	4	370	506	119	5	385	522	88	4,6
Angleterre et Galles..	392	553	55	»	367	517	116	»	379	534	87	»
Ecosse.............	452	495	53	»	430	444	126	»	440	468	92	»
Irlande.............	508	432	60	»	448	407	145	»	477	419	104	»

(1) 2,6 femmes d'état civil inconnu.
(2) 3 hommes et 2 femmes d'état civil inconnu.

Naturellement, la proportion des gens mariés (col. 10) est presque complémentaire de celle des célibataires. La Hongrie et la France sont donc parmi les pays qui en contiennent le plus. Il faut encore citer la Saxe.

La France se distingue par la proportion élevée de ses veufs (col. 11), ce qui tient à ce que notre pays conserve longtemps ses vieillards.

Dans tous les pays, la proportion des veuves l'emporte de beaucoup sur celle des veufs. Cela tient à ce que dans tous les pays les femmes sont généralement plus jeunes que leur mari et leur survivent le plus souvent ; cela tient aussi à ce que les veufs se hâtent plus que les veuves, à rentrer dans la catégorie des mariés (1) ; et enfin à ce que la longévité des veuves est plus grande que celle des veufs.

Ces deux derniers motifs expliquent aussi pourquoi la proportion des femmes divorcées est partout plus grande que celle des hommes divorcés.

La proportion des divorcés (col. 12), toujours très faible, est plus élevée en Danemark, en Saxe et en Suisse que dans aucun autre pays, ce qui tient à la fréquence du divorce dans ces trois pays.

L'étude du recensement des professions doit toujours précéder celle des mouvements de population. Malheureusement, les différents services statistiques ne sont pas encore entendus pour adopter une nomenclature uniforme des professions malgré les efforts tentés dans ce sens au congrès de statistique de Saint-Pétersbourg. Il résulte de ce défaut d'uniformité que la comparaison internationale des recensements des professions est très difficile. En France, la comparaison même de deux dénombrements des professions n'est pas faisable, parce que à chaque recensement on a adopté une nomenclature nouvelle. Celle qu'on avait suivie en 1866 ne laissait cependant que peu à désirer; sur ma proposition, on est revenu en 1886 aux principes de cette nomenclature, mais on ne l'a pas adoptée dans ses détails parce qu'on l'a jugée trop laborieuse, comme si l'administration française ne pouvait plus faire en 1886 ce qu'elle faisait en 1866 (2).

Nous ne tenterons pas ici des comparaisons internationales qui risqueraient d'être fautives. Nous dirons seulement quelles recherches il convient de faire a l'aide du recensement des professions avant d'étudier les mouvements de population d'un pays :

Il faut voir quelles sont les régions de ce pays où les professions agricoles dominent, et quelles sont celles où l'industrie est répandue; quelles sont les industries qui font vivre le plus d'habitants, de façon à pouvoir apprécier si leurs professions sont malsaines.

Le recensement des professions peut encore servir à classer les différentes régions du pays étudié au ·point de vue du bien-être et de la richesse, éléments non moins importants au point de vue l'hygiène qu'au point de vue économique. On y parvient par diverses méthodes appro-

---

(1) De là vient que la proportion des hommes mariés est toujours plus forte que celle des femmes mariées, quoique les nombres absolus des hommes et des femmes mariés soient à peu près identiques.

(2) La ville de Paris, toutefois, a adopté, sur mon conseil, la nomenclature de 1866 dans tous ses détails. Les recensements des professions de 1866 et de 1886 sont les seuls qui puissent donner lieu à des comparaisons utiles.

priées aux mœurs du pays étudié. On en verra quelques exemples dans le chapitre consacré à l'étude du degré d'aisance des populations.

ARTICLE II. — MOUVEMENTS DE LA POPULATION.

§ 1. — Nuptialité.

I. **Définition.** — On appelle *nuptialité* (1) le rapport $\left(\dfrac{Ma}{P}\right)$ du nombre des mariages au nombre des habitants.

La plupart des auteurs calculent la nuptialité en cherchant : « sur 1,000 habitants, combien de mariages en un an ». Ce rapport n'est pourtant pas irréprochable, car la méthode exige que l'on compare le nombre des mariages au nombre des mariables ; or parmi les habitants d'un pays, il en est beaucoup qui ne sont mariables à aucun degré : tels sont les enfants de moins de 15 ans ; tels sont aussi les personnes qui sont déjà mariées. Il en résulte que dans un pays où les enfants seraient très nombreux, la nuptialité calculée comme il est dit ci-dessus serait artificiellement abaissée, presque dans la fraction $\dfrac{Ma}{P}$ le dénominateur P serait grossi de nombreuses non-valeurs. De là des erreurs possibles : en France, sur 1 000 habitants il y a 7,5 mariages annuels et en Angleterre 7,4 seulement et cependant la tendance au mariage des Anglais n'est pas inférieure à celle des Français, loin de là ; mais sur les 1 000 habitants anglais auxquels nous attribuons 7,4 mariages, il y a 365 enfants de moins de 15 ans auxquels il est, pour bonne cause, impossible de se marier ; tandis que sur les 1 000 Français auxquels nous attribuons 7,5 mariages, il n'y a que 267 enfants. Or 635 adultes anglais (1 000 — 365) qui contractent 7,4 mariages ont une nuptialité plus forte que 733 adultes français qui contractent 7,5 mariages. Éliminons donc les enfants de notre calcul ; éliminons en aussi les gens déjà mariés, car il est évident que, pas plus que les enfants, ils ne peuvent contracter mariage ; nous trouverons alors que, sur 1 000 mariables anglais il y en a 50 qui convolent en un an, tandis qu'en France il n'y en a que 45. Ainsi la méthode imparfaite (mais généralement usitée) qui consiste à calculer « sur 1 000 habitants combien de mariages » nous conduisait précisément à l'opposé de la vérité.

On peut la serrer de plus près encore. Les célibataires et surtout les veufs de plus de 60 ans sont assez nombreux et leur tendance au mariage est si faible que c'est véritablement un abus que de les compter

(1) Ou *matrimonialité*. Ces deux mots synonymes ont été créés par M. Bertillon père.

comme mariables au même titre que les jeunes gens. On peut donc avec avantage les éliminer du calcul.

Nous venons d'indiquer quatre manières d'évaluer la nuptialité :

1° **Nuptialité générale.** — Combien de mariages annuels pour 1,000 habitants de tout âge $\left(\dfrac{Ma}{P}\right)$. (Voy. col. 6 du tableau XVIII.)

2° Nuptialité des adultes de plus de 15 ans. — Combien de mariages annuels pour 1,000 habitants de plus de 15 ans $\left(\dfrac{Ma}{P_{15-\omega}}\right)$. (Voy. col. 7.)

3° Nuptialité des mariables de plus de 15 ans. — Combien de mariages annuels pour 1,000 habitants non mariés, de plus de 15 ans. (Voy. col. 11.)

4° Nuptialité des mariables de 15 à 60 ans. — Combien de mariages annuels pour 1,000 habitants non mariés de 15 à 60 ans. (Voy. col. 14.)

Mais il est un mode de calcul très différent pour apprécier à quel point un peuple est porté à vivre de la vie de famille ; il consiste à utiliser uniquement les données du recensement. Dans un peuple où la mortalité serait élevée et où le personnel de la nation se renouvellerait par conséquent assez rapidement, les mariages pourraient être nombreux sans que le désir de la vie conjugale fût très vif ; les veufs et les veuves y seront nombreux et les seconds mariages viendront s'ajouter aux autres. Dans un pays au contraire où la longévité est longue, tel que la France, les mariages seront par cela même beaucoup moins nombreux, parce que les ménages, une fois constitués, dureront plus longtemps. Il y a donc intérêt à calculer « sur 1 000 habitants, combien de couples » (voir col. 2 tableau XVIII), ou mieux encore, en éliminant du calcul les enfants : « sur 1 000 habitants de plus de 15 ans combien sont trouvés par le recensement en état de mariage » (voir col. 5, tableau XVIII).

Voilà donc deux autres méthodes pour apprécier le *fréquence de l'état de mariage*. On ne devra pas appliquer à ces deux derniers rapports le nom de nuptialité.

II. Nuptialité des mariables. — Elle doit être étudiée successivement chez les hommes et chez les femmes. On trouve toujours pour les hommes des chiffres supérieurs à ceux qu'on observe chez les femmes.

Cela s'explique aisément. Sans doute dans le rapport $\dfrac{Ma}{P}$, le numérateur, c'est-à-dire le nombre des mariages est exactement pour les hommes ce qu'il est pour les femmes ; mais il n'en est pas de même du dénominateur ; les veuves sont toujours beaucoup plus nombreuses (environ deux fois plus) que les veufs ; ce qui tient à ce que le mari, étant généralement plus âgé que la femme, la précède généralement dans la tombe ; et ce qui tient aussi à ce que les veufs, comme nous le verrons plus tard, s'empressent généralement de se remarier. Ainsi le dénominateur de la fraction $\dfrac{Ma}{P}$ est plus faible lorsqu'il s'agit des hommes que lorsqu'il s'agit des femmes ; donc la valeur de la fraction est plus forte. On ne sera donc pas surpris de voir la nuptialité des hommes l'emporter presque toujours sur celle des femmes.

Le grand nombre des veuves est aussi cause que les chiffres de la colonne 4 du tableau XVIII sont toujours plus faibles que ceux de la colonne 3.

Ainsi chacune des 14 colonnes de notre tableau XVIII indique une méthode pour apprécier la fréquence du mariage dans chacun des 33 pays considérés. Chacune de ces méthodes a sa signification spéciale.

La plus commode est la colonne 11. On y compare le nombre annuel des nouveaux mariés à la population susceptible de contracter mariage, c'est-à-dire à la population non mariée de plus de 15 ans. On verra, en la lisant, que l'un des pays d'Europe où la nuptialité est la plus élevée est la Hongrie (72,6 mariés annuellement pour 1 000 mariables) ; cette nuptialité est due en partie à la fréquence du mariage des veufs, et indirectement à ce que la mortalité est assez grande en ce pays. La colonne 6 nous montre que cette nuptialité est encore dépassée dans les pays purement slaves : la Croatie-Slavonie, la Serbie, la Russie ; mais l'imperfection des documents ne permet pas de fixer bien exactement dans ces pays la nuptialité des seuls mariables, ni surtout d'indiquer la cause de cette forte nuptialité. En Russie, les mariages sont très précoces, ce qui tient en partie à ce que, au temps du servage, les propriétaires forçaient leurs paysans à se marier très jeunes afin d'augmenter le nombre de leurs corvéables. L'usage de se marier jeune a survécu au servage.

La Pologne russe est le seul pays slave où la nuptialité ne soit pas très élevée. Nous verrons plus loin que plusieurs autres pays soumis à des persécutions politiques ont une nuptialité faible.

Après les pays slaves, le pays où la nuptialité est plus élevée est la Saxe (61). Puis, assez loin derrière elle, la Prusse (1) (54), l'Autriche cisleithane (50), l'Angleterre (50). D'autres chiffres nous permettent de caractériser plus nettement l'Angleterre, et de montrer que ce pays est celui où la vie de famille est peut-être la mieux appréciée.

Viennent ensuite des pays où la nuptialité est à peu près celle de la France (45). La Finlande (47), le Danemark (48), les Pays-Bas (48), l'Italie (47), comptent un peu plus de mariages, la Norvège (43), l'Écosse (39), la Belgique (40) un peu moins. Les pays de l'Allemagne du sud comptent généralement peu de mariages ; de mauvaises lois, soi-disant philanthropiques, et interdisant le mariage des pauvres, se sont longtemps opposées à la nuptialité bavaroise. Elles ont créé dans le pays des mœurs regrettables qui ne se sont que lentement

---

(1) En Prusse, la nuptialité est moindre dans les provinces de l'ouest : Westphalie, Hesse, Rhin, que dans les provinces de l'est, Prusse, Brandebourg, Silésie, Saxe.

TABLEAU XVIII. — Nuptialité dans les principaux pays de l'Europe.

PAYS.	PÉRIODE étudiée.	Couples mariés pour 1,000 h. de tout âge et de tout état civil.	Mariés recensés pour 1,000 hab. de plus de 15 ans — MASCULIN	FÉMININ	ENSEMBLE	Mariages annuels pour 1,000 hab. de tout âge.	pour 1,000 hab. de plus de 15 ans.	pour 1,000 hab. de 15 à 60 ans.	Mariables de plus de 15 ans — MASCULIN	FÉMININ	ENSEMBLE	Mariables de 15 à 60 ans — MASCULIN	FÉMININ	ENSEMBLE
		2	3	4	5	6	7	8	9	10	11	12	13	14
France	1878-92	201	553	544	548	7.5	10.3	»	46.3	44.6	45.4	53.3	57.1	55.0
Alsace-Lorraine	»	165	501	477	488	6.4	9.4	11.1	38.5	35.1	36.8	44.0	43.9	44.0
Belgique	»	159	481	475	476	6.9	10.5	»	40.4	39.6	40.0	45.9	48.0	46.9
Pays-Bas	»	167	527	507	517	7.5	11.6	13.6	50.1	46.2	48.0	56.0	56.0	56.0
Espagne	1865-70	»	»	»	»	7.7	»	»	»	»	»	»	»	»
Portugal	1860-62	»	»	»	»	6.3	»	»	»	»	»	»	»	»
Italie	1878-82	182	536	537	537	7.5	11.0	»	47.7	47.4	47.5	53.4	57.7	55.6
Roumanie	»	»	»	»	»	7.7	»	»	»	»	»	»	»	»
Grèce	»	165	518	543	530	5.0	8.5	»	35.1	38.9	37.0	45.7	43.9	44.8
Suisse	»	162	487	462	474	6.9	10.1	»	40.8	36.6	38.6	58.0	55.8	57.8
Allemagne	»	170	541	512	527	7.5	11.7	13.3	52.6	46.6	49.4	59.4	57.4	58.4
Prusse	»	151	542	515	528	7.7	12.0	13.6	54.0	48.2	51.0	71.9	66.4	69.1
Saxe	»	170	582	538	558	8.6	13.3	14.9	66.6	55.9	60.8	51.0	48.8	50.0
Bavière	»	167	522	494	506	6.8	10.4	12.1	45.0	39.7	42.1	53.6	47.9	51.2
Wurtemberg	»	168	550	506	526	6.5	10.2	11.8	47.2	39.3	43.4	49.2	45.9	47.6
Bade	»	164	523	489	506	6.5	10.1	11.5	45.9	38.2	40.8	58.3	55.1	56.7
Autriche cisleithane	»	175	544	513	527	7.8	11.8	»	53.4	46.1	50.0	»	»	»
Hongrie	»	»	»	»	»	9.8	»	»	»	»	»	»	»	»
Croatie-Slavonie	»	»	»	»	»	10.5	»	»	76.6	69.0	72.6	»	»	»
Serbie	»	»	631	621	626	12.4	13.3	»	»	»	»	»	»	»
Russie	1867-78	»	»	»	»	9.4	»	»	»	»	»	»	»	»
Pologne russe	1870-75	»	»	»	»	7.5	»	»	»	»	»	»	»	»
Finlande	1878-82	170	538	502	520	7.4	11.3	»	51.0	44.1	47.4	55.1	52.3	53.7
Suède	»	166	515	471	493	6.3	9.3	»	40.7	33.6	36.9	44.6	40.4	42.4
Norvège	»	151	540	470	491	6.7	11.5	»	47.5	39.0	42.8	52.5	46.3	49.3
Danemark	»	173	553	507	522	7.6	11.2	»	51.2	44.8	47.9	56.8	54.6	55.7
Angleterre et Galles	»	169	495	517	533	7.4	11.7	13.4	54.6	46.4	50.2	»	»	»
Ecosse	»	150	432	444	468	6.7	10.6	13.2	44.6	35.5	39.6	»	»	»
Irlande	»	185	»	407	419	4.3	6.7	»	24.7	21.7	23.1	»	»	»
Massachusets	1871-75	»	»	»	»	»	»	»	»	»	»	»	»	»
Vermont	1878-82	»	»	»	»	»	»	»	»	»	»	»	»	»
Connecticut	1878-82	»	»	»	»	»	»	»	»	»	»	»	»	»

corrigées, et qui influent encore aujourd'hui sur la nuptialité de la Bavière (42). Le Wurtemberg (43) et Bade (41) ont également une nuptialité
bien inférieure à celle que l'on observe dans le nord de l'Allemagne.

Enfin les pays dont la nuptialité est faible sont la Suisse (38) — où
l'association conjugale est peu demandée et facilement rompue, car les
divorces y sont très nombreux — la Suède (37) où la nuptialité va
diminuant d'année en année depuis très longtemps et sans que l'explication en ait été donnée — la Grèce (37), où les mariages sont peut-être moins
rares que ne le disent les documents, dont l'élaboration laisse à désirer.

Inférieure encore à celle de ces trois pays est la nuptialité de deux
nations malheureuses, soumises à un joug qu'elles détestent et à des
persécutions politiques de tous les instants : l'Alsace-Lorraine (36) et
l'Irlande (23).

Si au lieu d'étudier la *nuptialité* on s'attache à la *fréquence de l'état
de mariage* (voir plus haut la différence établie entre la signification de
ces deux rapports), c'est la colonne 5 qu'il faudra consulter. On trouve
ainsi que, après la Hongrie (1) et la Saxe, c'est en France que l'on trouve
le plus de gens mariés ; l'Angleterre elle-même ne viendrait qu'après.
Quelque méthode que l'on préfère, c'est toujours l'Irlande qu'il faut
placer en dernier lieu.

Le tableau XIX indique la proportion des vieux garçons et vieilles
filles dans les différents pays de l'Europe.

TABLEAU XIX. — **Pour 1,000 habitants de plus de 50 ans et de chaque
sexe, combien sont célibataires.**

PAYS.	ANNÉES.	VIEUX GARÇONS.	VIEILLES FILLES.
France..................	1876	93	108
Bavière.....................	1875	144	215
Saxe royale....................	1875	57	76
Wurtemberg	1875	82	149
Italie.........	1871	125	116
Angleterre et Galles...........	1871	88	109
Ecosse.......................	1871	122	254
Irlande.......................	1871	133	149
Pays-Bas.....................	1869	110	131
Belgique.....................	1866	159	166
Danemark....................	1870	67	90
Suède........................	1870	69	108
Norvège.....................	1875	82	121
Suisse.......................	1870	154	176

III. **Variations de la nuptialité dans le temps.** — On a heureu-
sement comparé (2) les mouvements intérieurs qui agitent l'âme des

(1) Les chiffres relatifs à la Hongrie (tabl. XVIII, col. 3 et 5) sont un peu au-dessus
de la vérité, parce que l'armée n'y est pas comprise.
(2) Biographie de M. Renouard, par le professeur Charles RICHET, son petit-fils.

peuples aux mouvements de la mer ; il faut les observer assez longtemps
pour s'en rendre un juste compte ; chacune des vagues qui se brise sur le
rivage s'avance un peu plus loin ou un peu moins loin que la précédente,
mais ces variations sont accidentelles et sans importance ; pour voir le
mouvement du flux ou du reflux, pour voir ces variations importantes
du niveau de la mer, une observation plus patiente et plus exacte est
nécessaire.

En démographie les mouvements lents et insensibles tels que ceux
qui petit à petit abaissent ou élèvent la nuptialité ou la natalité ont une
grande importance ; mais les variations annuelles ont aussi leur intérêt
car elles ne sont pas livrées au hasard et leurs causes peuvent être
déterminées. Il faut donc étudier successivement les *variations lentes*
de chaque phénomène ; et ses *variations annuelles*. On étudie les variations lentes en ne considérant que les moyennes quinquennales ou
décennales, et les variations annuelles en descendent ensuite dans le
détail de chaque année.

Nous avons déjà étudié plus haut les variations annuelles (p. 142) et
les variations décennales de la nuptialité (p. 154). Nous ne pouvons que
renvoyer le lecteur aux chiffres déjà cités.

Il est vrai que nous n'avons calculé dans ces tableaux que la nuptialité générale (pour 1 000 habitants de tout âge, combien de mariages
annuels) parce que les éléments nécessaires pour calculer la nuptialité
des mariables nous manquaient le plus souvent. Mais les chiffres de ces
tableaux n'étant pas destinés à des comparaisons internationales, et
devant servir seulement à étudier les variations de la nuptialité dans
un même pays, on peut supposer que la composition de la population
par âge et par état civil y est restée toujours à peu près la même.

IV. **Nuptialité par âge.** — Le tableau XXI fait connaître la chance
qu'il y a de se marier à chaque âge. Étant donné par exemple un homme
célibataire ou veuf de 30 à 35 ans, notre tableau indique quelle probabilité il y a pour qu'au bout d'un an cet homme soit marié.

Tel est du moins le but de ce tableau ; mais il faut reconnaître que
ce but n'est pas complètement atteint ; nos chiffres (et notamment ceux
des âges les plus jeunes) sont tous plus grands que la probabilité du
mariage. Ces chiffres en effet sont le quotient de la division suivante :

Mariages contractés à un âge donné.
_____

Population mariable du même âge.

le dénominateur de cette fraction étant fourni par le dénombrement. Or
nous verrons en parlant de la mortalité que ce dénominateur devrait être
le chiffre de la population mariable *initiale*, c'est-à-dire que pour calculer
la nuptialité de 25 à 30 ans, par exemple, il faudrait établir une fraction
ayant pour dénominateur le nombre de ceux qui ont atteint leur vingt-
sixième anniversaire pendant l'époque considérée. Ce dernier chiffre

n'est pas celui que nous donne le recensement. Le recensement ne nous donne ce nombre que diminué : 1° de ceux qui sont morts entre leur vingt-sixième anniversaire et le jour du dénombrement (nombre insignifiant); 2° de ceux qui se sont mariés entre leur vingt-sixième anniversaire et le jour du dénombrement.

On pourrait restaurer le chiffre initial des mariables de chaque groupe d'âges en supposant (ce qui est très admissible) que les mariages se sont conclus uniformément pendant toute la période d'âges considérée. Il suffirait alors d'ajouter au nombre des mariables relevés par le dénombrement la moitié du nombre des mariages contractés pendant le groupe d'âges considéré.

Mais cette correction ne serait pas suffisante pour les âges plus avancés de la vie, car à ces âges la plupart des mariables sont fournis par les veufs. Et alors un autre problème vient compliquer la question. La population fournie par le dénombrement, loin d'être plus faible que la population mariable initiale, est au contraire plus forte, puisqu'elle est augmentée de tous ceux qui sont devenus veufs, c'est-à-dire maria-bles, entre leur anniversaire et le jour du dénombrement. Il faut donc (par analogie avec ce qui précède) diminuer le nombre des veufs recensés de la moitié du nombre des veufs devenus libres à l'âge considéré. Ce dernier nombre, la statistique ne nous le fournit jamais.

TABLEAU XX. — **Nuptialité de France et de Prusse.**
Pour 1,000 mariables de chaque âge, combien de mariages en un an (1878-1882).

AGES.	FRANCE.				PRUSSE.			
	HOMMES		FEMMES		HOMMES		FEMMES	
	d'après la formule		d'après la formule		d'après la formule		d'après la formule	
	$\dfrac{Ma}{P}$	$\dfrac{Ma}{P+\dfrac{Ma}{2}}$	$\dfrac{Ma}{P}$	$\dfrac{Ma}{P+\dfrac{Ma}{2}}$	$\dfrac{Ma}{P}$	$\dfrac{Ma}{P+\dfrac{Ma}{2}}$	$\dfrac{Ma}{P}$	$\dfrac{Ma}{P+\dfrac{Ma}{2}}$
15-20 ans........	0.4	0.4	41.3	40.5	0.2	0.2	14.6	14.4
20-25 —	48.6	47.5	104.7	99.5	91.2	80.8	117.0	110.6
25-30 —	174.4	160.6	128.8	121.0				
30-35 —	107.7	102.0	67.8	65.6	139.0	130.0	84.1	79.8
35-40 —	72.2	69.9	40.2	39.3				

La différence qui existe entre nos chiffres et la probabilité mathéma-tique du mariage étant la même pour tous les pays, les remarques qui précèdent ne doivent pas nous empêcher de faire des comparaisons internationales.

Le calcul de la nuptialité est donc affecté de deux sources d'erreur (l'une corrigeable et l'autre qui ne l'est pas) opérant en sens inverse, la première exagérant les chiffres de nuptialité, la seconde en les diminuant. La première se fait sentir surtout dans les âges jeunes; la seconde surtout dans les âges avancés, et l'âge auquel la seconde influence commence à se faire sentir plus que la première varie avec chaque pays.

Ne voulant pas tomber dans l'arbitraire, nous nous sommes résolus à calculer la nuptialité au moyen des éléments les plus simples (à savoir la population mariable de chaque âge telle qu'elle est fournie par les dénombrements, et le nombre des mariages), sans essayer de les corriger. Toutefois, pour indiquer dans quelles limites la nuptialité *de tous les pays* se trouve exagérée par cette méthode de calcul, nous comparons dans le tableau XX la nuptialité brute et la nuptialité rectifiée pour les premières périodes d'âge (celles dont les chiffres sont le plus exagérés) pour la Prusse et pour la France. On verra que l'erreur consciente que nous commettons est loin d'être considérable.

Considérons d'abord la nuptialité des hommes.

La Saxe se distingue par une très forte nuptialité à tous les âges sans exception, depuis 20 ans jusqu'à la vieillesse. Au contraire la Suisse et la Belgique présentent à tous les âges les chiffres les plus faibles.

La France doit le chiffre assez honorable que nous lui avons donné dans notre tableau XVIII à la très forte nuptialité de ses jeunes gens; après 30 ans, la nuptialité devient aussi faible qu'en Belgique ou en Suisse. Au contraire Bade compte en général peu de mariages parce que ses jeunes gens ne se marient que peu; la nuptialité badoise ne devient élevée qu'après 30 ans. En Suède et dans les Pays-Bas, la nuptialité augmente jusqu'à 40 ans. En Italie, en Norvège, la nuptialité est moyenne à tous les âges de la vie. Nous n'avons pas calculé la nuptialité par âge pour les trois royaumes britanniques, parce que l'âge des mariés reste inconnu pour le *registrar général*, dans un très grand nombre de cas.

L'étude de la nuptialité des femmes mariables provoque des observations analogues. La Saxe se fait remarquer à tous les âges — et surtout avant 35 ans — par des chiffres beaucoup plus considérables que les autres pays. Au contraire la Suisse, la Belgique, la Suède et la Norvège ont des chiffres toujours faibles. En France et en Italie, on remarque la grande nuptialité des jeunes femmes de moins de 30 ans; passé cet âge, la nuptialité diminue rapidement. Dans les Pays-Bas, les chiffres sont à tous les âges assez élevés. En Danemark la nuptialité des femmes est suffisante avant 30 ans, supérieure à celle des autres pays après cet âge.

TABLEAU XXI. — Sur 1,000 mariables (célibataires, veufs, divorcés) de chaque âge, combien de mariages en un an (1878-1882).

PAYS.	SEXE MASCULIN												SEXE FÉMININ											
	15-20	20-25	25-30	30-35	35-40	40-45	45-50	50-55	55-60	60-65	65-70	70-ω	15-20	20-25	25-30	30-35	35-40	40-45	45-50	50-55	55-60	60-65	65-70	70-ω
Belgique	1.5	42	121	101	78	50	36	22	15	8	5	2	10	81	110	79	54	35	22	11	6	3	2	0.5
Pays-Bas	5.8	55	132	126	144	71	53	36	23	6			20	81	134	99	61	42	27	12	6	1.1		
Italie	1.7	52	140	120	89	55	41	24	19	10	7	2	29	124	132	75	47	21	14	6	4	1.5	1.0	0.2
Suisse	1.8	49	106	102	72	50	39	27	20	13	7	3	13	83	105	70	48	29	17	8	4	0.6	0.2	0.1
Finlande	3.6	68	118	106	70	69	54	34		»	»		26	103	102	70	46	30	18	6	»	»		
Suède	0.1	47	109	113	131	64	46		11.7				8	64	98	75	49	28	15		1.8			
Norvège	2.5	51	134	127	87	65	47		14.4				12	75	105	53	49	29	17		2.4			
Danemark	22.4		138	147	113	81	56	35	22	11	6	1	12	86	126	102	62	38	21	8	4	1	0.3	0.1
France	1.6	49	174	108	72	139	36	18	33		4	1	41	105	129	68	40	17		»	»	1.7		
Prusse	0.2	91				78				»	»	»	15	117		84	25			5.0	6.6	1.4		
Saxe	0.5	79	209	166	132	116	106	88	50	25	20	»	18	123	178	112	69	75	39	23	5.3	1.7		
Bavière	0.4	42	118	112		40				»	»	»	13	82	121	75	56	13		»				
Wurtemberg	15		154	147	116	84	58	39	25	20	20	20	8	86	138	91	50	30	16	6	2	0.9		
Bade	»	30	156	147	106	73	50	30	20		»	»	8	90	139	86	50	26	14	5	2	»		

V. Mariages consanguins. — La France est le premier pays qui ait institué une statistique des mariages consanguins (1853); son exemple a été imité par l'Italie (1868) puis par la Prusse.

Ces statistiques relatives aux mariages consanguins ne sont pas regardées comme bien exactes : souvent la consanguinité n'est pas déclarée, souvent aussi on considère comme consanguins des mariages contractés entre cousins éloignés, qui sont si peu consanguins que ce n'est pas la peine d'en parler.

Le tableau XXII indique la fréquence des mariages consanguins dans les quelques pays qui les comptent :

TABLEAU XXII. — **Mariages consanguins (1878-1882).**

PAYS.	NOMBRE ABSOLU MOYEN annuel des mariages contractés entre			SUR 1,000 MARIAGES combien sont contractés entre			
	oncle et nièce.	tante et neveu.	cousins germ.	oncle et neveu.	tante et neveu.	cousins germ.	consangu'ns en général.
France...............	163	48	2.672	0.58	0.17	10.23	10.98
Prusse...............	223	33	2.359	0.64	0.16	7.34	8.14
Hongrie...........	186	23	?	1.38	0.17	»	»
Croatie-Siavonie (1880-82).	8	5	?	0.39	0.25	»	»
Bavière	49		284	1.34		7.86	9.20
Italie	159		1.423	0.74		6.70	7.44
Finlande...............	?	?	29	»	»	1.91	»
Alsace-Lorraine (1872-75).	6	»	134	0.49	»	10.12	10.61

D'après le tableau XXII, les mariages consanguins seraient plus fréquents en France qu'en Allemagne ou qu'en Italie; peut-être y sont-ils seulement enregistrés avec plus de soin. On remarque la fréquence en Hongrie des mariages entre oncle et nièce.

La fréquence des mariages consanguins a une tendance à diminuer en France :

Sur 1,000 mariages, combien de consanguins en France?
1865-1869 ... . 12.9
1871-1875 .... 11.7
1876-1880 .... 11.1

On sait à quels débats passionnés a donné lieu la question de savoir si les mariages consanguins n'ont pas une tendance particulière à produire des infirmes (sourds-muets, aveugles, idiots, épileptiques, etc.) ou à rester stériles. Les preuves statistiques apportées pour défendre cette opinion et pour la combattre ont généralement laissé beaucoup à désirer. On doit protester surtout contre l'abus que Boudin a fait de chiffres beaucoup trop petits pour qu'on en puisse tirer une conclusion quelconque. Boudin concluait pourtant et disait : si on évalue à 1 la chance ordinaire de naître sourd-muet, cette chance devient 18 pour les enfants issus de cousins germains, 37 pour les enfants issus d'oncles et de nièces et 70 pour ceux de neveux et de tantes. Or de quels chiffres Boudin tirait-il cette progression si régulière et si effrayante ? De la présence de *un* enfant issu d'un mariage entre oncle et nièce à l'institution des sourds-muets de Bordeaux, et de la présence d'*un* enfant issu d'un mariage entre neveu et tante à l'institution des sourds-muets de Paris. Il est évident que notre auteur, si justement estimé pour tant de travaux consciencieux et laborieux, s'est laissé aveugler par sa passion pour le travail, car il a méconnu en cette circonstance les règles les plus élémentaires et les plus évidentes du calcul des probabilités. — Un autre chiffre de Boudin est plus sérieux ; sur 290 sourds-muets sur lesquels on a pu recueillir des renseignements dans les institutions de Paris, Bordeaux, Nogent-le-Rotrou, il y en avait 64 issus de cousins-germains, soit 22 pour 100. L'exactitude de ces chiffres a été contestée (*Bull. de la Soc. d'anthr.*, 1861-62).

Mais un auteur moins passionné, M. George Darwin, l'un des fils de l'illustre naturaliste, a trouvé en Angleterre des chiffres bien différents. Sur 4,822 aliénés, sur lesquels il a pu avoir des renseignements, 170 seulement (soit 3 à 4 p. 100) étaient issus de cousins-germains. Sur 366 sourds-muets de naissance dont la famille a pu être connue, 8 seulement (soit 2 p. 100) étaient issus de cousins-germains.

Pour savoir si ces dernières proportions doivent être considérées comme fortes ou comme faibles, il faudrait savoir combien il y a dans la population générale de l'Angleterre, d'individus issus de mariages consanguins. M. George Darwin a essayé de suppléer sur ce point au silence de la statistique par différentes méthodes originales et hardies (1), qui lui font croire que, en Angleterre, la proportion des mariages consanguins est de 2 à 3 pour 100, à savoir, 2 1/2 dans les districts ruraux, 3 1/2 dans les classes aisées et 4 1/2 dans l'aristocratie.

On voit que, d'après ces chiffres, les enfants de consanguins ne seraient pas en plus grande proportion dans les asiles d'aliénés ou de sourds-muets que dans la population générale.

---

(1) M. G. Darwin, pour avoir les renseignements, a adressé à un grand nombre de pères de famille des questionnaires qu'il les priait de remplir dans l'intérêt de la science.

Il a usé d'une méthode plus singulière. Il a lu les annonces de mariage publiées par un journal de Londres et il a compté dans quelle proportion se trouvaient les fiancés de même nom. Il est vrai que deux fiancés peuvent porter le même nom sans être parents (mais cela est extrêmement rare : les *Smith*, par exemple, constituent la soixante-douzième partie de la nation anglaise ; la probabilité que deux Smith non parents se marient n'est donc que de $\frac{1}{72 \times 72}$, c'est-à-dire $\frac{1}{5.184}$ probabilité insignifiante). Il est vrai surtout que deux fiancés peuvent être parents sans porter le même nom. M. George Darwin a tenu compte de ces deux circonstances.

Il ne m'appartient pas de traiter la question des mariages consanguins autrement que par la méthode statistique; or, mon avis est qu'elle ne jette pas un grand jour sur la question.

VI. Nuptialité par âge et par état civil. — Elle doit se calculer ainsi : « sur 1000 individus de tel âge et de tel état civil, combien de mariages annuels (voir tableau XXIII)? »

Dans tous les pays où cette recherche a été faite, on observe les curieuses lois que voici : la nuptialité des veufs est, à tous les âges, deux ou trois fois plus grande que celle des célibataires. L'état de mariage semble être si agréable que, une fois qu'on en a essayé, on ne peut plus s'en passer.

La grande nuptialité des veufs s'explique encore par ce fait que, puisqu'ils se sont mariés, c'est que leurs goûts, leur état de fortune, leur profession, les disposait au mariage. La mort de leur première femme laisse subsister cette aptitude au mariage, et elle ne tarde pas à trouver satisfaction. Nous ne savons pas si la présence des enfants favorise la conclusion d'un second mariage ou si elle lui nuit; il semble qu'elle contribue chez le veuf et la veuve à les pousser à un second mariage.

Quant aux divorcés, leur nuptialité dépend de leur âge ; quand ils sont très jeunes, c'est-à-dire quand ils ont moins de 25 à 30 ans, ils ne se marient pas beaucoup plus que les célibataires, mais leur nuptialité augmente rapidement avec l'âge, et après 40 ans, leur nuptialité dépasse généralement même celle des veufs.

Les femmes sont soumises à des lois analogues, mais moins tranchées. La nuptialité des veuves est généralement supérieure de moitié à celle des filles de même âge; dans d'autres pays, par exemple en France, elle est légèrement inférieure. Quant aux femmes divorcées, elles se conduisent de même que les hommes divorcés : jeunes, elles ne se marient guère plus que les filles de leur âge ; mais rapidement leur nuptialité augmente, et à partir de 30 ans environ, elle dépasse même celle des veuves (1).

Ces chiffres prouvent que les divorcés, et notamment les femmes divorcées trouvent facilement à se remarier, fait qui a été contesté à la légère par des hommes de loi qui n'étaient pas démographes.

(1) Il faut noter l'importance de distinguer les âges dans toutes les études de ce genre. Si on calculait en bloc la nuptialité des veuves suisses par exemple, on la trouverait (12 mariages pour 1,000 veuves de tout âge) très inférieure à celle des filles (46 mariages pour 1,000 filles de tout âge), tandis qu'au contraire *les mêmes chiffres* étudiés âge par âge montrent que les veuves ont une nuptialité beaucoup plus forte que celle des filles de leur âge. L'explication de cette contradiction apparente est facile : la plupart des filles sont jeunes et par conséquent le nombre absolu de mariages qu'elles contractent est élevé ; au contraire, la plupart des veuves sont vieilles; il est vrai qu'elles se marient proportionnellement plus que les quelques filles de leur âge qui peuvent exister, mais enfin le nombre absolu des mariages qu'elles contractent est peu élevé et ne peut pas équivaloir à celui que contractent l'ensemble des filles.

TABLEAU XXIII. — Nuptialité par âges et par états civils dans plusieurs pays de l'Europe.

Sur 1,000 vivants de chaque sexe, de chaque âge et de chaque état civil, combien se marient en un an?

AGES	ANGLETERRE 1857-1866 (1).				BELGIQUE 1851-1860 (1).				FRANCE 1856-1865 (1).				SEINE 1861-1865 (1).			
	HOMMES		FEMMES		HOMMES		FEMMES		HOMMES		FEMMES		HOMMES		FEMMES	
	Célibat.	Veufs.	Célibat.	Veuves.	Célibat.	Veufs.	Célibat.	Veuves.	Célibat.	Veufs.	Célibat.	Veuves.	Célibat.	Veufs.	Célibat.	Veuves.
15 à 20 ans	5	»	24	»	1.2	»	0.5	»	5	»	38.6	»	1.2	»	44.5	»
18 à 20 —	13.3	»	130.5	»	»	»	»	»	13.1	»	107.1	»	2.8	»	96	»
20 à 25 —	120.2	265.2	101.1	167.4	33.7	501	62.9	259	57.1	272	110.4	156.2	34.4	196	90.1	50.6
25 à 30 —	138	337.5	57.0	153	81	457	87.6	231	111.7	249.5	80.1	102.5	78	227	80.1	82.2
30 à 35 —	87.6	324	36.7	104	78	360	74.8	153	107.1	236.5	50.3	76.6	83.6	230.6	55.8	81.2
35 à 40 —	54	229	20.5	70.7	59	208.6	53.6	107	76.2	166.4	22.1	45	66.9	177.5	31.7	63.5
40 à 45 —	25.9	128	3.1	35.8	31.7	115.1	26.7	41	34.4	79	»	19.5	35	90	»	43
45 à 50 —	8.36	55	»	»	9.2	»	»	»	14.9	»	»	»	20.7	47.1	»	23.2
50 à 55 —	»	»	»	»	»	»	»	»	»	»	»	»	»	»	»	»
55 à 60 —	»	»	»	»	»	»	»	»	»	»	»	»	»	»	»	»
TOTAUX 15 à ω	61.3	»	62.5	»	36.6	»	42.7	»	50.8	»	62.3	»	42.7	»	64.9	»
18 à ω	81.8	65.8	»	29.6	44	48	»	15.9	63	39.8	»	11.7	49	60.5	»	4.6

PAYS-BAS 1855-1864.

AGES	HOMMES			FEMMES		
	Célibat.	Veufs.	Divorc.	Célibat.	Veuves.	Divorc.
18 à 19 ans	4	200	»	22	44	»
20 à 24 —	46	213	33	75	118	37
25 à 29 —	111	327	183	115	157	110
30 à 34 —	112	356	186	101	144	87
35 à 39 —	78	276	271	65	98	121
40 à 44 —	51	194	280	40	58	103
45 à 49 —	32	116	160	21	31	47
50 à 54 —	17	65	158	9	13	19
55 à 60 —	8	33	29	3	5	24
18 à 60 —	57	134	173	64	39	56

SUISSE 1879-1882.

AGES	HOMMES			FEMMES		
	Célibat.	Veufs.	Divorc.	Célibat.	Veuves.	Divorc.
Moins de 20 ans	5	»	»	16	56	»
20 à 24 ans	49	175	167	82	113	119
25 à 29 —	103	280	262	103	109	168
30 à 34 —	83	275	243	65	89	134
35 à 39 —	55	206	170	40	63	87
40 à 44 —	32	150	120	24	35	70
45 à 49 —	19	97	93	14	20	39
50 à 54 —	11	60	73	6	9	22
55 à 59 —	6	37	39	2	4	9
60 à 64 —	4	22	29	1	2	4
65 à 69 —	2	10	20	»	1	»
70 à ω —	1	2	5	»	»	»
18 à ω —	48	47	103	46	12	58

(1) D'après les calculs de M. Bertillon père (*Dict. encyclop. des sc. médic.*, art. MARIAGE).

On a voulu expliquer la forte nuptialité des divorcés en supposant qu'ils n'avaient divorcé que pour se remarier à quelque personne qu'ils préféraient à leur conjoint, et que de là venait leur forte nuptialité. Cette explication est mauvaise, car elle n'explique assurément pas la forte nuptialité des veufs : ils n'ont pas tué leur première femme pour se remarier.

Si l'explication proposée était vraie, les divorcés s'empresseraient sans doute de contracter ce nouveau lien si ardemment souhaité; or leur second mariage n'est ni plus tardif.ni plus rapide que celui des veufs, ainsi qu'on le voit par le tableau XXIV.

TABLEAU XXIV. — **Sur 100 mariages de chaque catégorie, combien se sont conclus 1 an, 2 ans, 3 ans, etc., après la dissolution du premier mariage.**

DURÉE qui sépare la rupture du premier mariage de la célébration du second.	VEUFS.	DIVORCÉS.	VEUVES.	DIVORCÉES
SUISSE (1879-1881).				
Moins d'un an..........................	32	30	10	19
1 an.................................	26	26	26	28
2 ans................................	14	15	15	17
3 ans................................	8	11	13	13
4 ans................................	5	5	9	7
5 à 9 ans............................	11	10	20	12
10 ans...............................	4	3	7	4
	100	100	100	100
VILLE DE BERLIN (1878-1880).				
Moins d'un an..........................	38	37	11	22
1 an.................................	25	24	25	27
2 ans................................	10	11	16	17
3 ans................................	7	7	12	8
4 ans................................	4	4	8	6
5 ans................................	2	3	6	5
Plus de 5 ans........................	8	10	17	15
Durée inconnue.......................	6	4	5	5
	100	100	100	100

Il vaudrait mieux calculer : *Sur 100 veufs (ou sur 100 divorcés) ayant rompu leur premier mariage depuis 1 an, 2 ans, 3 ans, etc., combien se remarient?* Ce rapport vaudrait mieux que le nôtre; mais le recensement ne nous donne pas le renseignement nécessaire pour le calculer. Il est clair d'ailleurs que la conclusion que nous tirons de nos chiffres serait exactement la même.

On voit avec quelle rapidité les veufs convolent à un nouveau mariage : les divorcés se remarient plutôt avec un peu moins d'empressement.

Les veuves se remarient beaucoup moins vite que les veufs; elles paraissent avoir plus que les hommes la religion du souvenir. Quant aux femmes divorcées, elles se remarient moins promptement que les veufs il est vrai, mais beaucoup plus vite que les veuves (1).

§ 2. — Natalité.

I. **Natalité générale**. — Nous appelons *natalité* (2) le rapport du nombre des naissances à la population N/P.

Examinons avec plus de soin quels doivent être les deux termes de cette fraction. Le numérateur doit, à notre avis, comprendre non seulement le nombre des naissances vivantes, mais aussi celui des mort-nés, car un mort-né ne se distingue des autres décès que par l'âge auquel survient la mort; si donc on ne comprend pas les mort-nés dans le calcul de la natalité, il n'y a pas de raison pour y comprendre davantage les autres *frustra-nés*, c'est-à-dire ceux qui meurent en si bas âge que leur naissance reste inutile. On obtient, en comprenant les mort-nés dans le calcul de la natalité des chiffres plus comparables qu'en les excluant, parce que la définition des mort-nés diffère beaucoup d'un pays à un autre; en France, on regarde comme mort-nés tous les enfants présentés sans vie à l'enregistrement de l'état civil, tandis qu'en Suède, en Italie, et dans plusieurs autres pays, on ne compte comme mort-né que ceux qui sont morts avant d'avoir respiré (définition médico-légale).

Le dénominateur de notre fraction pourrait comprendre l'ensemble de la population (col. 15 et 16 de notre tableau); ce rapport très généralement usité n'est pas très satisfaisant. En effet, l'ensemble de la population contient une quantité d'enfants et de vieillards qui ne peuvent en rien contribuer à augmenter le nombre des naissances; dans les pays où ces non-valeurs sont en grand nombre, elles diminueront indûment la valeur de notre fraction. Quelle est la partie de la population qui peut produire des naissances? Évidemment c'est seulement la population adulte, et plus spécialement les femmes adultes, c'est donc à leur nombre qu'il faut comparer le nombre des naissances pour avoir un rapport instructif. Les auteurs fixent tous à 15 ans la limite statistique de l'âge de la parturition; la limite supérieure a été fixée par les uns à 55 ans, par d'autres à 50 et par d'autres enfin à 45 ans. M. Bertillon père préfère la limite intermédiaire, 50 ans; en effet, les statistiques des pays dans lesquels on relève l'âge des mères montrent que les accouchements sont très rares de 50 à 55 ans (en Finlande 0,8 naissances pour 1000 femmes de 50 à 55 ans), tandis qu'ils ne sont pas rares de 45 à

(1) Sur la durée et la fécondité des mariages, voir p. 186 et suiv. Sur la mortalité comparée des célibataires, mariés et veufs voir p. 000. Sur l'influence du mariage sur la criminalité et sur la fréquence du suicide, voir les paragraphes qui se rapportent à ces deux sujets.

(2) Ce mot a été créé par M. Achille Guillard.

50 ans (en Finlande, 21 naissances et en Suède 20 naissances annuelles pour 1000 femmes de 45 à 50 ans).

Nous pensons donc que le rapport qui exprime le mieux la *natalité* est le suivant : *sur 1000 femmes de 15 à 50 ans, combien de naissances (mort-nés inclus) en un an ?*

On trouvera ce rapport dans la col. 3 du tableau XXV. Comme on ne peut pas le calculer dans quelques pays, on doit lire cette colonne en s'aidant de la col. 6 et de la col. 16.

On peut diviser au point de vue de la natalité, les pays de l'Europe en trois groupes :

Ceux qui ont une natalité forte, c'est-à-dire voisine de 150 naissances annuelles par 1000 femmes en âge de parturition : ce sont tous les pays slaves et tous les pays allemands. Avant tous, la Serbie, la Russie, la Croatie-Slavonie, la Hongrie. Immédiatement après c'est la Saxe, puis la Bavière, le Wurtemberg, la Prusse; viennent ensuite les Pays-Bas et enfin l'Autriche cisleithane. L'Italie peut presque être rangée dans cette première catégorie.

Les pays dont la natalité est moyenne, c'est-à-dire supérieure à 130 naissances annuelles pour 1000 femmes de 15 à 50 ans. L'Angleterre proprement dite et l'Écosse, puis la Belgique (malgré la faiblesse de sa nuptialité : les Belges ne se marient pas très volontiers, mais une fois mariés ils ont des enfants), l'Alsace-Lorraine, l'Espagne, le Portugal, la Roumanie, et enfin la Finlande, la Norvège et le Danemark.

Les pays dont la natalité est faible, c'est-à-dire d'environ 120 nais-sances pour 1000 femmes de 15 à 50 ans, ou inférieure à ce chiffre, sont la Suède, la Grèce, la Suisse et après eux, loin derrière eux, l'Ir-lande (1), enfin la France, qui de tous les pays d'Europe est celui où la natalité est la plus faible (2).

Il semble, d'après le peu que nous savons des États-Unis, que lorsque l'on traverse l'Océan on trouve pourtant des pays où la natalité est moindre que la nôtre. Il est vrai que nous n'avons de renseignements que sur les parties les plus peuplées de cette vaste république, et encore ces renseignements sont-ils médiocres. Les États-Unis recrutant surtout leur population parmi les immigrés, peuvent se dispenser d'élever des hommes, puisqu'ils leur arrivent tout faits du vieux monde. La France n'a pas cette ressource, et c'est avec effroi qu'on doit con-sidérer la faiblesse de sa natalité.

(1) Malgré un préjugé inexplicable et très répandu qui prétend que l'Irlande est misérable parce qu'elle est trop féconde.

(2) Si l'on se fiait au rapport dit de *natalité générale* (col. 16) la natalité suédoise serait à peu près égale à celle de la France, tandis qu'en réalité elle est supérieure. La mortalité suédoise étant très faible, les enfants suédois se conservent mieux que ceux de France, et la population en contient une proportion peu élevée ; ils diminuent indûment la valeur de la fraction N/P. La faiblesse de la natalité française apparaît quand on les élimine du calcul.

Légende des colonnes :

- **1 — PAYS.**
- **2 — PÉRIODE d'observation.**
- **NATALITÉ EN GÉNÉRAL.** — Combien de naissances en un an pour 1000 femmes :
  - 3 : de 15 à 50 ans, mort-nés inclus.
  - 4 : de 15 à 50 ans, mort-nés exclus.
  - 5 : de plus de 15 ans, mort-nés inclus.
  - 6 : de plus de 15 ans, mort-nés exclus.
- **NATALITÉ LÉGITIME.** — Combien de naissances légitimes en un an pour 1000 femmes mariées :
  - 7 : de 15 à 50 ans, mort-nés inclus.
  - 8 : de 15 à 50 ans, mort-nés exclus.
  - 9 : de plus de 15 ans, mort-nés inclus.
  - 10 : de plus de 15 ans, mort-nés exclus.
- **NATALITÉ ILLÉGITIME.** — Combien de naissances illégitimes en un an pour 1000 femmes non mariées :
  - 11 : de 15 à 50 ans, mort-nés inclus.
  - 12 : de 15 à 50 ans, mort-nés exclus.
  - 13 : de plus de 15 ans, mort-nés inclus.
  - 14 : de plus de 15 ans, mort-nés exclus.
- **COMBIEN de naissances en un an pour 1000 habitants :**
  - 15 : mort-nés inclus.
  - 16 : mort-nés exclus.
- **ILLÉGITIMITÉ.** — Sur 1000 naissances combien sont illégitimes :
  - 17 : mort-nés inclus.
  - 18 : mort-nés exclus.

1 PAYS	2 PÉRIODE	3	4	5	6	7	8	9	10	11	12	13	14	15	16	17	18
France	1878-82	103	99	71	68	173	166	120	115	17.5	16.1	11.9	10.9	25.9	24.8	76.4	73.9
Alsace-Lorraine	»	138	133	97	94	264	255	189	182	19.9	18.9	13.9	13.1	33.6	32.4	74.5	73.3
Belgique	»	138	132	99	94	275	263	192	184	20.1	18.9	14.8	13.9	31.1	29.9	78.4	77.1
Pays-Bas	»	158	150	115	109	308	292	220	208	9.7	9.0	7.2	6.6	37.5	35.6	31.0	30.1
Espagne	»	»	»	»	»	»	»	»	»	»	»	»	»	»	35.6	»	56.6
Portugal	1860-62	»	»	»	»	»	»	»	»	»	»	»	»	»	32.0	»	»
Italie	1878-82	149	144	110	107	249	242	186	184	24.7	23.7	17.5	16.9	37.5	36.3	74.2	73.4
Roumanie	»	»	»	»	»	»	»	»	»	»	»	»	»	»	25.3	»	50.5
Grèce	»	»	»	»	83	»	»	»	»	»	»	»	1.8	»	29.9	»	9.9
Suisse	»	122	117	89	85	249	240	183	176	10.9	10.2	7.9	7.4	31.1	29.9	47.9	46.7
Allemagne	»	158	152	118	114	278	265	210	202	29.5	28.0	21.6	20.7	39.3	37.7	89.6	88.7
Prusse	»	159	152	120	115	282	271	214	206	25.8	24.4	19.3	18.3	39.4	37.8	78.4	77.1
Saxe	»	171	164	131	125	273	263	212	204	48.0	45.8	36.1	34.4	43.6	41.8	127.6	126.7
Bavière	»	164	158	118	114	285	276	209	202	43.3	41.7	30.6	29.5	40.1	38.7	131.5	131.6
Wurtenberg	»	169	163	124	119	300	290	224	216	30.1	28.9	21.6	20.7	41.3	39.8	86.2	85.8
Bade	»	149	144	110	107	275	266	209	203	22.4	21.6	16.2	15.6	37.0	35.9	75.2	74.8
Autriche cisleithane	»	152	148	115	112	250	244	192	187	46.0	44.3	34.3	33.0	39.5	38.4	145.2	143.5
Pays de la couronne de St-Étienne	1880-82	»	»	»	132	»	»	199	197	»	»	27.8	25.2	44.3	43.5	78.4	72.0
Croatie-Slavonie	1878-82	»	»	»	»	»	»	»	»	»	»	»	»	44.7	44.1	»	56.9
Serbie	»	»	»	»	»	»	»	»	»	»	»	»	»	»	51.0	»	8.0
Russie d'Europe	1872-76	»	»	»	»	»	»	»	»	»	»	»	»	»	50.0	»	28.1
Finlande	1878-82	146	142	109	106	264	257	208	196	21.8	20.8	16.1	15.3	36.9	35.9	73.2	71.9
Suède	»	121	118	86	84	245	239	164	160	22.1	21.3	16.4	15.8	30.0	29.6	101.2	101.0
Norvège	»	136	131	98	95	283	274	193	186	20.2	19.2	15.5	14.7	32.0	30.9	83.4	82.0
Danemark	»	135	131	97	94	248	240	171	167	27.0	25.9	20.0	19.2	33.0	32.5	102.0	101.0
Angleterre et Galles	»	»	»	»	103	»	»	»	190	»	»	»	»	»	33.7	»	48.2
Écosse	»	»	»	»	100	»	»	»	205	»	»	»	»	»	33.7	»	84.2
Irlande	»	»	»	»	74	»	»	»	177	»	»	»	»	»	24.9	»	25.0
Massachussetts	»	»	»	»	»	»	»	»	»	»	»	»	»	25.0	24.3	»	17.5
Vermont	»	»	»	»	»	»	»	»	»	»	»	»	»	21.6	21.0	»	8.6
Connecticut	»	»	»	»	»	»	»	»	»	»	»	»	»	23.8	22.0	»	10.8
Rhode-Island	»	»	»	»	»	»	»	»	»	»	»	»	»	24.2	23.3	»	8.5

Variations annuelles de la natalité. — Nous avons étudié p. 142 les variations annuelles de la natalité, et nous avons vu qu'elle s'abaisse, à la suite de la nuptialité, lorsque la population subit quelque désastre (guerre, disette, chômage, etc.). La période de crise une fois passée, la natalité devient plus forte qu'elle n'était avant la crise, comme si la population éprouvait le besoin de réparer le temps perdu.

Nous avons vu (p. 150) que, en Suède, l'abaissement de la natalité pendant la désastreuse période 1790-1810 avait eu pour résultat un second abaissement de la natalité en 1825-40.

La natalité s'élève dans les années de prospérité.

Variations lentes de la natalité. — Nous avons étudié (p. 154) les variations de la natalité considérées par périodes décennales, de façon à dégager nos chiffres des fluctuations annuelles. Nous avons vu que la natalité tend à s'élever en Saxe, en Bavière, dans quelques autres pays, tandis qu'elle tend à diminuer sans cesse en Suède et surtout en France.

II. **Natalité légitime.** — Elle se calcule d'une façon analogue à la natalité générale : *sur* 1000 *femmes mariées de* 15 *à* 50 *ans, combien de naissances légitimes (mort-nés compris) en un an* (col. 7)?

Les différences qui séparent, au point de vue de la natalité légitime, les différents pays (la France étant mise à part) sont moindres qu'au point de vue de la natalité en général ; ce qui signifie que, une fois mariées, 1000 femmes ont à peu près autant d'enfants dans tous les pays (excepté la France), à savoir, de 250 à 300 par an. Les différences entre la fécondité générale des différents pays tiennent donc le plus souvent à la proportion des femmes mariées (les naissances illégitimes n'apportant jamais qu'un appoint peu important).

Les pays dans lesquels la natalité légitime est forte sont les Pays-Bas, puis le Wurtemberg et la Bavière. Ces trois pays n'ont qu'une proportion d'épouses médiocre, mais les femmes y sont très fécondes (308 naissances légitimes pour 1000 femmes mariées de 15 à 50 ans, dans les Pays-Bas, 300 en Wurtemberg et 285 en Bavière).

La Belgique, l'Alsace-Lorraine, la Norvège, comptent peu d'épouses, mais elles sont assez fécondes (275 en Belgique, 264 en Alsace-Lorraine, 283 en Norvège). En Italie, au contraire, les épouses sont nombreuses, mais leur fécondité est faible (249). Elle est également faible en Suisse (249), en Autriche (250) en Suède (245) et en Danemark (248).

En Irlande, la proportion des femmes mariées est extrèmement faible, et de plus elles ne sont pas plus fécondes que celles de Suisse.

Mais il s'en faut de beaucoup qu'aucun des pays que nous venons d'énumérer ait une natalité légitime aussi faible que la France (173). Les épouses sont nombreuses en France, mais elles sont extrèmement peu fécondes. La France est, à ce point de vue, le dernier de tous les pays ; l'avant-dernier est la Suède ; entre les deux, l'écart est considérable (natalité légitime suédoise, 245, — française 173).

III. **Natalité illégitime**. — La natalité illégitime ne contribue jamais que dans une faible mesure à l'accroissement de la population; mais son étude est importante au point de vue du moraliste et au point de vue de l'hygiéniste, car les enfants illégitimes sont soumis dès leur naissance à une mortalité extrêmement élevée.

Du calcul de la fréquence des naissances illégitimes. — Il existe deux méthodes pour calculer la fréquence des naissances illégitimes. L'une consiste à calculer le rapport suivant : *sur 1,000 femmes non mariées aptes à concevoir, combien de naissances en un an?* L'autre, moins logique que la précédente, mais plus répandue peut-être, consiste à calculer : *sur 1,000 naissances, combien de naissances illégitimes ?*

Le premier de ces deux rapports est conforme à la règle générale qui veut que l'on compare les effets à leurs causes productrices. Qui produit une naissance illégitime? C'est une femme non mariée. C'est donc au nombre des femmes non mariées qu'il faut comparer le nombre des naissances illégitimes, et non pas au nombre total des naissances. Car une naissance légitime ne peut contribuer en rien à la production d'une naissance illégitime.

Nous pensons donc que le rapport qui exprime le mieux la *natalité illégitime* est le suivant : *sur 1,000 femmes non mariées (célibataires, veuves et divorcées) de 15 à 50 ans, combien de naissances illégitimes (mort-nés compris) en un an ?*

Toutefois, nous ne rejetons pas la méthode de calcul le plus souvent suivie par les auteurs : *sur 1,000 naissances, combien d'illégitimes ?* Mais elle nous paraît inférieure à la précédente. Ce rapport, qui ne doit pas porter le nom de *natalité illégitime*, exprime dans quelles conditions d'état civil se renouvelle la population que l'on considère; il pourrait s'appeler la *fréquence relative des naissances illégitimes* ou encore *illégitimité*. Il dépend à la fois de la nuptialité, de la fécondité légitime, de la fécondité illégitime; c'est un rapport complexe et par conséquent insuffisant pour l'étude, mais à qui sa complexité même donne un grand intérêt. Lorsque l'on a constaté que l'Autriche par exemple présente dans son ensemble une nuptialité élevée, une fécondité légitime assez élevée et une fécondité illégitime considérable, il est intéressant de voir comment ces éléments, les uns favorables, les autres regrettables, se combinent au point de vue de la fréquence relative des illégitimes.

De la natalité illégitime dans les diverses nations de l'Europe. — Les considérations précédentes expliquent pourquoi nous avons calculé dans le tableau XXV à la fois la natalité illégitime (col. 11 à 14) et la fréquence relative des illégitimes (col. 17 et 18).

On y voit que les pays où les naissances illégitimes sont le plus rares sont la Serbie, la Russie, la Grèce, l'Irlande, les Pays-Bas, la Suisse et les quelques États américains que nous connaissons.

Dans ces différents pays, la natalité illégitime ne dépasse guère

10 naissances illégitimes pour 1,000 femmes non mariées de 15 à 50 ans.

En France, ce chiffre atteint 17, chiffre qui doit être considéré comme peu élevé. La Belgique 20, l'Alsace-Lorraine 20, la Finlande 22, la Suède 22, la Norvège 20, le dépassent un peu.

L'Italie a un chiffre notablement plus élevé, 25, mais ce sont surtout les pays allemands, autrichiens et hongrois qui se distinguent par une forte natalité illégitime.

Nous allons passer en revue les causes auxquelles on a attribué les différences que l'on remarque de pays à pays ou entre les diverses provinces d'une même nation. (Voir la répartition de la natalité illégitime par départements en France, p. 000.)

Prétendue influence de la législation. — On a souvent discuté la question de savoir si la recherche de la paternité multiplie ou diminue la fréquence des naissances illégitimes. Voulant m'éclairer sur ce point, j'ai classé les pays en deux catégories, suivant que la recherche de la paternité y est interdite ou suivant qu'elle y est permise ou prescrite. La Russie ne peut être rangée dans aucune de ces deux catégories, parce que la masse de ce peuple immense y est régie suivant des usages locaux qui ne me sont pas connus.

Dans la plupart des pays la recherche de la paternité est prescrite ou permise soit en termes formels par la loi, soit, comme en Espagne, par la jurisprudence. Dans sept pays seulement (France, Alsace-Lorraine, Belgique, Pays-Bas, Italie, Roumanie, Grèce et en outre quelques cantons suisses et quelques provinces prussiennes) la recherche de la paternité est interdite. Parmi eux la Grèce et les Pays-Bas ont peu de naissances illégitimes, mais non pas moins que l'Irlande, la Suisse et les quatre États d'Amérique sur lesquels nous sommes renseignés.

Parmi les pays où la recherche de la paternité est interdite, nous voyons l'Italie dont la natalité illégitime, sans être considérable, dépasse celle de l'Espagne, de la Prusse, de la Suède, de la Norvège, de la Finlande, les pays allemands et autrichiens lui restant seuls très supérieurs.

La Suisse est un pays particulièrement favorable à une étude de ce genre, puisque les législations les plus diverses se rencontrent sur son territoire. Cependant on ne voit, au point de vue de la natalité illégitime, aucune différence constante entre les cantons soumis au Code civil français et les autres. Dans les uns comme dans les autres les naissances illégitimes sont presque également rares. Bâle (ville) et Genève présentent seuls des chiffres élevés, ce qui tient à ce que leur population est presque exclusivement urbaine.

Ainsi il nous paraît qu'on ne saurait attribuer à la recherche de la paternité ou à son interdiction aucune influence sur la natalité illégitime.

Variations de la fréquence des naissances illégitimes avec le temps. — Le tableau XXVI que j'emprunte aux excellents *Confronti internazionali*

TABLEAU XXVI. — Sur 1000 naissances vivantes, combien d'illégitimes ?

I. — Pays dans lesquels la recherche de la paternité est interdite.

PAYS.	1865.	1866.	1867.	1868.	1869.	1870.	1871.	1872.	1873.	1874.	1875.	1876.	1877.	1878.	1879.	1880.	1881.	1882.	1883.	MOYENNE.
France	76.5	76.2	76.2	76.2	74.8	74.6	71.5	72.1	74.0	72.6	70.3	69.6	70.8	72.3	71.5	74.1	74.8	76.2	»	74.1
Alsace-Lorraine	»	»	»	»	»	»	»	77.6	77.0	69.4	68.6	68.5	66.0	69.4	72.0	71.7	76.0	77.5	»	71.0
Belgique	70.5	70.6	70.6	72.4	»	71.6	70.3	70.8	71.0	69.5	69.5	71.0	71.3	73.3	76.1	76.7	78.5	80.9	80.1	70.5
Pays-Bas	30.1	37.5	36.2	35.8	35.7	33.0	34.3	36.0	35.3	33.4	31.6	32.3	32.2	32.9	31.0	28.9	28.1	29.4	»	33.8
Italie	40.7	51.3	55.9	60.4	50.9	64.1	66.2	69.5	71.1	72.8	69.6	70.3	72.0	71.6	72.6	74.2	73.5	75.1	»	67.5
Roumanie	»	»	»	»	»	34.8	33.3	36.4	34.6	37.9	36.5	41.9	47.7	44.8	51.2	53.8	49.5	51.9	77.5	43.2
Grèce	11.7	11.2	13.5	13.5	11.4	12.4	13.9	13.8	11.7	13.7	13.7	13.5	14.6	14.0	7.8	9.0	10.0	8.4	»	12.2
Russie	»	»	32.6	27.8	27.6	27.0	29.8	29.2	27.9	28.2	27.7	27.4	»	»	»	»	»	»	»	28.6

II. — Pays dans lesquels la recherche de la paternité est permise.

PAYS.	1865.	1866.	1867.	1868.	1869.	1870.	1871.	1872.	1873.	1874.	1875.	1876.	1877.	1878.	1879.	1880.	1881.	1882.	1883.	MOYENNE.
Espagne	53.4	53.5	55.5	58.2	56.3	55.5	»	»	»	»	»	»	»	»	»	54.0	54.6	61.5	59.2	56.0
Suisse (1)	»	»	»	»	»	»	»	50.8	49.3	47.2	43.4	49.2	47.9	46.7	45.2	45.9	47.1	48.6	48.5	45.9
Allemagne (1)	»	»	81.0	80.8	78.4	79.2	»	87.7	91.3	85.7	85.6	83.4	85.7	85.8	87.5	89.0	84.7	79.9	79.8	85.5
Prusse (1)	82.1	85.7	76.2	78.2	79.2	77.7	»	70.5	75.6	71.5	73.8	73.7	74.0	74.5	76.2	78.2	77.1	79.9	79.8	74.7
Saxe	150.0	156.4	144.8	139.0	137.3	137.3	134.5	128.6	137.6	130.4	126.0	124.3	123.1	123.5	126.0	125.9	127.9	130.8	127.6	132.3
Thuringe	»	»	»	»	113.2	114.9	113.5	102.1	113.0	102.9	100.3	98.5	99.5	102.7	106.0	101.3	102.4	101.4	107.6	101.1
Bavière	224.7	217.3	210.3	199.3	178.0	164.1	151.7	143.0	139.0	129.9	125.6	128.8	128.8	126.7	128.4	134.5	135.4	135.9	131.9	152.4
Wurtemberg	158.0	154.1	146.7	137.3	128.1	115.6	115.6	99.2	94.5	97.8	85.0	82.5	81.3	82.0	84.8	85.1	88.5	89.2	89.2	103.5
Bade	149.0	149.5	140.6	127.1	115.6	115.0	109.7	93.3	91.7	83.3	76.0	75.4	73.1	72.6	73.6	72.6	77.1	78.4	77.7	93.1
Autriche	145.5	154.8	144.3	137.0	130.9	129.7	121.4	121.6	121.1	119.3	119.0	123.6	138.5	140.5	143.5	146.3	143.4	144.0	144.5	133.7
Hongrie	70.4	86.3	78.6	74.4	68.0	66.1	64.8	65.1	64.6	67.4	67.4	72.0	74.1	77.1	77.1	79.3	79.3	81.1	77.7	74.5
Croatie-Slavonie	»	»	»	»	»	»	»	»	»	42.7	48.3	50.0	53.7	55.0	56.2	57.6	57.8	57.8	»	52.0
Serbie	3.1	4.2	4.0	4.1	3.3	3.3	4.3	4.3	4.3	4.5	4.1	4.6	5.6	6.8	7.1	7.6	8.6	9.2	9.6	5.6
Finlande	73.7	68.4	68.8	73.5	71.6	92.4	92.9	88.7	83.4	81.0	79.4	75.5	70.8	71.9	71.9	72.8	69.0	70.0	92.0	76.6
Suède	92.6	95.4	99.6	99.2	101.7	103.6	103.0	110.2	110.0	106.9	102.1	100.2	98.7	97.5	99.3	102.3	100.0	102.6	102.6	101.7
Norvège	78.0	79.3	81.0	83.3	85.4	90.9	91.0	88.9	90.5	91.5	88.3	87.3	85.0	79.4	84.4	83.2	82.8	80.3	84.9	84.9
Danemark	105.8	118.1	112.5	110.0	114.0	111.4	113.6	111.8	116.2	108.2	103.0	99.9	102.5	101.2	100.5	100.5	99.2	104.0	107.5	107.2
Angleterre et Galles	62.3	60.4	58.9	58.0	57.8	56.4	56.1	54.2	52.0	50.4	48.0	46.0	47.5	47.2	47.9	48.3	48.3	48.5	48.5	52.7
Ecosse	99.6	97.8	98.0	98.0	96.3	96.3	95.4	92.0	91.3	88.8	87.2	87.2	83.3	87.1	84.6	84.2	83.1	83.6	80.6	92.4
Irlande	37.0	33.3	32.6	31.3	27.3	27.2	27.4	25.0	24.2	23.1	22.8	23.2	23.8	24.9	25.0	25.4	25.4	26.6	25.8	26.2
Massachusetts	9.0	8.3	10.1	7.9	7.4	10.9	13.2	14.2	14.4	16.9	16.0	16.7	15.5	17.8	17.6	17.6	17.7	18.9	22.0	13.7
Vermont	»	»	»	»	»	»	»	»	»	»	»	»	»	»	»	»	»	»	»	8.6
Connecticut	»	»	»	»	»	»	»	»	»	»	»	»	»	10.2	11.4	10.6	10.4	11.4	»	8.6
Rhode-Island	»	»	»	»	»	»	10.9	7.0	6.8	8.7	9.7	11.0	16.7	15.5	17.8	17.6	17.7	8.6	7.1	7.9

(1) Dans une partie de ce pays, la recherche de la paternité est interdite.

de M. Bodio montre quelles ont été les variations subies par la fréquence des naissances illégitimes depuis 1865.

Cette fréquence diminue avec une constance à peine interrompue dans les États suivants : Pays-Bas, Angleterre, Écosse, Irlande, où les chiffres (très faibles, comme nous l'avons vu) ont une tendance constante à diminuer encore : la Prusse, la Saxe, le Wurtemberg, Bade, le Danemark, qui ont des chiffres plus ou moins élevés, présentent également une diminution. En Bavière, on constate, sous l'influence de l'abrogation d'une ancienne loi relative au mariage des pauvres, une diminution de la fréquence des illégitimes qui semble s'être arrêtée pendant ces dernières années.

En France, on constate une diminution légère.

La fréquence des naissances illégitimes augmente au contraire dans quelques pays : l'Italie, le Belgique, la Roumanie, la Croatie-Slavonie, Serbie, pays où d'ailleurs les chiffres sont faibles.

En Autriche et en Hongrie, en Suisse, en Suède et en Norvège les chiffres ont subi des hausses et des baisses alternatives.

En général, il est permis de dire que la fréquence des naissances illégitimes tend à s'atténuer dans la plupart des pays de l'Europe.

Existe-t-il une relation entre la nuptialité et la natalité illégitime? — Il semble au premier abord logique que dans les pays où les mariages sont nombreux les naissances illégitimes soient rares ; et réciproquement.

Cependant, l'examen des chiffres ne confirme pas cette manière de voir, ainsi qu'on le verra en consultant nos tableaux : la Suisse et l'Irlande sont parmi les pays où les naissances illégitimes sont le plus rares, et elles sont aussi parmi ceux qui présentent le moins de mariages. Au contraire la Hongrie est le pays où les mariages sont le plus fréquents, et pourtant la natalité illégitime ne laisse pas que d'y être assez élevée. La Saxe présente une natalité illégitime très élevée et une très forte nuptialité ; les autres pays suggèrent des réflexions analogues, et il n'est possible de voir entre les deux faits aucune relation constante.

Il en est de même lorsqu'on étudie les différentes parties d'un même pays. J'ai calculé la nuptialité et la natalité illégitime pour chaque département de France. Entre les deux cartes qui représentent ces deux faits, il n'y a aucune ressemblance.

Existe-t-il une relation entre la fréquence des naissances illégitimes et l'âge au mariage? — Cette relation est peut-être plus apparente que la précédente. La Russie, la Roumanie, la Croatie-Slavonie se distinguent par la précocité des mariages et par la faiblesse de la natalité illégitime. Plus de la moitié des hommes qui se marient ont dans ce pays moins de 25 ans. On en peut dire autant de l'Angleterre et même de l'Écosse et des États américains qui nous sont connus. En Irlande, les mariages, quoique moins précoces, sont assez hâtifs. Or tous ces pays comptent peu de naissances illégitimes. Au contraire, en Bavière, en Wurtemberg, en Autriche les mariages sont assez tardifs, surtout ceux des femmes ; or les naissances illégitimes sont fréquentes dans ces pays. Les mariages des femmes sont tardifs aussi en Suède et en Norvège et de plus les mariages y sont rares. Au contraire, en Saxe, où les naissances illégitimes sont nombreuses, les mariages sont pourtant fréquents et précoces. Il est vrai que la Saxe est un pays exceptionnellement industriel, ce qui peut expliquer que les naissances illégitimes y soient plus nombreuses que ne le comporteraient les règles ordinaires.

Une autre observation vient à l'appui des considérations qui précèdent :

L'âge au mariage tend à devenir plus·précoce dans la plupart des pays de l'Europe. C'est ce qui résulte de tableaux numériques qui portent sur une vingtaine d'années d'observation et que M. Bodio a insérés dans ses *Confronti internazionali*. Le seul pays qui fasse positivement exception à la règle est l'Angleterre, où l'âge au mariage est tellement précoce qu'en vérité on concevrait difficilement qu'il s'abaissât encore. Or nous avons vu que presque partout les naissances illégitimes diminuent de fréquence. Entre ces deux améliorations de l'état général, il est permis d'établir une relation. Cependant on remarquera que les deux mouvements ne se font pas avec un parfait parallélisme.

Existe-t-il une relation entre la natalité légitime et la natalité illégitime? — Quoique les pays allemands présentent presque tous une forte natalité légitime et souvent aussi une forte natalité illégitime, la lecture de notre tableau montre qu'il n'existe entre ces deux natalités aucun rapport constant. Les Pays Bas, l'Angleterre et l'Écosse présentent une forte natalité légitime et une natalité illégitime faible. D'autre part, la France est le pays d'Europe où la natalité légitime est à son minimum, et sa natalité illégitime, sans être élevée, est loin d'être proportionnellement aussi faible.

Il semble donc qu'entre la natalité légitime et la natalité illégitime il n'y ait aucune relation.

IV. **De la fécondité**. — Les pays scandinaves sont à peu près seuls à relever la fécondité des femmes selon leur âge (tableau XXVII) :

Considérons d'abord la fécondité légitime : elle est à son maximum à l'âge le plus jeune et ne diminue rapidement qu'à partir de 35 ou 40 ans.

La fécondité légitime, il faut l'ajouter, dépend plus de la durée antérieure du mariage que de l'âge de la mère; si la fécondité des femmes mariées est très élevée de 15 à 25 ans, cela tient en grande partie à ce que, à cet âge, la plupart d'entre elles sont nouvellement mariées.

Tout au contraire de la fécondité légitime, la natalité illégitime est très faible de 15 à 20 ans. Elle augmente jusqu'à 30 ou 35 ans, et diminue seulement après 40 ans.

TABLEAU XXVII. — **Pour 1,000 femmes de chaque groupe d'âge et de chaque catégorie, combien de naissances en un an?**

AGES DES MÈRES.	SUÈDE.				DANEMARK.			
	LÉGITIMES.		ILLÉGITIMES.		LÉGITIMES.		ILLÉGITIMES.	
	Campagnes.	Villes.	Campagnes.	Villes.	Campagnes.	Villes moins Copenhague.	Campagnes.	Villes moins Copenhague.
15 à 20 ans......	481	434	3	7	468	455	6	6
20 à 25 —	464	467	26	51	447	438	39	33
25 à 30 —	367	367	41	71	389	380	58	52
30 à 35 —	320	305	39	62	312	314	47	47
35 à 40 —	254	231	29	41	236	232	33	31
50 à 45 —	146	119	13	17	129	123	15	14
45 à 50 —	23	15	1	1	17	15	1	1
TOTAL......	229	219	19	39	232	237	29	27

Primiparité et pluriparité des femmes mariées et des filles-mères. — Il est relativement rare qu'une femme produise plusieurs naissances illégitimes. C'est ce que nous montre notamment un document autrichien qui est, je pense, unique dans son genre, car il distingue les premiers-nés des autres naissances et des autres mort-nés, selon le sexe, selon l'état civil et selon les provinces (tableau XXVIII). Il nous montre que tandis

TABLEAU XXVIII. — **Degré de pluriparité respectif des femmes mariées et des femmes non mariées dans diverses provinces de la monarchie austro-hongroise en 1851.**

ÉTATS ET PROVINCES.	SUR 1,000 NAISSANCES (mort-nés compris), combien d'illégitimes.	SUR 100 AÎNÉS de chaque catégorie, combien de puînés	
		Légitimes.	Illégitimes.
Basse-Autriche (moins Vienne).........	158	444	126
Haute-Autriche......................	194	445	59
Salzbourg..........................	255	551	94
Styrie.............................	258	372	125
Carinthie..........................	344	346	128
Carniole...........................	109	491	87
Istrie, Görtz, etc...................	26	338	55
Trieste et banlieue.................	226	926	352
Tyrol..............................	69	388	72
Bohême............................	145	516	96
Moravie............................	134	449	90
Silésie............................	132	319	64
Galicie............................	84	658	227
Territoire de Cracovie..............	119	800	427
Bucovine...........................	76	508	179
Hongrie............................	44	593	154
Transylvanie.......................	32	309	59
Confins militaires..................	16	791	195
Monarchie austro-hongroise...........	91	520	120

que les enfants légitimes sont nombreux dans les familles autrichiennes, à ce point que 100 aînés y supposent en moyenne 520 cadets, les illégitimes au contraire restent plus souvent uniques, en sorte que 100 premiers-nés ne sont suivis que de 120 puînés. (Les mort-nés sont compris dans nos calculs et comptent comme premiers-nés.)

On remarquera que dans les territoires très petits et urbains de Trieste et de Cracovie, où les naissances illégitimes sont très nombreuses, les puînés illégitimes sont nombreux. Ce qui vient sans doute de ce que dans ces villes les faux ménages sont nombreux et se conduisent, au point de vue de la fécondité, à peu près comme s'ils étaient mariés. Cependant, en général, il n'existe pas de rapport quelque peu constant entre la grandeur de l'illégitimité et la proportion des puînés illégitimes.

Il faut retenir encore de ce tableau que, en Autriche, *lorsqu'une femme mariée est féconde*, son premier enfant est suivi en moyenne de 5 autres, c'est-à-dire qu'elle a en moyenne 6 enfants (nés vivants ou mort-nés).

En France, la fécondité des familles nous est enseignée par un document plus complet. Le recensement de 1886 contient, conformément à une demande que j'ai formulée et que le conseil supérieur de statistique a adoptée, une question ainsi rédigée : « Combien avez-vous d'enfants légitimes actuellement vivants? » On sait donc combien de familles n'ont pas d'enfants, combien en ont 1, 2, 3... 6, 7 et au-dessus.

On a obtenu ainsi les chiffres du tableau XXIX.

TABLEAU XXIX. — **FRANCE**. — **Recensement de 1886.** — **Combien de familles ont, au jour du recensement, le nombre d'enfants indiqué :.**

	0 ENFANT vivant.	1 ENFANT vivant.	2 ENFANTS vivants.	3 ENFANTS vivants.	4 ENFANTS vivants	5 ENFANTS vivants	6 ENFANTS vivants	7 ENFANTS vivants	TOTAL des familles.
I. Nombres absolus.	2.073.205	2.542.611	2.265.317	1.512.054	936.853	549.693	313.400	232.188	10.425.321
II. Nombres relatifs :									
Familles de mariés.	180	246	221	150	94	55	30	24	1000
— veufs..	251	233	200	136	81	50	29	20	1000
— veuves.	250	243	209	133	79	45	25	16	1000
— divorcés	444	253	154	88	38	12	7	4	1000
En général.......	200	244	218	145	90	52	29	22	1000

Si les familles de veufs et de veuves comptent moins d'enfants que les familles de gens mariés, c'est sans doute parce que les veufs et veuves qui ont des enfants se remarient plus volontiers que ceux qui n'en ont pas. Quant aux divorcés, le nombre de leurs enfants est faible pour la même raison, mais aussi parce que les ménages rompus par divorce durent moins de temps que les ménages rompus par la mort, et surtout parce que les familles qui ont des enfants divorcent plus rarement que les familles sans enfants.

Il ne faut pas oublier, en lisant le tableau qui précède, qu'il s'agit du

nombre des enfants *vivants au jour du recensement*. Ainsi un couple
marié depuis quelques mois ou quelques jours est compté comme
n'ayant pas d'enfant quoiqu'il y ait une bonne raison pour qu'il n'en
ait pas encore. De même, le recensement a trouvé n'ayant que 1 ou
2 enfants un certain nombre de ménages qui en auront davantage
plus tard. Enfin, un couple qui a eu des enfants mais les a tous perdus
est compté comme n'ayant pas d'enfants quoiqu'il ne soit pas stérile.

Ces réserves faites, on ne peut manquer d'être frappé de la proportion
considérable des ménages qui n'ont pas d'enfants ou qui n'en ont que 1.
Si l'on fait le total des ménages qui n'ont que 2 enfants ou moins
encore, on trouve qu'ils constituent les deux tiers (662 pour 1000) des
ménages français. Quant aux ménages de 6 et 7 enfants, ils sont
exceptionnels, mais beaucoup plus nombreux cependant que ne
l'avaient supposé les législateurs imprévoyants qui, sans s'éclairer aux
lumières de la statistique, avaient généreusement résolu d'élever aux
frais de l'État le septième enfant des familles nombreuses, résolution
qui s'est trouvée être inapplicable. On avait voté quelques centaines
de mille francs, et il aurait fallu plus de 200 millions!

Nous avons quelques éléments pour comparer la situation actuelle à
celle du passé. Cette statistique du nombre des enfants par famille a été
tentée par Moheau, vers 1774, c'est-à-dire à une époque où la natalité
de la France atteignait environ 38 pour 1000 habitants, et était par conséquent comparable à celle de l'Angleterre et de l'Allemagne actuelles.

Cependant les chiffres qu'il a fait connaître sont bien plus défavorables
encore que ceux que nous a donnés le recensement de 1886. Il faut se
hâter d'ajouter que Moheau n'a eu à sa disposition que peu d'observations recueillies dans quelques régions qu'il ne spécifie pas, contrairement à son habitude constante, et dont il dit seulement qu'elles sont
« mal situées » (1).

TABLEAU XXX. — *Sur 1,000 familles, combien avaient :*

			Vers 1774.	En 1886.
0	enfant vivant		273	200
1	—		256	244
2	—		211	218
3	—		127	145
4	—		69	90
5	—		39	52
6	—		16	29
7	—	et au delà	9	22
			1000	1000

Il est certain que les chiffres de Moheau, chiffres recueillis dans un
très petit nombre de localités mal situées ne doivent être acceptés qu'avec
les réserves les plus expresses ; en effet la natalité de la France était

(1) La plupart des statistiques de MOHEAU ont été recueillies dans la Saintonge, à
Paris, à Lyon, et dans quelques parties de l'Auvergne.

alors supérieure à ce qu'elle est à présent, et (tout en tenant compte de ce que la mortalité était alors plus forte) on ne s'explique pas que 1000 familles élevassent alors moins d'enfants que 1000 familles de notre époque.

En 1856, le recensement a distingué les familles ayant des enfants de celles qui n'en avaient pas (excepté dans le département de la Seine où cette distinction n'a pas été faite).

Le tableau XXXI compare les résultats de 1856 et ceux de 1886 :

TABLEAU XXXI. — (FRANCE, *moins la* SEINE). — *Sur 100 familles de chaque catégorie, combien avaient un ou plusieurs enfants, combien n'en avaient pas?*

	Avec enfants.		Sans enfants.	
	1856.	1886.	1856.	1886.
Mariés...	83.6	83.2	16.4	16.8
Veufs...................	77.9	76.0	22.1	24.0
Veuves	76.8	76.3	23.2	23.7
Ensemble........	81.9	81.3	18.1	18.7

On voit que la proportion des familles stériles est restée très sensiblement la même (1) que en 1856. Cette remarque est d'une importance capitale, car elle montre que si la natalité a baissé depuis cette époque, ce n'est pas que la proportion des familles complètement stériles ait augmenté, mais c'est que la fécondité des familles fécondes a diminué. En un mot on peut aujourd'hui en France faire des enfants tout aussi bien qu'en 1856, seulement on en fait moins.

Répartition géographique des familles stériles et des familles nombreuses. — Si l'on calcule sur 100 familles combien n'ont pas d'enfants, on voit que en moyenne, en France, il y en a 20 pour 100. La proportion de ces familles stériles est plus élevée à Paris (33), puis en Basse-Normandie (Orne, Sarthe, Eure, Calvados, Manche), en Champagne et en Lorraine, dans le Rhône et la Loire, et enfin dans la Dordogne et la Gironde. Tandis qu'au contraire les familles stériles sont rares en Corse, en Bretagne, dans le Nord et dans quelques départements du Centre (Lot, Gers, Corrèze), et enfin l'Hérault et les Bouches-du-Rhône. Ces derniers départements et notamment le Gers présentent une particularité curieuse : les gens mariés y sont nombreux, il est rare qu'ils n'aient pas d'enfants, mais il est rare aussi qu'ils en aient plus de deux ; la natalité y est en somme des plus faibles.

Au contraire en Bretagne et aussi dans le Nord, en Auvergne, en

(1) Cette importante conclusion est justement le contre-pied de celle à laquelle aboutit l'auteur de l'*Introduction au dénombrement de la France en* 1886. Cet auteur n'a pas remarqué qu'il a compté *toutes* les familles de l'important département de la Seine comme ayant des enfants en 1856. Je répète que, en 1856, la recherche sur la fécondité des familles n'a pas été étendue au département de la Seine. Pour faire une comparaison exacte des deux époques, il faut donc considérer à chacune d'elles *la France sans la Seine* : c'est ce que nous avons fait plus haut.

Savoie, en Corse, etc., les mariés sont peu nombreux, mais une fois mariés, les gens sont rarement stériles, et en outre ils ont souvent de nombreuses familles; la natalité y est plus élevée que dans le reste de la France.

Le département de la Seine mérite une attention particulière ; nulle part la stérilité n'est plus fréquente : presque nulle part les familles nombreuses ne sont plus rares. Dans la banlieue, et dans la périphérie de Paris, on trouve un peu plus de familles nombreuses que dans le centre de la ville. Les arrondissements riches (Louvre, Luxembourg, Palais-Bourbon, Élysée, Opéra) se font remarquer il est vrai par une proportion un peu forte de ménages inféconds, mais la différence entre les quartiers riches et les quartiers pauvres est moindre qu'on ne pourrait croire :

TABLEAU XXXII. — PARIS. — **Sur 1,000 familles combien ont (1886) le nombre d'enfants indiqué :**

	0 ENFANT vivant.	1 ENFANT vivant.	2 ENFANTS vivants.	3 ENFANTS vivants.	4 ENFANTS vivants.	5 ENFANTS vivants.	6 ENFANTS vivants.	7 ENFANTS vivants ou davantage.
Dix premiers arrondissements (centre)........	331	301	201	96	42	17	7	5
Dix derniers arrondissements (faubourgs)....	317	257	200	112	60	32	14	8
ENSEMBLE DE LA VILLE DE PARIS	323	276	200	105	53	25	11	7
Banlieue	346	249	190	106	58	28	13	10
ENSEMBLE DU DÉPARTEMENT DE LA SEINE..........	328	270	198	106	54	25	12	7

M. Javal a fait, sur ces chiffres, une très curieuse remarque :

Si le lecteur veut bien parcourir avec soin les chiffres relatifs à la composition des familles dans l'ensemble de Paris ou dans l'ensemble du département de la Seine, il remarquera que, à partir des familles composées de deux enfants, *un chiffre est toujours égal à la moitié de celui qui le précède*, ce que l'on verra d'ailleurs dans le tableau suivant, dans lequel nous citons, à côté des chiffres réels, les mêmes chiffres légèrement arrondis pour les besoins de notre démonstration.

Entre les chiffres réels et les chiffres rigoureusement conformes à la règle établie ci-dessus, c'est à peine s'il existe une différence.

Ces chiffres peuvent être expliqués par la règle suivante dont nous ne pouvons fournir la preuve, mais qui se recommande par sa simplicité : *c'est que les familles ne sont satisfaites que lorsqu'elles ont un garçon.* Si l'on suppose qu'il en soit ainsi, la régularité des chiffres qui précèdent cessera d'être surprenante.

Supposons 1,000 familles dont 200 resteront définitivement stériles et dont 800 ont un premier enfant. Il y a à peu près autant de chances pour que cet enfant soit masculin que pour qu'il soit féminin. Dans les 400 cas où il est masculin, la famille est satisfaite et n'a pas d'autre enfant : dans les 400 autres familles, on fait survenir un second enfant.

TABLEAU XXXIII. — PARIS. — **Sur 1,000 familles, combien ont (1886) le nombre d'enfants indiqué :**

	CHIFFRES RÉELS.	CHIFFRES ARRONDIS.
2 enfants......................	200	200, dont la
3 —	105	moitié est 100, dont la
4 —	53	moitié est 50, dont la
5 —	25	moitié est 25, dont la
6 —	11	moitié est 13, dont la
7 enfants et plus..............	7	moitié est 7.

Ce second enfant sera dans les 200 familles un garçon, et, dans ce cas, les parents satisfaits n'ont plus d'autre enfant. De là vient que sur 1,000 familles nous en trouvons 200 avec 2 enfants.

Mais dans les 200 autres familles où le second enfant est une fille, on fait survenir un troisième enfant. Ce troisième enfant sera dans 100 familles un garçon et alors les parents satisfaits n'ont plus d'autre enfant. De là vient que sur 1,000 familles, nous en trouvons 100 avec 3 enfants, tandis que dans les 100 autres familles, on engendrera des enfants jusqu'à ce que survienne un garçon.

Le raisonnement peut se poursuivre de même jusqu'au septième enfant (1).

Est-ce véritablement à une cause de ce genre qu'il faut attribuer la progression singulière que nous avons signalée tout à l'heure (et qui ne se remarque pas avec la même régulière pour les chiffres relatifs à l'ensemble de la France). Il faudrait, pour que l'explication proposée

(1) On a voulu expliquer par le malthusianisme le fait que dans tous les pays, il naît 105 ou 106 garçons pour 100 filles. Physiologiquement, les deux sexes auraient une égale natalité. Mais les parents désirant plus particulièrement avoir un fils, cesseraient de procréer à partir du moment où ce vœu serait satisfait; de là une augmentation du nombre des mâles. On m'a même attribué par erreur (*Acad. de méd.*, octobre 1888) cette opinion, quoique je ne la croie pas valable. En effet, reprenons les chiffres ci-dessus. 800 ménages féconds veulent avoir un enfant; si la natalité des deux sexes est physiologiquement égale, ils auront dans 400 cas un garçon, dans 400 cas une fille; dans ce dernier cas, ils procréent un nouvel enfant (200 garçons, 200 filles), etc. On peut traduire ces chiffres par le diagramme suivant :

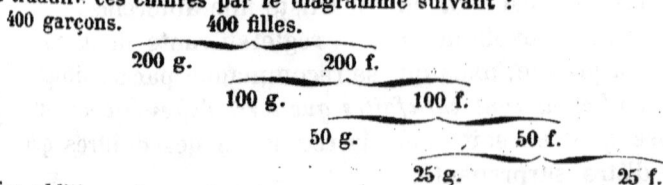

    400 garçons.   400 filles.

       200 g.   200 f.

          100 g.   100 f.

            50 g.   50 f.

               25 g.   25 f.

Que l'on additionne le nombre des garçons et le nombre des filles marqués sur le fût admise sans réserve, que les derniers nés fussent tous masculins, ce qui n'est pas conforme à ce que semble indiquer l'observation vulgaire. Il faut remarquer d'ailleurs que le raisonnement que nous avons appliqué à la volonté fermement arrêtée d'avoir un garçon serait parfaitement applicable à la volonté également entêtée d'avoir une fille. Il nous paraît que la première de ces déterminations doit être plus fréquente que la seconde, mais il est possible que chacune d'elles existe dans un certain nombre de familles ; elles entraînent l'une et l'autre les mêmes conséquences numériques.

On demande souvent quel est le nombre moyen d'enfants que procrée un ménage. Ce chiffre pourrait être calculé exactement si l'on relevait, au moment de la dissolution d'un mariage par la mort, combien d'enfants sont issus du mariage dissous. Malheureusement ce chiffre important n'est généralement pas élaboré par les statisticiens (voir tableau XXXIV).

On peut encore déduire ce chiffre de l'enquête de 1886 sur le nombre des enfants existant dans chaque famille au jour du recensement. On trouve ainsi en France 2,07 enfants par famille. Ce chiffre est très faible, puisqu'il faut au moins 2 enfants par famille (à supposer que ces enfants vivent assez longtemps pour cela) pour remplacer plus tard leurs deux auteurs, et qu'il reste à peine 7 enfants dans 100 familles pour remplacer les gens qui pour une raison quelconque restent célibataires. Mais ce chiffre si faible de 2,07 enfants par famille ne nous dit exactement pas combien une famille produit d'enfants en moyenne. C'est seulement au moment de la dissolution du mariage que ce chiffre pourrait être recueilli. Au jour du recensement, les ménages n'ont pas parcouru toute leur durée ; quelques-uns la commencent à peine et beaucoup auront encore des enfants. Le chiffre de 2,07 est donc un peu inférieur à celui qui nous intéresse.

La ville de Paris compte depuis quelques années le nombre d'enfants vivants ou morts laissés par chaque ménage ; malheureusement il n'est pas possible de recueillir le renseignement pour tous ceux qui meurent dans les hôpitaux ; nous ne l'aurons donc que pour la partie la plus aisée de la population.

tableau, on trouvera toujours au total le même nombre pour chaque sexe, et cela se comprend, puisque sur chaque ligne, il y aura autant de garçons que de filles. Donc le néo-malthusiasnisme ne peut pas expliquer la prédominance du nombre des mâles.

Une autre preuve que le néo-malthusianisme n'est pour rien dans l'inégale proportion des sexes, c'est que, parmi les premiers-nés considérés isolément, la proportion des garçons est très élevée.

Si l'on m'a attribué l'opinion que je viens de combattre, c'est que cette opinion ayant été rappelée au Congrès de démographie de Vienne, j'avais saisi cette occasion pour exposer les résultats de l'enquête relative au nombre des enfants par famille. Mais je n'avais ni approuvé ni combattu l'explication néo-malthusienne. Un autre orateur, M. Schnapper Arndt, s'est chargé de la réfuter au moyen de l'argument que j'ai exposé ci-dessus.

Les chiffres de cet instructif tableau peuvent être présentés de plusieurs façons différentes. Considérons d'abord la fécondité totale sans nous occuper de savoir si les enfants nés ont survécu à la dissolution du mariage ou s'ils sont morts auparavant (tableau XXXIV).

Tableau XXXIV. — Paris (1886). — *Sur 1,000 familles dissoutes par la mort, combien avaient procréé au jour de la mort du premier époux :*

(Enfants morts ou survivants).

	Paris (1886)	Alsace-Lorraine (1874-75)		
		Villes.	Campagnes.	Total.
0 enfant...............	63 familles.	21 familles.	39 familles.	32 familles.
1 enfant mort ou vivant.	224 —	184 —	125 —	148 —
2 enfants morts ou vivants.	204 =	199 —	157 —	173 —
3 — —	159 —	172 —	148 —	158 —
4 — —	114 —	115 —	145 —	133 —
5 — —	73 —	79 —	107 —	96 —
6 — —	56 —	71 —	90 —	83 —
7 — —	39 —	48 —	61 —	56 —
8 — —	68 —	111 —	128 —	121 —
TOTAL........	1000 familles.	1000 familles.	1000 familles.	1000 familles.

On voit combien sont rares les familles physiologiquement stériles.

Ce tableau nous montre déjà que la moitié des ménages parisiens sont stériles ou ne procréent que 1 ou 2 enfants (même en comptant les enfants morts avant l'un de leurs parents). Un tiers des ménages procréent 4 enfants ou davantage encore. En général les ménages parisiens procréent, pendant l'ensemble de la durée de leur existence, 3,2 enfants par ménage.

Ce nombre est très exactement celui que les statisticiens recherchent par des méthodes différentes, ou plutôt il le serait si la population pauvre qui meurt à l'hôpital n'était pas éliminée du calcul. Si l'on s'en référait à la méthode plus usitée, celle qui consiste à diviser le nombre des naissances par celui des mariages, on ne trouverait à Paris, en 1886, que 2,6 naissances par mariage, c'est-à-dire un chiffre inférieur à la vérité (1).

Mais beaucoup des 3,2 enfants que nous venons d'assigner en moyenne à chaque ménage parisien meurent avant que le mariage qui les a fait naître se soit dissous par la mort de l'un des époux. Cette période qui sépare la naissance des enfants de la dissolution du mariage qui les a

(1) Cela vient de ce que, à Paris, ville d'immigration dont l'augmentation est très rapide, les mariages augmentent très rapidement en nombre absolu. Les naissances de 1886 ne proviennent guère des mariages contractés dans l'année, mais surtout de mariages souvent très anciens et moins nombreux que les mariages actuels. Comparer au chiffre des naissances un nombre exagéré de mariages, c'est augmenter induement le dénominateur de la fraction, c'est-à-dire en atténuer la valeur.

fait naître est généralement assez longue, comme on le voit par les chiffres du tableau XXXV :

TABLEAU XXXV. — PARIS (1882-1886). — *Sur 1,000 ménages dissous par la mort, combien avaient duré :*

1 an......................................	35.6
2 ans.....................................	31.6
3 —......................................	30.3
4 —......................................	31.6
5 —......................................	32.6
6 —......................................	
7 —......................................	57.4
8 —......................................	
9 —......................................	82.4
10 —.....................................	
11 à 15 ans	124.2
16 à 20 —	115.6
21 à ω —	459.1
	1000.0

On voit que presque la moitié des ménages parisiens durent plus de 20 ans. Lorsque la statistique attend que cette longue durée se soit écoulée pour savoir combien le ménage a procréé d'enfants, elle doit naturellement en trouver un plus grand nombre que lorsqu'elle fait la même recherche au jour du recensement, car dans ce dernier cas elle a affaire à un grand nombre de jeunes ménages qui n'ont pas d'enfants ou qui en ont peu, simplement parce qu'ils n'ont pas eu le temps d'en avoir.

De là vient la différence que l'on trouve entre la fécondité des ménages d'après le relevé fait à la mort des époux, et la fécondité des ménages d'après les chiffres du recensement.

TABLEAU XXXVI. — PARIS (1886). — *Sur 1,000 ménages, combien ont :*
(Les enfants prédécédés ne comptent pas).

	Au jour du recensement.	Lors de la dissolution du mariage par la mort.
0 enfant vivant.................	301	180
1 —	281	338
2 —	207	234
3 —	112	136
4 —	54	64
5 —	26	30
6 —	12	13
7 —	7	5
	1000	1000

On voit que les chiffres ne se ressemblent guère tant que l'on considère les familles peu nombreuses, celles de 0 ou de 1 enfant par exemple, parce que beaucoup de ces familles sont, au jour du recensement, de formation récente. Elles n'ont pas encore d'enfants, mais elles en auront plus tard. Si l'on considère des familles un peu plus nombreuses (c'est-à-dire créées depuis un peu plus de temps), l'influence de la durée disparaît, et elles ont au jour du recensement autant d'enfants qu'elles en auront lorsque le mariage viendra à se dissoudre par la mort de l'un des époux.

TABLEAU XXXVII. — PARIS. — **Sur 100 ménages dissous par la mort, après la durée indiquée, combien avaient le nombre d'enfants indiqué :**

NOMBRE D'ENFANTS VIVANTS au moment de la dissolution du mariage.	DURÉE DU MARIAGE AU MOMENT DE SA DISSOLUTION									
	1 an.	2 ans.	3 ans.	4 ans.	5 ans.	6 et 7 ans.	8 à 10 ans.	11 à 15 ans.	15 à 20 ans.	21 ans et plus
0 enfant vivant......	30	32	45	35	33	24	18	15	17	12
1 —	53	48	38	38	38	40	36	33	29	31
2 —	11	18	13	24	18	18	27	26	24	23
3 —	4	1	2	3	10	13	14	15	15	16
4 —	1	1	1	»	1	4	4	7	7	8
5 —	1	»	1	»	»	0.5	0.5	2.5	3	5
6 —	»	»	»	»	»	0.5	0.5	0.5	2	2
7 —	»	»	»	»	»	»	»	1	0.5	1
8 — et plus.	»	»	»	»	»	»	»	»	2	2
TOTAUX.......	100	100	100	100	100	100	100	100	100	100

On voit en lisant la première ligne du tableau XXXVII que les mariages qui ont le plus de durée sont aussi ceux parmi lesquels les ménages stériles sont en moins grand nombre. La diminution des mariages sans enfants après la cinquième année du mariage est même plus notable qu'on n'aurait peut-être pu le prévoir.

On peut être surpris de voir des mariages qui ont moins de un an de durée compter néanmoins plusieurs enfants : ce sont des mariages légitimateurs (et notamment les mariages *in extremis*).

Si on lit la ligne intitulée « 2 enfants vivants », on voit les chiffres de cette ligne grossir d'année en année à partir de la deuxième colonne. De même si on lit la ligne intitulée « 3 enfants vivants », on voit les chiffres grossir à partir de la cinquième année, et enfin sur la ligne suivante, les chiffres grossissent à partir de la sixième année. Les chiffres suivants ont moins d'intérêt.

V. Sexualité. — C'est un fait bien connu que les naissances masculines sont un peu plus nombreuses que les naissances féminines. Il en est ainsi dans tous les pays la terre (environ 105, 5 naissances masculines pour 100 féminines). La mortalité des petits garçons étant plus forte que celle des petites filles, l'équilibre entre les deux sexes ne tarde pas à s'établir. La proportion des garçons est très élevée en Roumanie et en Grèce. Le fait a été remarqué sans être expliqué.

La proportion des garçons est presque toujours plus forte parmi les légitimes que parmi les illégitimes. Toutefois notre tableau montre quelques exceptions à cette règle (Serbie, Suède, Norvège, Danemark, Saxe, Angleterre, Écosse).

Le tableau XXXVIII est emprunté aux *Confronti internazionali* de M. Bodio, et relatif à la période 1865-83 (et pour quelques pays à une période un peu moindre).

TABLEAU XXXVIII. — *Pour 100 naissances féminines, combien de masculines?*
(Mort-nés non compris.)

	NAISSANCES	
	en général.	illégitimes.
France..........................	105	103
Alsace-Lorraine, 1872-82................	105	104
Belgique........................	105	103
Pays-Bas........................	105	103
Italie..........................	106	104
Espagne........................	107	104
Roumanie, 1870-82....................	111	103
Grèce..........................	112	96
Suisse, 1872-83....................	105	101
Allemagne, 1872-83....................	105	104
Prusse..........................	105	104
Saxe..........................	105	105
Thuringe	105	106
Bavière........................	105	104
Wurtemberg....................	105	102
Bade..........................	105	104
Autriche........................	106	106
Hongrie........................	105	104
Croatie-Slavonie, 1870-82...............	106	104
Serbie..........................	106	111
Russie, 1867-76....................	105	106
Finlande........................	105	103
Suède..........................	105	105
Norvège........................	106	107
Danemark	105	105
Angleterre et Galles....................	104	104
Écosse..........................	105	106
Irlande..........................	106	105
Massachussetts, 1870-82................	106	101
Rhode-Island........................	105	»

TABLEAU XXXIX. — *Pour 100 naissances féminines, combien de masculines?*
(Mort-nés compris).

	Légitimes.	Illégitimes.
France........................	106.8	104.4
Belgique........................	106.5	103.7
Espagne........................	106.8	104.6
Suisse	106.6	101.7
Prusse........................	106.2	104.9
Bavière........................	106.6	104.3
Bade..........................	107.0	104.5
Autriche........................	107.0	104.9
Hongrie........................	106.3	102.5
Suède..........................	105.9	105.3
Norvège........................	106.2	107.8
Danemark	106.0	105.4

Les mort-nés ont été exclus dans le tableau XXXVIII ; la mortina-talité des garçons l'emportant sur celle des filles, l'exclusion des mort-nés élimine du calcul une proportion de garçons supérieure à celle des filles, et atténue les chiffres ci-dessus. Si nous avions compris les mort-nés dans notre calcul, les rapports ci-dessus seraient donc encore un peu plus élevés. Ce qu'on verra par le tableau XXXIX.

M. Bertillon père a entrepris la recherche, nécessairement très obscure, des causes de ce phénomène singulier dans son étude sur la natalité. Utilisant la statistique des premiers-nés établie par l'Autriche en 1851, il a formulé et démontré les deux propositions suivantes :

1° *Les premiers-nés légitimes donnent plus de garçons que la moyenne générale des naissances légitimes.*

2° *Les premiers-nés illégitimes donnent au contraire moins de garçons que la moyenne générale des naissances illégitimes.*

C'est ce que résument les chiffres suivants :

TABLEAU XL. — *Pour 100 filles, combien de garçons* (AUTRICHE, 1851)?

	Légitimes.	Illégitimes.	Ensemble.
Premiers-nés	110.1	103.6	108.6
Puînés.................	105.3	106.0	105.4
TOTAL..........	106	104.9	105.9

Les premiers-nés illégitimes étant très nombreux par rapport à leurs puînés, leur influence pèse pour beaucoup sur la moyenne, et le nombre des garçons se trouve ainsi abaissé.

Avant de tenter l'explication physiologique des deux lois qui précèdent, il faut commencer pas l'établir plus nettement. Nous montrerons qu'elles se vérifient dans chacune des provinces de l'Autriche prise isolément (tableau XLI).

TABLEAU XLI. — **Sur 100 naissances féminines, combien de masculines**
(1851).
(Mort-nés compris.)

PROVINCES.	LÉGITIMES.			ILLÉGITIMES.		
	PREMIERS-NÉS.	PUÎNÉS.	TOTAL.	PREMIERS-NÉS.	PUÎNÉS.	TOTAL.
Basse-Autriche.................	111.6	103.7	105.2	99.8	111.1	105.6
Haute-Autriche	108.3	101.3	103.8	99.2	103.6	102.6
Styrie.........................	103.6	103.7	103.7	104.3	107.5	106.0
Bohême.......................	116.0	106.2	107.6	105.5	104.3	105.0
Moravie.......................	107.5	105.2	105.6	105.5	107.4	106.3
Gallicie.......................	111.5	105.5	106.2	107.0	113.4	110.5
Hongrie.......................	108.7	106.0	106.4	98.1	102.5	99.3
Villes principales moins Vienne (naissances vivantes)........	114.4	106.2	107.1	102.1	107.0	105.4

Les chiffres, ne reposant que sur une seule année d'observation, n'ont pas toute la régularité désirable. On peut voir cependant que toujours la *masculinité* (ou proportion des mâles) est plus forte pour les premiers-nés légitimes que pour les puinés, tandis que c'est le contraire pour les illégitimes.

La sexualité chez les légitimes a été étudiée avec un soin particulier par mon père (*Dict. enc. des sc. méd.* NATALITÉ, p. 468 et suiv.) d'après des documents suédois, norvégiens et danois.

La Norvège a fait en 1870 une enquête très curieuse dont les résultats principaux sont consignés dans le tableau LXII. On y voit que dans les premières années du mariage, le nombre des naissances mâles dépasse de beaucoup celui des naissances filles (moyenne des 6 premières années de mariage : 116 garçons entre 100 filles). La proportion devient ensuite plus faible pendant les 6 années suivantes (moyenne de la 6ᵉ à la 12ᵉ année de mariage 107 garçons contre 100 filles). Après la 12ᵉ année de mariage, ce sont les naissances féminines qui sont les plus nombreuses (moyenne : 94 garçons contre 100 filles).

« Impossible, dit mon père, de trouver un relevé dont la signification soit plus nette que celui-ci, et, ce qui en augmente encore la valeur, c'est que ces naissances divisées en deux groupes, suivant l'habitat (villes et campagnes) donnent des rapports qui se suivent dans le même sens. »

Ainsi les premières années du mariage sont fécondes en garçons et les dernières en filles. Cependant le document norvégien nous donne en outre la durée du mariage en combinaison avec l'âge des parents. Malheureusement à mesure que les sous-divisions se multiplient, les chiffres observés deviennent nécessairement moindres, et la confiance que méritent les résultats décroît avec eux. Cependant ces résultats sont si tranchés que, sans rapporter le document en lui-même, j'en indiquerai les traits principaux et les nombres absolus, sur lesquels sont fondés les rapports, afin qu'on en apprécie mieux la valeur.

I. Lorsque l'époux a moins de 25 ans.

1° Si l'épouse est aussi au-dessous de 25 ans, je vois dès la première année de mariage 105 garçons contre 50 filles ; dans la seconde, 121 garçons contre 79 filles pour les 2 années suivantes : 202 garçons contre 161 filles, et ainsi de suite, les naissances mâles étant toujours en plus grand nombre que les naissances filles ; mais leur prédominance va en s'atténuant jusqu'à la fin de la 16ᵉ année de mariage, où il y a tendance marquée à l'égalité. En effet, je trouve alors 49 garçons contre 47 filles ; l'année suivante 38 garçons et 40 filles ; enfin, en réunissant A, toutes les naissances survenues avant la 16ᵉ année de mariage, on a 1,198 garçons et 933 filles, soit 128,5 garçons contre 100 filles ; B toutes celles survenues après la 15ᵉ année, on trouve 286 garçons et 300 filles, soit 95 garçons contre 100 filles ; C, enfin en réunissant tous les enfants de ces époux, on trouve 120 garçons contre 100 filles.

2° Si l'épouse plus âgée a de 25 à 35 ans, la prédominance des mâles continue à être très marquée, ce qui est singulièrement contradictoire avec les résultats des très petites enquêtes particulières si souvent citées (528 garçons et 468 filles, soit 113 garçons contre 100 filles).

En résumé, quand l'époux a moins de 25 ans, la prédominance des naissances mâles qui ont lieu dans la première année du mariage est extrêmement tranchée, puisqu'on trouve 89 naissances filles contre 185 naissances mâles (soit 208 garçons contre 100 filles).

II. Lorsque l'époux a un âge compris entre 25 et 35 ans :

1° Si l'épouse a moins de 25 ans, on trouve alors prédominance de garçons (mais moins prononcée) dans les 15 premières années de mariage, à savoir : 1,515 garçons et 1,406 filles, soit 107,7 contre 100. et encore excès de filles dans les enfants produits après ces 15 ans (on pourrait même dire après la 13e année) à savoir, 379 garçons et 404 filles, soit 94 garçons contre 100 filles.

2° Si l'âge de l'épouse est compris aussi entre 25 et 35 ans, alors soit que l'on considère les 15 premières années du mariage, soit que l'on considère toute sa durée, on trouve un même rapport 1,371 garçons et 1,280 filles, soit 107 garçons contre 100 filles.

TABLEAU XLII. — **Proportion des sexes parmi 11,666 enfants légitimes nés en Norvège en 1870, et classés selon la durée du mariage.**

	ROYAUME ENTIER			CAMPAGNES.			VILLES.		
	NOMBRES ABSOLUS		Pour 100 filles combien de garçons.	NOMBRES ABSOLUS		Pour 100 filles combien de garçons.	NOMBRES ABSOLUS		Pour 100 filles combien de garçons.
	Garçons.	Filles.		Garçons.	Filles.		Garçons.	Filles.	
Naissances issues de mariages ayant duré :									
De 1 à 6 ans..........	2.725	2.342	116.3	2.236	1.867	119.8	489	475	103.0
De 7 à 12 ans.........	2.120	1.981	107.0	1.528	1.453	105.2	374	345	108.4
13 ans et plus.........	1.213	1.285	94,4	1.268	1.282	99.0	163	186	88.0
Total des naissances observées.............	6.058	5.608	107.0	5.032	4.602	109.3	1.026	1.006	102.0
TOTAL GÉNÉRAL des naissances légit. vivantes.	23.432	22.420	104.5	18.903	18.060	104.3	4.529	4.360	104.0

Lorsque l'époux a de 35 à 50 ans, les rapports des sexes changent complètement, et, contrairement à ce qu'on croyait savoir avec ces époux plus âgés que l'épouse, ce sont les naissances filles qui l'emportent constamment : soit avec les jeunes épouses au-dessous de

25 ans, qui ont donné 232 garçons et 250 filles, soit avec celles de 25 à 35 ans, qui ont eu 310 garçons et 336 filles; ce qui pour l'un et l'autre cas donne un rapport de 92 à 93 garçons contre 100 filles; enfin les épouses dont l'âge est au-dessus de 35 ans fournissent encore 61 garçons et 70 filles, soit 87 garçons contre 100 filles ».

On voit quelle est l'importance de la statistique norvégienne sur ce point. L'enquête commencée en 1870 n'a malheureusement pas été continuée, parce qu'elle a été jugée trop coûteuse. Telle qu'elle est elle est très instructive, lorsqu'elle est étudiée par un statisticien judicieux. Elle porte seulement sur 11,666 naissances; les enquêtes de Sadler et de Hofacker, qui ont fait autorité, ne portaient guère plus d'un millier d'observations, ce qui est insuffisant. Mon père leur fait un reproche grave, c'est de porter sur la pairie anglaise, c'est-à-dire sur une population *choisie*, car l'aristocratie anglaise s'éloigne beaucoup par ses mœurs, sa nourriture, etc., du commun des hommes. Or le genre de vie paraît avoir une influence très grande sur la sexualité des enfants. C'est ce qui résulte d'une statistique recueillie autrefois pour la Suède, mais qui ne l'est plus aujourd'hui. Ce document donne le nombre des naissances par sexes et par classes sociales des parents. Il donne aussi (renseignement précieux) l'âge au mariage dans ces différentes classes.

Il ressort de ce document que, pour 100 filles, il naît 1° dans les familles nobles, 98 garçons seulement; 2° dans les familles de pasteurs 108,6 garçons; dans les autres classes des chiffres intermédiaires, à savoir : chez les bourgeois, 105, chez les agriculteurs et chez les fonctionnaires, 105,7.

On voit qu'en Suède les pasteurs se marient tard et épousent plus souvent que les autres hommes des femmes beaucoup plus jeunes qu'eux. Leurs enfants sont très souvent des garçons (108,6 garçons pour 100 filles). — Mais d'autre part, les nobles qui eux aussi se marient tard et eux aussi épousent souvent des femmes beaucoup plus jeunes qu'eux, ont très souvent des filles (98 garçons pour 100 filles). Les agriculteurs, au contraire, se marient jeunes et souvent avec des femmes qui sont à peu près de leur âge; ils ont une proportion normale de garçons. En résumé, on voit que l'influence des conditions sociales paraît l'emporter sur celle de l'âge absolu ou de l'âge relatif des époux.

Je dois ajouter que j'ai essayé de contrôler quelques-uns des résultats qui précèdent par les chiffres recueillis à Paris. Cette recherche confirme les résultats précédents, mais ne donne pas de résultats aussi nets qu'on aurait pu l'espérer. A Paris, la proportion des naissances masculines est des plus faibles; pour 100 naissances légitimes vivantes féminines, on ne compte (1882-86) que 103,6 naissances masculines, rapport qui paraîtra d'autant plus faible qu'il s'agit ici de naissances légitimes seulement. Cette faiblesse de la masculinité tient à ce qu'il y a à

Paris un nombre considérable de mort-nés, et la mortinatalité des petits garçons l'emporte toujours sur celle des petites filles. Lorsqu'on cherche la proportion des garçons sur l'ensemble des naissances légitimes (mort-nés compris), on trouve qu'elle s'élève à 105, chiffre qui se rapproche de ceux qu'on observe ordinairement.

TABLEAU XLIII. — SUÈDE. — **Ages respectifs et comparés des fiancés se mariant en chaque catégorie sociale (1851-1855); nombre relatif des naissances mâles résultant de ces mariages (1851-1860).**

		NOBLES.	BOURGEOIS	AGRICULTEURS.	CLERGÉ.	FONCTIONNAIRES.
Sur 100 fiancés, combien avaient, au jour du mariage	Moins de 26 ans.......	9.5	14.3	28.9	1.3	11.6
	De 26 à 35 ans..........	62.4	74.2	84.5	40.6	69.6
	De 36 à 50 ans..........	37.4	25.8	15.5	59.4	30.4
	Plus de 50 ans..........	6.8	3.8	2.9	9.3	4.2
Sur 100 fiancées, combien avaient, au jour du mariage	Moins de 26 ans.......	48.8	38.6	43.7	40 5	44.5
	De 26 à 35 ans..........	87.2	84.1	89.3	85.5	88.5
	Plus de 35 ans..........	12.8	15.9	10.7	14.5	11.5
Sur 100 mariages, combien de fois l'époux était-il, d'au moins une classe d'âge.....	Plus âgé que l'épouse..	64.0	43.5	35.1	71.5	54.2
	Dans la même classe d'âges que l'épouse...	31.0	43.7	48.6	25.3	37.2
	Plus jeune que l'épouse.	5.0	12.8	16.3	3.2	8.6
Pour 100 naissances féminines vivantes de chaque classe, combien de garçons.		98.3	105.0	105.7	108.6	105.7
Nombres absolus des naissances vivantes observées en chaque classe en 1851-60.		2.476	25.515	699.283	3.435	2.100

Quoi qu'il en soit, la *masculinité* des naissances légitimes vivantes à Paris est extrêmement faible ; c'est peut-être pour cela que les chiffres, quoique résumant des observations beaucoup plus nombreuses que celles de Norvège, n'ont pas la même régularité :

TABLEAU XLIV. — PARIS (1882-1886). — *Pour 100 naissances féminines légitimes vivantes, combien de naissances masculines ?*

Durée antérieure du mariage :	1 an.............	103.3
—	—	2 ans.............	104.0
—	—	3 ans.............	106.0
—	—	4 ans.............	102.6
—	—	5 ans.............	101.0
—	—	6 ans.............	101.4
—	—	7 à 8 ans	102.9
—	—	9 à 10 ans........	99.5
—	—	11 à 15 ans	103.5
—	—	16 à 20 ans	101.5
—	21 ans et au-dessus	98.3

TOTAL........ 103.6

On voit que dans les trois premières années du mariage, la *masculinité* est supérieure à la moyenne, tandis qu'elle lui est constamment inférieure après une durée plus longue.

En résumé, les circonstances qui paraissent influer sur la proportion des sexes sont : 1° l'influence prépondérante de la primogéniture; 2° celle de la durée du mariage (qui n'est peut-être que l'expression de la même influence); 3° l'action moins sensible et moins claire de l'âge de la mère, du père; et 4° (selon Sadler) celle du rapport de ces deux âges; 5° l'influence si complexe de la classe sociale à laquelle appartiennent les deux époux.

Resterait à donner l'explication physiologique de ces conclusions. Voici celle qu'a proposée M. Bertillon père : « La zootechnie nous enseigne que les mâles provoqués à des coïts nombreux avec des femelles successives engendraient plutôt des mâles au début de la lutte, et des femelles à la fin, et que les vieux mâles, affaiblis par l'âge, engendraient plutôt des femelles. On a fait ces observations surtout sur des béliers, mais aussi sur d'autres animaux. Dans l'industrie de la production des métis de l'âne et de la jument, on choisit de préférence pour étalon un vieux baudet bien caduc, l'expérience ayant appris que, dans ces conditions, on obtient un plus grand nombre de mules, lesquelles sont plus recherchées que les mulets, et ont plus de valeur sur le marché. Il semble donc que généralement un mâle vigoureux produit un excédent de mâles, un mâle affaibli, soit par des coïts précédents, soit par l'âge, produit plus de femelles.

« Est-ce à des causes de même ordre qu'il faut attribuer la faible reproduction masculine de la noblesse suédoise? Peut-on supposer que les fils des nobles familles s'épuisent par les divers excès, et notamment par la luxure, de sorte que le mariage serait pour eux comme le port de refuge pour un vaisseau désemparé? Tandis que des conditions contraires expliqueraient l'excès des garçons chez le clergé protestant, dont les conditions morales et hygiéniques sont supérieures, puis chez les paysans et les fonctionnaires ensuite?

« C'est sans doute à une cause de même ordre, l'état de vigueur sexuelle des nouveaux mariés, et notamment de l'époux, qu'il faut attribuer l'aptitude plus prononcée des campagnards pour engendrer des mâles et celle des citadins pour les filles, car c'est là un fait très général, qu'on retrouve chaque année dans tous les pays publiant des documents assez analytiques. Ainsi en France, nos paysans comptent 107 garçons contre 100 filles, tandis que nos citadins en ont moins de 106 et les Parisiens seulement 105.

« Enfin serait-ce encore à la même influence de vigueur des jeunes époux qu'il faudrait attribuer l'excès bien plus marqué de la production des garçons chez les premiers-nés? On supposerait alors avec vraisemblance que la plupart des jeunes époux s'épargnent pendant le temps de leurs fiançailles et abordent le lit nuptial dans des dispositions de vigueur qui augmentent les chances de reproduire leur sexe.

« Cependant comment expliquer la diminution notable de l'excédent des garçons parmi les aînés hors mariage (Autriche)? Peut-être on pourra dire que ces pères d'occasion sont au contraire plus souvent que d'autres affaiblis par des excès sexuels. »

VI. Reconnaissances d'enfants illégitimes et légitimations. — Cette statistique est établie dans très peu de pays, et c'est grand dommage, car, outre qu'elle a par elle-même un grand intérêt, la statistique des légitimations permet seule d'apprécier exactement la mortalité des enfants illégitimes.

Reconnaissances. — Les enfants illégitimes peuvent être légitimés par la mère seulement — ou par le père seulement — ou par les deux parents. De ces trois catégories, il importe de mettre la première à part, car elle change peu de chose à la situation de l'enfant illégitime; la nature des choses veut que la mère soit effectivement responsable, en tout état de cause, de son enfant; la reconnaissance officielle qu'elle en fait n'ajoute guère à cette responsabilité.

Le reconnaissance du père, au contraire (qu'elle soit ou non accompagnée de celle de la mère), améliore beaucoup la situation de l'enfant puisqu'elle lui assure la subsistance, que sa mère seule ne serait le plus souvent pas en état de lui donner.

Malheureusement, ni la statistique française ni la statistique belge, qui relèvent le nombre des reconnaissances, ne distinguent ces trois catégories. Cette triple distinction (faite naguère en France) n'est plus faite aujourd'hui dans ce pays que pour quelques villes et notamment pour Paris.

Légitimations. — Dans plusieurs pays, tels que l'Angleterre, la légitimation des enfants illégitimes n'est pas admise par la loi. Dans un grand nombre d'autres, elle ne fait l'objet d'aucune statistique. Nous allons étudier cette statistique en France, en Belgique et d'après des documents déjà anciens (il n'en existe pas de récents) dans les Pays-Bas.

Il faut distinguer le nombre des mariages légitimateurs — et le nombre des enfants légitimés par ces mariages. De là trois rapports à prendre :

1° Sur 1000 *naissances illégitimes, combien donnent lieu à une légitimation ultérieure ?* — Ce rapport, le plus important des trois, indique la probabilité de légitimation, plutôt qu'il ne la fixe, car entre la naissance et l'époque de la légitimation s'écoule un temps souvent très long (plus d'un an dans les deux tiers des cas) pendant lequel beaucoup d'enfants meurent. Ces enfants grossissent le dénominateur de la fraction sans pouvoir contribuer à grossir le numérateur.

2° Sur 1000 *mariages, combien sont légitimateurs ?* — Voir sur la valeur de ce rapport nos observations de la page 213.

3° Pour 100 *mariages légitimateurs, combien d'enfants légitimés ?* — Il est intéressant en effet de voir combien les faux ménages ont, en moyenne, produit d'enfants, au moment où ils se terminent par un mariage.

Nous regrettons que la statistique des légitimations ne soit pas faite dans un grand nombre de pays. Faute de cette statistique, en effet, il est impossible de calculer la mortalité des enfants illégitimes, puisque dans le rapport D/N (où D représente les décès et N les naissances illégitimes) on compte comme illégitimes parmi les naissances des enfants qui, légitimés plus tard, ne pourront pas être comptés comme illégitimes s'ils viennent à mourir. Ils grossissent le dénominateur de la fraction sans pouvoir contribuer à grossir son numérateur. La statistique des légitimations permettrait d'en tenir compte.

La fécondité illégitime va en croissant en Belgique, ainsi que l'indique le tableau XLV extrait de l'*Annuaire statistique de Belgique :*

TABLEAU XLV. — *Pour 1000 femmes non mariées de 15 à 45 ans, combien de naissances vivantes illégitimes en un an ?*

1841 à 1850	16.2
1851 à 1860	16.7
1861 à 1870	17.6
1871 à 1880	18 4
1881 à 1884	20.5

Cet accroissement de la proportion des séductions est moins apparent si l'on se contente de comparer les naissances illégitimes non pas aux femmes qui les ont produites, mais à l'ensemble des naissances vivantes. On trouve alors un accroissement considérable pendant la période 1851-60, puis une décroissance assez constante depuis cette époque. Et le même phénomène se retrouve dans chaque province prise isolément, ainsi qu'on le verra dans le tableau XLVII.

En même temps que la proportion des séductions augmente, la proportion des légitimations par rapport aux naissances illégitimes va en augmentant. (Nous verrons p. 210 qu'en France la fréquence des légitimations augmente aussi, mais celle des naissances illégitimes diminue quelque peu.) On remarquera qu'il ne s'agit pas seulement ici du nombre total des légitimations ; il s'agit de leur rapport au nombre des nés illégitimes. Ainsi, les Belges ont un peu plus de tendance que naguère à la séduction ; mais la faute une fois commise, ils ont plus de tendance aussi à la réparer.

C'est ce que montrent les chiffres suivants ; on verra, en les comparant à d'autres tableaux calculés plus loin, que les légitimations sont plus nombreuses en Belgique et aux Pays-Bas qu'en France.

TABLEAU XLVI. — *Pour 1000 naissances illégitimes vivantes, combien d'individus légitimés dans le cours de leur vie ?*

	Masc.	Fém.	Deux sexes.
1851 à 1860	345	349	347
1861 à 1870	382	392	387
1871 à 1880	427	436	431
1881 à 1884	592	562	577

On remarquera combien ces proportions sont élevées. Il faut remarquer en effet que parmi les enfants nés illégitimes beaucoup ne peuvent pas être légitimés, soit parce qu'ils meurent très jeunes, soit parce que l'un de leurs parents meurt avant d'avoir pu se marier, soit encore parce qu'ils sont non seulement illégitimes, mais adultérins, soit par toute autre cause.

La proportion des légitimations augmente dans toutes les provinces belges (tableau XLVII).

TABLEAU XLVII. — **Fréquence des naissances illégitimes et fréquence des légitimations dans chaque province belge depuis 1841.**

PROVINCES.	SUR 1000 NAISSANCES VIVANTES combien sont illégitimes.				SUR 1000 NAISSANCES vivantes illégitimes, combien de légitimations.		
	1841-50.	1851-60.	1861-70.	1871-80.	1851-60.	1861-70.	1871-80.
Anvers.................	77	81	74	73	416	440	475
Brabant.................	127	151	113	119	335	378	397
Flandre occidentale. ...	48	56	46	43	197	218	306
Flandre orientale.......	73	74	57	52	298	324	379
Hainaut.................	77	86	83	84	442	493	535
Liège	66	67	73	75	407	405	457
Limbourg	42	47	47	42	330	320	403
Luxembourg	25	27	27	24	261	269	340
Namur.................	51	50	45	43	281	307	422
Belgique	74	79	71	72	347	387	431

Le tableau XLVI montre que la proportion des garçons légitimés est à chaque époque à peu près semblable à celle des filles légitimées. Cette égalité des sexes se remarque dans chaque province belge considérée isolément. Nous verrons plus loin qu'elle se retrouve également dans les Pays-Bas et à Paris.

TABLEAU XLVIII. — **Reconnaissances et légitimations en Belgique.**

	1851-60.	1861-70.	1871-80.
Sur 1000 naissances vivantes illégitimes, combien d'enfants reconnus...........................	161	170	195
Sur 1000 enfants reconnus, combien sont légitimés...	740	700	617
Sur 1000 naissances vivantes illégitimes, combien d'enfants successivement reconnus et légitimés (on remarquera que cette dernière probabilité est égale au produit des deux précédentes)	119	119	120

Le fait d'être reconnu augmente notablement les chances qu'un enfant illégitime a d'être légitimé par ses parents (car les deux tiers des illégitimes reconnus sont ensuite légitimés). Toutefois, la probabilité de légi-

timation des illégitimes reconnus tend à diminuer avec le temps. Cependant, comme la fréquence des reconnaissances va en augmentant en
Belgique, on peut dire que cette procédure qui tend à reconnaître un illégitime pour le légitimer ensuite tend à devenir plus fréquente.

Il est très important, pour l'appréciation de la mortalité des illégitimes, de savoir à quel âge se font la plupart des légitimations :

TABLEAU XLIX. — BELGIQUE. — *Sur :000 enfants légitimés, combien le sont à*
chaque âge.

	1851-1860.	1861-1870.	1871-1880.
A la naissance	18 ⎫	16 ⎫	11 ⎫
De 0 à 3 mois.	117 ⎬ 326	112 ⎬ 314	97 ⎬ 304
De 3 à 12 mois............	191 ⎭	186 ⎭	196 ⎭
De 1 à 2 ans..............	187	189	197
De 2 à 5 ans..............	265	272	293
De 5 à 10 ans	150	153	147
De 10 à 15 ans............	44	50	42
Plus de 15 ans............	28	22	17
	1000	1000	1000

Dans chacune des provinces belges, on observe des chiffres analogues
aux précédents. On voit qu'un tiers environ des enfants légitimés le sont
dans la première année et surtout dans les trois premiers mois de la
vie. La fréquence des légitimations diminue rapidement à mesure qu'augmente l'âge des enfants(1). Cette règle est exactement aussi vraie pour
les garçons que pour les filles.

TABLEAU L. — **Sur 1000 enfants légitimés, combien le sont à**
chaque âge. (BELGIQUE.)

AGE DES ENFANTS LÉGITIMÉS.	1851-1860				1871-1880			
	ENFANTS RECONNUS antérieurement au mariage.		ENFANTS NON RECONNUS antérieurement au mariage.		ENFANTS RECONNUS antérieurement au mariage.		ENFANTS NON RECONNUS antérieurement au mariage.	
	Masc.	Fém.	Masc.	Fém.	Masc.	Fém.	Masc.	Fém.
A la naissance......	31	33	11	10	27	24	4	6
De 0 à 3 mois...........	187	177	82	85	180	173	69	65
De 3 mois à 12 mois	246	244	159	167	274	288	165	161
De 1 à 2 ans	205	199	177	179	214	219	190	189
De 2 à 5 ans	205	215	299	290	210	204	323	328
De 5 à 10 ans	80	83	186	186	68	71	178	176
De 10 à 15 ans..........	19	23	55	57	17	13	51	54
15 ans et plus..........	27	26	31	26	10	8	20	21
TOTAUX...........	1000	1000	1000	1000	1000	1000	1000	1000

(1) On remarque aussi que plus on considère une période rapprochée de nous, plus
augmente la fréquence des légitimations tardives.

Une règle assez remarquable et que le document belge permet de vérifier est que la précocité des légitimations varie suivant qu'il s'agit d'enfants reconnus antérieurement ou d'enfants non reconnus antérieurement à la légitimation. Quand les parents ont reconnu les enfants, ils sont beaucoup plus prompts à les légitimer.

On voit que près de la moitié des enfants légitimés après reconnaissance préalable sont légitimés dans l'année qui suit la naissance, tandis que la proportion s'abaisse à un quart environ pour les enfants non reconnus.

Les légitimations dans les Pays-Bas. — L'excellente *Allgemeene statistiek van Nederland* (1872), dont M. de Baumhauer fut le principal auteur, contient quelques renseignements sur les légitimations dans les Pays-Bas en 1863. Cette statistique malheureusement n'a pas été continuée.

Voici les résultats généraux :

TABLEAU LI. — PAYS-BAS (1816). — *Sur 1000 naissances illégitimes :*

	Garçons.	Filles.	Total.
Combien d'enfants reconnus.............	396	395	595
— légitimés	362	353	358
Sur 1000 enfants reconnus, combien sont ensuite légitimés......................	"	"	685

Nous voyons que dans les Pays-Bas, comme en Belgique, un peu plus du tiers des enfants illégitimes sont ensuite légitimés.

Dans les Pays-Bas, comme en Belgique, les filles ont à peu près autant de chances que les garçons d'être légitimées.

Enfin les enfants qui ont été reconnus (soit par la mère, soit par le père) ont deux fois plus de chances que les autres pour être ensuite légitimés.

Probabilité des légitimations dans chaque province des Pays-Bas. — En regard de la proportion des légitimations nous inscrivons la fréquence des naissances illégitimes dans la province.

TABLEAU LII. — *Illégitimité et proportion des légitimations dans chaque province néerlandaise* (1865).

	Sur 1000 naissances vivantes vivantes, combien d'illégitimes.	Pour 1000 naissances vivantes illégitimes, combien d'enfants légitimés.
Brabant septentrional...................	25	417
Gueldre..........................	37	453
Hollande méridionale...................	53	318
Hollande septentrionale................	43	303
Zeeland...........................	42	170
Utrecht...........................	56	301
Frise.............................	35	261
Over-Yssel.........................	29	452
Groningue..........................	53	475
Drenthe...........................	35	521
Limbourg..........................	32	405
Royaume des Pays-Bas...............	41	358

Le tableau suivant indique à quel âge les enfants sont légitimés dans les Pays-Bas. Les coupures étant identiques à celles de la Belgique, nous mettons les chiffres belges en regard :

TABLEAU LIII. — *Sur 1000 enfants légitimés, combien le sont à chaque âge.*

	Pays-Bas. (1865)	Belgique. (1861-70)
Dans les trois jours qui suivent la naissance.....	13	16
Avant 3 mois..................................	170	112
De 3 mois à 1 an.............................	203	186
De 1 à 2 ans.................................	179	189
De 2 à 5 ans.................................	236	272
De 5 à 10 ans................................	112	153
De 10 à 15 ans...............................	34	50
Plus de 15 ans...............................	46	22
	1000	1000

On voit que les chiffres des deux pays se ressemblent beaucoup. Les légitimations se font pourtant un peu plus tôt dans les Pays-Bas qu'en Belgique. Le Code civil permet la légitimation, soit par acte de mariage, soit par lettres de légitimation ; cette dernière procédure n'a été adoptée que 15 fois sur 100.

Les légitimations à Berlin. — A Berlin la proportion des légitimations est moindre qu'en Belgique et que dans les Pays-Bas et un peu plus forte qu'à Paris :

TABLEAU LIV. — *Pour 1000 naissances vivantes illégitimes, combien d'enfants légitimés.* (BERLIN, 1882-1883.)

Garçons...	213
Filles...	219
Ensemble...............	216

On voit qu'à Berlin, comme ailleurs, on légitime aussi volontiers les filles que les garçons.

Le tableau LV montre à quel âge se font les légitimations :

TABLEAU LV. — BERLIN. — *Sur 1000 enfants légitimés, combien le sont à chaque âge.*

	Garçons.	Filles.
1° Sont nés dans le millésime où ils sont légitimés.	331	323
2° — précédent.......... ..	282	265
3° — —	128	142
4° — —	72	80
5° — —	58	62
6° Sont nés dans un millésime antérieur............	129	128
Totaux......... .	1000	1000

Des reconnaissances à Paris. — Un enfant illégitime peut être reconnu à Paris par son père soit sur son acte de naissance, soit par acte postérieur à l'acte de naissance ; il peut être reconnu simultanément par les deux parents ; enfin il peut n'être reconnu que par sa mère ; dans ce dernier cas, la reconnaissance n'améliore guère la situation de l'enfant dans la majorité des cas.

Le tableau LVI connaître fait le degré de fréquence à Paris de ces différents modes de reconnaissance :

TABLEAU LVI. — *Pour 1000 naissances vivantes illégitimes survenues à Paris :*

	Masc.	Fém.
Combien sont reconnues par le père sur l'acte de naissance......	205	211
Combien sont reconnues par le père postérieurement à l'acte de naissance......	24	15
Combien sont reconnues par les deux parents......	17	15
Total des enfants reconnus par leur père au moins.	246	241
Combien sont reconnus par la mère seulement.....	200	210
Totaux......	446	451

On voit que le sexe de l'enfant n'influe pas plus sur la fréquence des reconnaissances que sur la fréquence des légitimations.

Aux 244 enfants reconnus par leur père au moins, si l'on ajoute les 89 enfants (pour 1000 naissances illégitimes) légitimés sans avoir été reconnus, on trouvera que sur 1000 enfants nés hors mariage il en est 333, c'est-à-dire le tiers, qui trouvent, à une époque plus ou moins avancée de leur existence, l'assistance légale de leur père.

La statistique de France fournit bien le nombre d'enfants reconnus, mais elle ne distingue plus aujourd'hui ceux qui sont reconnus par la mère seulement de ceux qui sont reconnus par le père au moins. Nous avons dit pourquoi cette distinction nous paraît indispensable pour donner au document quelque intérêt.

Les légitimations en France. — Nous étudierons successivement les résultats généraux fournis par la France, puis ceux qu'on observe à Paris et enfin les légitimations dans chaque département français.

En France, pour 1000 naissances illégitimes, on compte 252 enfants légitimés, chiffre un peu inférieur à ceux qu'on observe en Belgique et dans les Pays-Bas. Ce chiffre est un peu plus élevé dans les campagnes (281) que dans les villes (246 dans les villes de plus de 2000 habitants de population agglomérée, mais non compris le département de la Seine).

Sur 1000 mariages en France, il y en a 49 qui sont accompagnés de légitimation de un ou plusieurs enfants. Cette proportion est deux fois moindre dans les campagnes (33) que dans les villes (69 dans les villes ci-dessus définies). La fréquence des légitimations augmente en France depuis l'époque où leur nombre est relevé, c'est-à-dire depuis l'an 1854, ainsi que le montre le tableau LVII :

Il est relativement rare qu'un mariage légitime plus d'un enfant. 100 mariages légitimateurs légitiment en France 123 enfants; cette proportion se retrouve dans presque toutes les parties de la France, elle est un peu moindre dans les campagnes (115) que dans les villes (125). (Voir plus loin.)

Les légitimations à Paris. — Sur 1000 naissances illégitimes survenues à Paris (1), on compte 187 enfants légitimés. La proportion est exactement la même pour les garçons et pour les filles.

TABLEAU LVII. — FRANCE. — *Fréquence des mariages légitimateurs et des enfants légitimés.*

ANNÉES.	Sur 1000 mariages, combien sont légitimateurs d'enfants.	Pour 1000 naissances vivantes illégitimes, combien d'enfants légitimés.
1854	31	132
1855	31	162
Moyenne 1854—1855	**34**	**147**
1856	37	193
1857	36	182
1858	38	184
1859	39	175
1860	41	208
Moyenne 1856—1860	**38**	**189**
1861	43	210
1862	41	211
1863	44	221
1864	45	217
1865	45	216
Moyenne 1861—1865	**44**	**215**
1866	47	239
1867	49	243
1868	50	258
1869	47	256
1870 (2)	45	225
Moyenne 1866—1870	**48**	**245**
1871	51	295
1872	41	254
1873	46	256
1874	46	248
1875	48	268
Moyenne 1871—1875	**46**	**264**
1876	48	258
1877	49	256
1878	50	248
1879	49	255
1880	51	254
Moyenne 1876—1880	**49**	**254**
1881	49	244
1882	51	242
1883	53	250
1884	54	255
1885	56	261
Moyenne 1881—1885	**52**	**251**

(1) Nous ne prenons pour base de notre calcul que les naissances provenant de mères *domiciliées* à Paris; parce que les filles mères de la banlieue qui viennent accoucher dans les hôpitaux de Paris ne peuvent légitimer leurs enfants qu'en se mariant à la mairie de leur domicile.

(2) Les documents relatifs au département de la Seine, c'est-à-dire à la ville de Paris et à sa banlieue pendant l'année 1870, ont été détruits par l'incendie et n'ont pu être compris dans la statistique générale.

Le fait d'avoir été reconnu antérieurement augmente pour un enfant la chance d'être légitimé ultérieurement : Sur 1000 enfants reconnus on en compte 217 légitimés par mariage ultérieur de leurs parents, tandis que sur 1000 enfants non reconnus, on ne compte que 163 enfants légitimés (1).

Les légitimations se font à Paris avec moins de rapidité qu'en Belgique ou que dans les Pays-Bas :

TABLEAU LVIII. — *Sur 1000 enfants légitimés, combien le sont à chaque âge ?*
(PARIS.)

De 0 à 3 mois...............................	53
De 3 mois à 6 mois	73
De 6 mois à 1 an............................	134
De 1 à 5 ans................................	467
De plus de 5 ans...........................	273
	1000

Les chiffres sont sensiblement les mêmes pour les garçons et pour les filles et à peu près les mêmes pour tous les arrondissements de Paris. Ainsi le quart seulement des légitimations se fait dans la première année de la vie, et non le tiers, comme en Belgique (260 au lieu de 304).

On peut exprimer la fréquence des légitimations à Paris en disant que sur 1000 mariages il y en a 103 qui sont accompagnés de légitimation de un ou plusieurs enfants.

En moyenne, chacun de ces derniers mariages légitime 1,4 enfants. Cette proportion est un peu plus élevée dans les arrondissements pauvres que dans les arrondissements plus aisés (1,3 enfants par mariage légitimateur dans les dix arrondissements du centre, et 1,5 dans les dix arrondissements excentriques); cette différence se retrouve pour chacun d'eux considéré isolément.

La fréquence des légitimations varie beaucoup avec chaque arrondissement. En général, les arrondissements du centre (arrondissements relativement aisés) présentent par rapport au nombre des naissances illégitimes moins de légitimations que les arrondissements excentriques, habités en grande partie par la population pauvre (le XVIᵉ arrondissement [Passy] et une partie du XVIIᵉ étant mis à part).

Les arrondissements très populeux de l'est (Buttes-Chaumont, Ménilmontant, Reuilly, Gobelins) sont surtout remarquables par le nombre des légitimations. Il existe une relation très étroite entre la proportion des légitimations et la fréquence des contrats de mariage. On ne fait guère à Paris de contrat de mariage que pour les époux ayant quelque

(1) Toutefois il faut observer que nous calculons le nombre des enfants non reconnus d'après le nombre des naissances diminué des enfants reconnus; or, entre la naissance et la reconnaissance, la mort peut supprimer un certain nombre d'enfants, ce qui abaisse le rapport ci-dessus. Le chiffre de 163 est donc un peu inférieur à la vérité.

fortune. De là vient la relation signalée. Plus il y a de contrats de mariage dans un arrondissement, plus cet arrondissement contient de familles aisées, et moins il y a de légitimations par rapport au nombre des illégitimes.

La proportion des illégitimes par rapport au nombre total des naissances est loin de varier dans les mêmes proportions d'un arrondissement à l'autre. A Paris, le quart environ des enfants sont illégitimes, proportion qui ne saurait être regardée comme très élevée, étant donné qu'il s'agit d'une très grande ville. Cette proportion se retrouve presque la même dans tous les arrondissements, quel que soit leur degré d'aisance. On remarque des proportions plus élevées dans le Ve (Panthéon) et dans le VIe arrondissement (Luxembourg), qui sont habités par un grand nombre d'étudiants et dans le IXe arrondissement (Opéra).

TABLEAU LIX. — **Fréquence des légitimations dans les différents arrondissements de Paris.**

N^{os} des ARRONDIS-SEMENTS.	NOMS des ARRONDISSEMENTS.	Pour 1000 MARIAGES combien de contrats de mariage.	Pour 1000 NAISSANCES vivantes combien d'illégitimes.	Pour 1000 NAISSANCES vivantes illégitimes, combien d'enfants légitimés.	Pour 1000 MARIAGES combien de mariages avec légitimation d'enfant.	100 MARIAGES légitimateurs ont légitimé combien d'enfants.
Ier.....	Louvre	221	296	118	52	149
IIe....	Bourse..............	204	306	106	69	114
IIIe....	Temple	220	252	181	90	125
IVe....	Hôtel-de-Ville........	175	262	204	106	132
V^e....	Panthéon	153	327	132	84	153
VIe....	Luxembourg..........	230	331	88	72	130
VIIe...	Palais-Bourbon	231	211	152	58	131
VIIIe ..	Elysée..............	329	227	180	50	115
IXe....	Opéra..............	301	317	144	68	130
X^e.....	Saint-Laurent........	192	271	158	91	127
XIe...	Popincourt...........	112	265	145	92	145
XIIe...	Reuilly	111	199	303	136	151
XIIIe ..	Gobelins.	62	235	263	157	149
XIVe...	Observatoire.........	160	257	162	102	140
XVe...	Vaugirard	126	220	233	118	154
XVIe ..	Passy..............	248	231	200	72	154
XVIIe..	Batignolles..........	158	287	213	133	138
XVIIIe.	Montmartre..........	65	266	197	122	151
XIXe...	Buttes-Chaumont.....	77	226	297	157	148
XXe ...	Ménilmontant........	72	299	227	168	169
	Paris	163	267	186	103	143

On peut résumer ce tableau en disant que, à Paris, un quart environ des naissances sont illégitimes. La proportion est à peu près la même dans les quartiers riches et dans les quartiers pauvres. Mais dans les quartiers riches, le mal une fois arrivé, on a moins de tendance à le réparer que dans les quartiers pauvres, ce qui tient sans doute à l'inégalité de la condition des deux parents, qui est plus fréquente dans les quartiers riches que dans les quartiers pauvres. Les différences qui les

séparent au point de vue des légitimations sont d'ailleurs peu importantes. En général, le nombre des légitimations à Paris ne correspond
guère qu'au cinquième des naissances illégitimes.

*Répartition géographique en France de la natalité illégitime et de la
fréquence des légitimations.* — Si l'on traduit en cartogramme les chiffres
des tableaux numériques qui concernent les enfants illégitimes dans
les départements français, on trouve les résultats qui suivent : La France se partage au point de vue de la natalité illégitime en deux régions
bien distinctes, que l'on sépare à peu près en tirant une ligne qui, partant des limites de la Normandie et de la Bretagne, soit du Mont Saint-
Michel, se dirigerait vers Lyon et de là gagnerait la ville de Genève.
Dans presque toute la région située au nord-est de cette ligne, les naissances illégitimes sont relativement assez nombreuses (de 20 à 30 naissances illégitimes annuelles pour 1000 femmes non mariées de 15 à
50 ans). Dans presque toute la région située au sud-ouest de cette
ligne, elles sont rares (de 5 à 15 naissances illégitimes annuelles pour
1000 femmes non mariées de 15 à 50 ans). Il n'existe que trois ou quatre
exceptions seulement à chacune des deux règles que je viens de formuler; on peut donc dire qu'elle caractérise bien l'ensemble des 87 départements français.

Si ensuite nous construisons une carte des légitimations en France
(*sur 1000 naissances illégitimes, combien d'enfants légitimés?*), nous obte-
nons une carte identique à la précédente. Même ligne de séparation
partant du Mont Saint-Michel pour aller à Lyon et de là à Genève. Au
nord-est de cette ligne, une forte proportion de légitimations (de 300 à
400 pour 1000 naissances illégitimes). Au sud-ouest, la proportion est
faible (de 100 à 200 légitimations pour 1000 naissances illégitimes).

Ainsi, dans le nord et dans l'est de la France, les habitants commettent plus de naissances illégitimes que dans le midi; mais, la faute
commise, ils la réparent. Dans le midi, dans le centre et surtout en Bretagne, il est vrai qu'ils commettent peu de naissances illégitimes,
mais lorsque la faute est faite, ils ne se soucient pas d'épouser la mère

Les chiffres que j'ai calculés se rapportent à la période 1874-83. Lors
du premier Congrès de démographie à Paris en 1878, on a pu voir à
l'Exposition deux cartes construites l'une par mon père, pour les années
1854-66, l'autre par M. Lafabrègue, et qui présentaient avec les
miennes une très grande analogie. Les lois générales à tirer de ces
deux cartes étaient exactement celles que je viens de formuler, et les
chiffres ressemblaient beaucoup aux miens. La seule différence consiste
en ce que la natalité illégitime a un peu diminué dans presque tous
les départements français.

On peut calculer encore le rapport suivant : *sur 1000 mariages, combien de mariages légitimateurs ?* On peut reprocher à ce rapport de n'être
pas très conforme aux règles du calcul, qui veut que l'on compare l'en-

semble des *effets* à l'ensemble des *causes*, car un mariage non légitimateur ne contribue en rien à *produire* un mariage légitimateur. Ce qui cause un mariage légitimateur, ce sont les gens non mariés ; ils peuvent à leur gré se marier avant ou se marier après avoir eu des enfants. Le rapport qui précède indique dans quelle proportion ils choisissent l'une ou l'autre méthode, mais le rapport rigoureusement logique pour apprécier la fréquence de ces mariages serait de calculer : *sur 1000 mariables, combien de mariages légitimateurs ?* J'ai pourtant préféré calculer *sur 1000 mariages, combien de légitimateurs ?* parce que ce rapport m'a paru résumer d'une façon plus frappante les mœurs d'un pays.

A ce point de vue, il existe une grande différence entre les départements de l'extrême Nord de la France (Nord, Pas-de-Calais, Somme, Aisne, Seine-Inférieure et Seine) d'une part, et tout le reste du pays d'autre part. Dans les cinq départements nommés ci-dessus, un dixième des mariages a pour effet (et sans doute pour cause) la légitimation d'un enfant (et rarement de plusieurs). Dans le reste de la France, les mariages légitimateurs ne forment qu'une fraction beaucoup plus faible de l'ensemble des mariages.

La statistique de France ne relève pas l'âge des enfants légitimés, ce qui rend très délicat le calcul de la mortalité de ces enfants, puisque un certain nombre sont inscrits à leur naissance comme illégitimes, puis, s'ils meurent plus tard, ils sont inscrits comme légitimes, ce qui tend à abaisser artificiellement le taux de la mortalité.

Nous ne pouvons donc pas savoir avec quelle rapidité les parents s'empressent de légitimer leurs enfants.

J'ai essayé d'y parvenir par un détour, en calculant combien 100 mariages légitimateurs légitiment d'enfants. En effet, si les parents s'empressaient tous de légitimer leur enfant avant la première année de sa vie par exemple, nous trouverions que (en faisant abstraction des grossesses doubles) 100 mariages légitimeraient 100 enfants, puisque dans cette hypothèse ils n'auraient pas le temps d'avoir un second enfant. Au contraire, si l'on trouve que 100 mariages légitimateurs légitiment en moyenne 200 enfants, on sera autorisé à croire que la moitié au moins de ces enfants a déjà atteint un âge assez avancé. Sans vouloir exagérer les conclusions à tirer d'un pareil calcul, dont les défauts s'aperçoivent à première vue, je remarque qu'en France 100 mariages légitimateurs légitiment en moyenne 123 enfants ; ce résultat se retrouve approximativement sur toute l'étendue du territoire et n'est sensiblement dépassé qu'à Paris, dans l'Aisne, dans le Loiret et dans la Corse.

J'ai fait remarquer la ressemblance qui existe à Paris entre la fréquence des légitimations et la rareté des contrats de mariage. Dans les arrondissements où les mariages sont souvent précédés d'un contrat (indice d'une certaine fortune) les légitimations sont rares (comparées aux naissances illégitimes) et réciproquement; résultat qui s'explique par ce fait que les contrats de mariage à Paris sont un indice de fortune et que dans les quartiers riches, les deux auteurs d'une naissance illégitime appartiennent à une classe sociale plus souvent différente que dans les quartiers pauvres. Cette remarque m'a conduit à chercher s'il en était ainsi pour le reste de la France et si j'y trouverais une explication de cette division de la France en deux régions déterminées par une ligne allant du mont Saint-Michel à Lyon.

Le cartogramme représentant la fréquence des contrats de mariage dans les départements français confirme en partie la règle observée à Paris. Dans la moitié méridionale de la France, les contrats de mariage sont beaucoup plus fréquents que dans la moitié septentrionale, et surtout que dans les départements de l'Est; ce n'est pas que le Midi soit plus riche que le Nord, mais la fortune y est plus exclusivement agricole, et elle y est plus divisée, aussi la moitié et parfois les deux tiers des mariages sont précédés d'un contrat; or nous avons vu que la fréquence des légitimations est faible dans le Midi de la France. Cette observation confirme donc la règle ci-dessus établie : beaucoup de contrats de mariage, peu de légitimations. Il est vrai que dans le Midi les départements qui bordent la Méditerranée comptent assez peu de contrats de mariage; mais justement ils comptent aussi un peu plus de légitimations que leurs voisins, et l'exception qui les concerne contribue à confirmer la règle générale.

La Bretagne donne un éclatant démenti à la règle que nous essayons d'établir; les enfants illégitimes y sont rarement légitimés, et pourtant ce n'est pas la différence de position sociale de leurs parents qui en est cause, car la fortune y est peu divisée et les contrats de mariage y sont rares.

Peut-être peut-on résumer ce qui précède en disant que, toutes choses égales d'ailleurs, dans les pays où la fortune foncière est très divisée (ce qui se traduit par des contrats pour un grand nombre de mariages), les légitimations d'enfants sont plus rares que dans les pays où une grande partie du peuple n'a rien. En Bretagne, il semble que la rareté des légitimations doive être attribuée à d'autres causes.

VII. **De la gémellité.** — Mon père appelle *gémellité* le rapport suivant : *sur 1000 grossesses, combien de grossesses doubles ?*

Si l'on appelle N le nombre des enfants nés (mort-nés compris), et que l'on appelle g le nombre des jumeaux vivants ou mort-nés (2 $g =$ une paire de jumeaux), le rapport que nous appelons *gémellité* s'exprimera de la manière suivante :

$$\frac{\dfrac{g}{2}}{N - \dfrac{g}{2}}$$

Le tableau LX indique la gémellité dans différents pays (Bertillon père, *Bull. de la Soc. d'anthropologie*, 2 avril 1874).

TABLEAU LX. — **Sur 1000 grossesses, combien de :**

PAYS.	PÉRIODES observées.	GROSSESSES	
		DOUBLES.	TRIPLES.
France......................	1858—1868	9.9	0.12
Belgique.....................	1865—1874	9.7	0.10
Pays-Bas....................	1865—1873	13.1	»
Italie........................	1865—1873	11.4	0.14
Prusse......................	1868—1874	12.5	0.14
Autriche.....................	1851—1870	11.9	0.18
Galicie......................	1851—1870	12.5	0.19
Hongrie	1851—1859	13.0	0.17
Finlande	1851—1856	14.9	0.02
Suède	1859—1868	14.5	»
Norvège.....................	1865—1873	12.0	0.16
Danemark....................	1851—1870	14.2	0.16

On voit qu'il existe entre les différents pays des différences assez considérables. On peut les rattacher à la race qui les habite. En France et en Belgique, la gémellité est à son minimum; elle est un peu plus élevée en Italie. Les pays allemands, la Hongrie et la Finlande (race ouralienne) ont des chiffres plus élevés. Enfin les Scandinaves ont la gémellité maxima.

La gémellité ne varie pas dans le même pays d'une année à l'autre, même si le nombre des observations est très petit. C'est ce que montre notamment le tableau LXI :

TABLEAU LXI. — **Sur 1000 grossesses, combien de grossesses doubles?**

ANNÉES.	FRANCE.	BELGIQUE.	PRUSSE.	FINLANDE.	SUÈDE.
1859..........	10.4	»	»	14.8	»
1860..........	10.0	»	»	15.4	»
1861..........	10.4	»	»	14.5	»
1862..........	9.9	9.9	12.1	14.9	14.7
1863..........	10.2	9.2	12.5	15.8	14.0
1864..........	10.3	9.5	13.0	15.3	13.6
1865..........	10.2	9.5	12.5	15.1	13.4
1866..........	9.8	9.4	12.4	14.4	13.9
1867..........	9.6	10.2	13.0	14.4	14.8
1868..........	9.7	9.9	12.0	14.6	14.3
1869..........	9.5	9.5	13.0	»	14.5
1870..........	8.4	9.4	13.1	»	14.9
1871..........	9.1	9.6	12.0	»	14.4
1872..........	9.8	9.8	»	»	14.1
1873..........	9.6	9.9	12.8	»	14.7
1874..........	9.9	9.7	12.2	»	»

Il semble pourtant que le temps ne soit pas sans influence sur la gémellité, mais il n'agit qu'avec une grande lenteur, et c'est en Suède seulement que cette statistique est assez ancienne pour qu'on puisse constater quelque variation :

TABLEAU LXII. — SUÈDE. — *Sur 1000 grossesses, combien de grossesses multiples?*

1776—1780	17.8	1826—1830	15.3
1781—1785	17.4	1831—1835	15.4
1786—1790	17.6	1836—1840	14.1
1791—1795	17.7	1841—1845	13.6
1796—1800	17.3	1846—1850	13.9
1801—1805	16.7	1851—1855	13.7
1806—1810	16.2	1856—1860	14.9
1811—1815	16.9	1861—1865	14.1
1816—1820	15.4	1866—1870	14.4
1821—1825	14.9	1871—1875	14.8

Les grossesses doubles sont à peu près aussi fréquentes parmi les naissances illégitimes que parmi les légitimes. Ainsi en Danemark, l'un des pays où la gémellité est la plus forte, ce rapport s'est élevé en 1860-69, à 14,2 pour les légitimes et 13,6 pour les illégitimes. Le tableau suivant montre le même fait pour les principales provinces de l'Autriche, c'est-à-dire pour des pays habités par les races les plus diverses :

TABLEAU LXIII. — AUTRICHE (1881-82). — **Sur 1000 grossesses, combien de grossesses doubles?**
(Mort-nés inclus.)

PROVINCES.	LÉGITIMES.	ILLÉGITIMES.
Basse-Autriche	11.9	10.3
Haute-Autriche	12.5	10.6
Styrie	14.5	12.9
Carinthie	14.3	12.2
Bohême	11.6	11.6
Moravie	11.9	11.9
Gallicie	11.3	11.7
Autriche cisleithane	11.5	11.6

Il est très intéressant de calculer la fréquence des garçons et des filles parmi les jumeaux. Une grossesse double étant composée de deux enfants A et B, quatre cas (1) peuvent se présenter :

1° A peut être un garçon et B une fille;
2° A peut être un garçon et B aussi;

(1) On a dit que trois cas seulement pouvaient se présenter. C'est une erreur. Il en est de même au jeu de pile ou face : lorsqu'on jette 2 sous en l'air, quatre cas peuvent se présenter : 1° pile et face ; 2° pile et pile ; 3° face et pile ; 4° face et face. La probabilité de chacun de ces événements est $\frac{1}{2} \times \frac{1}{2} = \frac{1}{4}$. C'est un petit problème élémentaire de calcul des probabilités qui se trouve éclairci dans tous les traités.

3° A peut être une fille et B un garçon;

4° A peut être une fille et B aussi.

S'il n'existait pas, dans les grossesses doubles, de causes spéciales favorisant plutôt une combinaison qu'une autre, chacun de cet événement serait également probable, et l'on aurait pour 100 grossesses doubles, les chiffres suivants (1) :

2e cas..........	Deux garçons.........	25	—
4e cas..........	Deux filles.............	25	—
1er cas + 3e cas.	Garçon et fille.........	50 grossesses.	
	Total.............	100 grossesses.	

Or il n'est ainsi dans aucun pays. Les naissances *uni-sexuées* sont toujours plus nombreuses que ne le laissait supposer le calcul des probabilités :

Ainsi, en France, on trouve :

Sur 100 grossesses doubles :

Deux garçons....................................	33.5
Deux filles......................................	31.6
Garçon et fille.................................	34.9
	100.0

Il résulte de ces chiffres que parmi les jumeaux, la proportion des garçons est un peu plus faible (104 pour 100 filles) que parmi les autres enfants (106 pour 100 filles).

Confondant les deux premiers cas sous le nom de grossesses unisexuées, on trouve les chiffres suivants :

TABLEAU LXIV. — **Composition des grossesses doubles.**

PAYS.	PÉRIODE observée.	Sur 1000 GROSSESSES combien de grossesses doubles ?	SUR 1000 GROSSESSES DOUBLES combien de grossesses	
			UNISEXUÉES (2 garçons ou 2 filles).	BISEXUÉES (1 garçon et 1 fille).
France..............	1858—1868	10.0	65.1	34.9
Italie.	1868—1870	10.4	64.3	35.7
Prusse.............	1859—1867	12.5	62.5	37.5
Autriche...........	1851—1870	11.9	62.0	38.0
Galicie.............	1851—1859	12.5	62.4	37.6
Hongrie............	1851—1869	13.0	61.3	38.7

(1) Nous supposons ici pour simplifier ce raisonnement, que la naissance d'un garçon et celle d'une fille sont également probables, ce qui n'est pas tout à fait exact; comme il naît 106 garçons pour 100 filles, la probabilité de chaque combinaison (s'il n'existait pas dans les grossesses doubles de causes spéciales favorisant plutôt une combinaison qu'une autre), serait :

Garçon et fille	50.0
Deux garçons	26.6
Deux filles......................................	23.4
Total.................	100.0

On voit que partout les grossesses unisexuées (qui ne devraient constituer que 50 pour 100 des grossesses doubles) sont plus nombreuses
que ne l'indiquait le simple calcul des probabilités. Il existe donc une
cause spéciale et inconnue qui fait que deux enfants qui naissent ensemble ont plus de chance d'être de même sexe que s'ils naissaient
séparément.

Cette cause existe dans tous les pays, mais elle n'agit pas dans tous
avec la même énergie, puisque nous voyons par le tableau LXIV
qu'elle est plus efficace en France (65) ou en Italie (64) qu'en Prusse (62),
en Autriche (62) ou en Hongrie (61).

Or l'énergie d'action de cette cause inconnue est très constante dans
un pays donné, ce qu'on voit par les chiffres suivants :

TABLEAU LXV. — **Sur 100 grossesses doubles, combien sont unisexuées**
(C'est-à-dire composées de 2 garçons ou de 2 filles) ?

ANNÉES.	FRANCE.	PRUSSE.	ANNÉES.	HONGRIE.
1858...............	65.4	»	1851...............	61.4
1859...............	64.5	62.1	1852...............	61.2
1860...............	65.8	62.6	1853...............	60.9
1861...............	65.1	62.8	1854...............	62.4
1862...............	64.9	62.1	1855...............	59.5
1863...............	65.0	62.5	1856...............	61.7
1864...............	64.9	62.6	1857...............	60.9
1865...............	64.1	62.2	1858...............	63.2
1866...............	65.9	62.6	1859...............	60.7
1867...........	65.2	62.9		
1868...............	65.5	»		
Moyenne..........	65.1	62.5	Moyenne.........	61.3

On voit que les chiffres les plus faibles de la France sont plus forts
que les plus forts de Prusse ou de Hongrie, et qu'entre ces deux pays
même, il existe des différences assez constantes.

Les gynécologistes enseignent que les jumeaux naissent tantôt dans
des enveloppes spéciales à chacun d'eux, tantôt (dans des cas plus rares)
dans des enveloppes communes. D'autre part on sait que les monstres
doubles (qui nécessairement sont des jumeaux contenus dans des enveloppes communes) sont toujours composés de deux individus de même
sexe.

Les auteurs sont muets sur la question de savoir si les jumeaux contenus dans les mêmes enveloppes sont toujours de même sexe. Si cela
était établi, et si l'on avait fixé numériquement la fréquence des naissances doubles où les jumeaux sont contenus dans des enveloppes
communes, on pourrait vérifier si là n'est pas le secret de la prédominance des naissances unisexuées ; peut-être, en effet, pourrait-on établir

les règles suivantes : les grossesses doubles où les jumeaux sont contenus dans des enveloppes communes (et proviennent vraisemblablement
d'un seul germe dédoublé), sont toujours unisexuées. Les autres, celles
où les deux jumeaux sont contenus chacun dans des enveloppes spéciales (et où ils proviennent vraisemblablement de deux germes différents), obéissent aux lois communes du calcul des probabilités et sont
dans 50 cas sur 100 unisexuées, et dans 50 cas bisexuées.

Jusqu'à présent, ce sont là des explications purement hypothé-
tiques.

Mortinatalité des jumeaux. — Cette étude nous ménage de nombreuses
surprises. On s'explique aisément que la mortinatalité des jumeaux soit
beaucoup plus élevée que celle des enfants nés d'une grossesse simple,
puisque l'accouchement est pour eux beaucoup plus laborieux. Il est
remarquable que les jumeaux illégitimes sont soumis à une mortinatalité beaucoup plus forte que les jumeaux légitimes. C'est ce qui résulte
des chiffres suivants :

TABLEAU LXVI. — PAYS-BAS (1850-1859). — *Sur 1000 enfants nés, combien de*
mort-nés ?

		Enfants nés seuls.	Enfants jumeaux.
Légitimes..	Garçons	53	125
	Filles	44	107
Illégitimes.	Garçons	89	225
	Filles	83	191

En Autriche, la mortinatalité observée est très faible ainsi que nous
l'avons déjà remarqué. La mortinatalité des jumeaux n'en est pas moins
très supérieure à celle des autres enfants :

TABLEAU LXVII. — AUTRICHE (1881-1882). — *Sur 1000 jumeaux, combien de mort-nés?*

	Légitimes.	Illégitimes.
Basse-Autriche	78	98
Haute-Autriche	57	88
Styrie	68	130
Bohême	55	80
Moravie	34	62
Gallicie	43	64
Autriche cisleithane	49	79

Il résulte des statistiques autrichiennes et des statistiques parisiennes
que la composition sexuelle des grossesses doubles exerce une influence très étrange, très inexplicable, mais très constante sur la vitalité
des jumeaux : *les grossesses composées de deux garçons subissent de plus*
grands dangers que les grossesses composées de deux filles, ce qui peut
encore s'expliquer, puisque les garçons ont toujours une mortinatalité
plus grande que les filles. Mais ce qui ne s'explique pas, c'est que *les*
grossesses composées d'un garçon et d'une fille sont exposées à moins de

dangers que les autres. Cette règle se retrouve dans toutes les provinces de l'Autriche où les chiffres sont suffisamment élevés pour permettre de calculer des rapports sérieux.

TABLEAU LXVIII. — **Sur 1000 jumeaux légitimes, nés de grossesses de chaque catégorie, combien de mort-nés (1881-1882)?**

PROVINCES.	GROSSESSES COMPOSÉES		
	de deux garçons.	de deux filles.	d'un garçon et d'une fille.
Basse-Autriche.....................	103	82	55
Bohême...........................	65	60	41
Moravie...........................	47	34	21
Galicie............................	54	47	32
Autriche cisleithane................	59	52	37

On voit la grande régularité de cette loi bizarre. L'illégitimité la respecte (tableau LXIX), mais en grossissant uniformément tous les chiffres :

TABLEAU LXIX. — **Sur 1000 jumeaux illégitimes, nés de grossesses de chaque catégorie, combien de mort-nés (1881-1882)?**

PROVINCES.	GROSSESSES COMPOSÉES		
	de deux garçons.	de deux filles.	d'un garçon et d'une fille.
Basse-Autriche.....................	105	118	72
Bohême...........................	101	80	50
Galicie............................	83	65	48
Autriche cisleithane................	94	86	60

La ville de Paris m'a fourni des résultats analogues. En Bavière, les chiffres sont contradictoires :

TABLEAU LXX. — **Sur 1000 jumeaux nés de chaque catégorie de naissances, combien de mort-nés ?**

	GROSSESSES COMPOSÉES			TOTAL des GROSSESSES doubles.
	de deux garçons.	de deux filles.	d'un garçon et d'une fille.	
PARIS, 1880-1884 :				
Légitimes................	222	131	120	169
Illégitimes...............	281	213	125	260
BAVIÈRE, 1876-1878 :				
Légitimes................	68	48	66	»
Illégitimes...............	104	84	80	»

L'explication de ce résultat singulier ne peut être qu'hypothétique. Si l'on admet l'explication hasardée donnée plus haut pour rendre compte de la sexualité dans les grossesses gémellaires, on pourra se demander si les individus de même sexe qui se partagent les éléments de vie que peut recéler un seul ovule, peuvent y trouver une vitalité égale à celle des enfants nés d'ovules distincts.

§ 3. — Mortinatalité.

I. **Définition.** — On appelle *mortinatalité* (1) le rapport suivant : *sur* 1000 *naissances (mort-nés inclus), combien de mort-nés ?*

L'étude de la fréquence des mort-nés offre, au point de vue de l'hygiène et de la démographie, un intérêt qu'on ne soupçonne pas toujours au premier abord et qui vient de ce que la mortinatalité d'une catégorie d'enfants ressemble toujours à sa mortalité pendant les premiers mois, et de ce qu'elle est en outre d'une étude généralement plus facile.

Une grave difficulté cependant se présente dès qu'on veut comparer entre elles la mortinatalité des différents peuples. On trouve entre eux des différences considérables qui tiennent surtout à des différences dans la façon de définir le mot *mort-né*.

En France et en Belgique, on appelle mort-né tout enfant mort avant d'avoir été inscrit sur le registre des actes de naissance. Cette définition est très vague, car la loi donne aux parents trois jours pour déclarer la naissance d'un enfant; si la naissance est déclarée le premier jour, et que l'enfant meure par exemple, le lendemain, il n'est pas compté comme mort-né; mais si la déclaration de naissance a été différée et que l'enfant meure dans le troisième jour, il est compté comme mort-né. En Belgique on a distingué longtemps les enfants inscrits comme mort-nés selon qu'ils étaient morts avant, pendant ou après l'accouchement. On a trouvé ainsi que sur 100 enfants inscrits comme mort-nés, il y en a 22 qui sont morts après l'accouchement et qui ne doivent pas, en termes de médecine légale, être considérés comme morts-nés. Ce sont eux que mon père a appelés *faux mort-nés*. Il est probable que leur proportion est la même en France qu'en Belgique. — Dans les Pays-Bas, la règle suivie est analogue à celle de France et de Belgique; la statistique évite le mot mort-né qui lui paraît sans doute trop exact pour s'appliquer au chiffre des *levenloos angegeven*, c'est-à-dire des déclarés sans vie. — En Italie, la définition statistique diffère de la définition légale : la loi appelle mort-nés les enfants morts avant l'inscription sur le registre des naissances, et cette définition est plus vague qu'en France parce que la loi accorde 5 jours pour déclarer la naissance. Mais la statistique ne compte comme mort-nés que les enfants morts

(1) Ce mot a été créé par mon père (*Dict. enc. des sc. méd.*, art. MORT-NÉ).

avant d'avoir respiré. — En Roumanie, on ne doit inscrire comme mort-nés que les enfants qui sont venus au monde sans vie, et encore faut-il qu'ils aient au moins six mois de vie intra-utérine, car les avortons ne sont pas inscrits. On a 3 jours pour déclarer les naissances. Dans la pratique, ces règles sont mal observées. — En Suisse, la loi fédérale entrée en vigueur le 1er janvier 1876 appelle mort-né, l'enfant mort avant sa naissance, ou sans avoir respiré. La statistique adopte à peu près la même définition (morts avant ou pendant l'accouchement). Ces règles sont médiocrement appliquées. — En Allemagne et spécialement en Prusse, une loi de l'empire du 6 février 1875 appelle mort-né l'enfant qui est né sans vie, ou qui est mort pendant l'accouchement, et prescrit qu'il soit déclaré dans les deux jours. — En Bavière, la statistique royale déclare que les parents catholiques font souvent baptiser les enfants qui meurent, ou sont présumés mourir pendant l'accouchement, et ces enfants ne sont pas déclarés comme mort-nés. De là vient que la mortinatalité s'élève en ce pays à 31 parmi les catholiques et à 44 parmi les protestants. — En Saxe et à Bade, on considère comme mort-nés les enfants morts avant d'avoir respiré. — En Autriche, la proportion des mort-nés est extrêmement faible; on suppose que cela est dû à ce que leur enregistrement est confié aux prêtres; les mort-nés ne devant pas recevoir les bénédictions de l'église on les considère souvent comme ayant reçu un baptême de nécessité, et dans ce cas on les inscrit non comme mort-nés, mais comme ayant vécu très peu de temps. Dans plusieurs provinces autrichiennes et notamment en Croatie-Slavonie, les registres de mort-nés sont mal tenus. — En Suède et en Norvège, on appelle mort-nés les enfants morts avant ou pendant l'accouchement et sans avoir respiré. En Finlande, définition analogue. — En Danemark, on entend par mort-né un fœtus de 6 mois 1/2 au moins, et qui est venu au monde sans avoir respiré. Si le nouveau-né vit quelques instants ou quelques heures, il est compté comme né mort avant les 24 heures et ne figure pas parmi les vrais mort-nés. — En Angleterre, en Écosse, en Irlande, les mort-nés ne sont pas comptés.

II. **Loi de la mortinatalité.** — On voit qu'on ne peut pas comparer avec sûreté la mortinatalité de nations différentes. Toutefois, lorsque des omissions se produisent, il faut croire qu'elles pèsent également sur toutes les catégories de mort-nés, car toujours on observe les règles suivantes :

1° La mortinatalité des garçons l'emporte sur celle des filles

2° La mortinatalité des illégitimes l'emporte sur celle des légitimes;

3° Cet excès de mortinatalité qu'entraîne l'illégitimité est supporté par les filles plus encore que par les garçons.

4° L'illégitimité fait sentir sa funeste influence sur toutes les catégories d'enfants. Par exemple la mortinatalité des jumeaux, déjà double de celle des autres enfants, augmente encore lorsque ces jumeaux sont illégitimes.

Pour mieux mettre en évidence la différence de la mortinatalité des légitimes et de celle des illégitimes nous avons fait le calcul suivant : *la mortinalité des légitimes étant* 100, *que devient celle des illégitimes ?* On voit ainsi qu'en France cette différence est plus grande que dans aucun des pays où la statistique des mort-nés est satisfaisante.

TABLEAU LXXI. — **Mortinatalité des légitimes et des illégitimes comparée dans divers pays de l'Europe.**

PAYS.	PÉRIODE d'observa-tion.	SUR 1000 NAISSANCES de chaque catégorie (mort-nés inclus), combien de mort-nés ou déclarés tels :			LA MORTI-NATALITÉ des légitimes étant 100, celle des illégitimes est
		LÉGITIMES.	ILLÉGITIMES	ENSEMBLE.	
I. — *Pays dans lesquels la recherche de la paternité est interdite :*					
France.......................	1878—82	41.7	78.1	44.4	189
Alsace-Lorraine...............	»	35.9	52.8	37.1	147
Belgique.....................	»	43.3	58.4	44.5	135
Pays-Bas.....................	»	49.6	81.0	50.6	163
*Italie.......................	»	30.3	40.4	31.1	133
*Roumanie...................	»	10.8	28.5	11.6	264
II. — *Pays dans lesquels la recherche de la paternité est permise :*					
*Suisse (1)......	»	37.2	62.4	38.4	168
*Allemagne (1)...............	»	37.7	48.5	38 7	129
* Prusse (1)................	»	39.0	53.8	40.2	138
* Saxe.....................	»	38.3	46 6	39.4	122
*Thuringe................	»	37.6	52.0	39.1	138
Bavière..................	»	33.2	36 4	33.6	110
Wurtemberg..............	»	36.7	39.6	37.0	108
*Bade....................	»	30.0	36.2	30.4	121
Autriche cisleithane...........	»	23.9	37.7	25.9	158
Hongrie..................	»	14.1	29.6	14.9	210
Croatie-Slavonie.............	»	11.9	29.9	12.5	251
*Finlande................	»	26.5	46.2	26.5	174
*Suède.................	»	27.5	36.9	28.5	134
*Norvège.................	»	31.6	50.1	33.1	158
*Danemark................	»	29.6	37.1	29.4	125
Massachusetts.............	»	»	»	29.8	»
Vermont.................	1872—76	»	»	28.3	»
Connecticut.............	1878—82	»	»	24.6	»
Rhode-Island.............	1882—83	»	»	35.0	»

(1) La recherche de la paternité est interdite dans quelques parties de ce pays.

Nous marquons d'un astérisque les pays dans lesquels la définition officielle du mort-né se rapproche de la définition médico-légale : *enfant viable* (plus de six mois de vie intra-utérine, ou 25 centimètres de long), *mort sans avoir respiré.*

Mortinatalité suivant l'âge de la mère. — On a attribué quelquefois l'excès de la mortinatalité illégitime à ce fait, déjà constaté plus haut, que les illégitimes sont généralement des premiers nés, parce que la mère, avertie par ce premier malheur, se marie ou bien s'abstient le plus souvent de s'exposer à de nouvelles couches. Or, il est certain que chez les primipares l'accouchement est plus long et plus douloureux que chez les pluripares, peut-être est-il aussi plus dangereux chez elles.

La statistique des premiers nés faite en Autriche en 1851 permet de distinguer la mortinatalité des premiers nés de celle des puînés, aussi bien pour les illégitimes que pour les légitimes.

Voici les résultats que ce calcul m'a donnés. On y verra que la funeste influence exercée par l'illégitimité s'exerce sur les puînés aussi bien que sur les aînés. On reconnaîtra aussi que les aînés sont loin d'avoir une mortinatalité supérieure à celle de l'ensemble de leurs cadets.

TABLEAU LXXII. — *Sur 1000 naissances de chaque catégorie (morts-nés compris), combien de morts-nés.*
(EMPIRE D'AUTRICHE, 1851.)

	Légitimes.	Illégitimes.
Premiers-nés	12.7	26.3
Puînés............................	12.8	30.5
	12.75	28.6

Il semble résulter de ces chiffres que l'excès de la mortinatalité ne résulte pas de ce que les illégitimes sont souvent premiers-nés et que cette circonstance ne paraît même pas leur être défavorable.

Les chiffres qui précèdent exciteront probablement la surprise, car lorsque la mère est trop mal conformée pour pouvoir accoucher, son enfant succombe le plus souvent avec elle à l'accouchement qui, dans ce cas, reste nécessairement le premier et unique. Il semble donc que le premier accouchement devrait — pour ce motif et pour d'autres encore — présenter un chiffre de mortinatalité plus élevé que les suivants. Cependant les chiffres qui précèdent peuvent être considérés comme l'expression de la vérité. L'excellente statistique de la ville de Berlin jette sur ces chiffres une vive lumière et les explique parce qu'elle permet de calculer la mortinatalité des enfants légitimes selon leur ordre de primogéniture. Voici les résultats de ce calcul instructif :

TABLEAU LXXIII. — *Sur 1000 naissances légitimes de chaque catégorie, combien de morts-nés.*
(VILLE DE BERLIN, 1879-1883.)

		Garçons.	Filles.	Ensemble.
1er enfant..................		43.1	34.1	38.7
2e —	....	30.6	26.5	28.6
3e —	....	29.5	24.5	27.0
4e —	....	34.0	27.0	30.5
5e —	....	34.7	29.6	32.2
6e —	....	39.5	31.2	35.4
7e —	....	44.6	31.7	38.5
8e —	....	44.5	34.9	39.7
9e —	....	50.8	44.0	47.5
10e —	et suivants..........	60.4	46.9	53.6
Ensemble......		39 0	31.7	35.3

On voit que le premier accouchement est à vrai dire plus dangereux pour l'enfant que le second, et même le second paraît un peu plus dangereux que le troisième. Mais à partir du quatrième, la mortinatalité va sans cesse en augmentant petit à petit et très régulièrement. Ces lois sont également vraies pour les deux sexes.

Cette augmentation de la mortinatalité à partir du 3e accouchement est tout à fait inattendue. Mais la statisti, e berlinoise nous en donne l'explication : c'est que la mortinatalité est en rapport avec l'âge de la mère. Plus elle est âgée (c'est presque forcément le cas lorsqu'il s'agit du 4e ou du 5e accouchement) et plus ses enfants sont débiles; s'il s'agit de naissances illégitimes, les chiffres sont en outre multipliés par un facteur constant.

Tableau LXXIV. — *Pour 1000 naissances (mort-nés compris) de chaque catégorie, combien de morts-nés.*

(Ville de Berlin, 1879-1883.)

Age des parturientes.	Légitimes.	Illégitimes.
De 15 à 20 ans.....................	29.8	43 6
De 20 à 25 —	27.7	52.7
De 25 à 30 —	31.5	59.3
De 30 à 35 —	33.7	63.6
De 35 à 40 —	43.0	56.5
De 40 à 45 —	50.9	69.1
De 45 à 50 —	67.0	»
Ensemble............	35.3	58.6

On voit que, à chaque âge, la mortinatalité des illégitimes l'emporte sur celle des légitimes, même à l'âge de 15 à 20 ans, où la majorité des uns et des autres sont sans doute des premiers-nés (1).

Au point de vue que nous considérons ici, il résulte des chiffres qui précèdent que la primogéniture des illégitimes ne suffit pas pour expliquer l'excès constant de leur mortalité.

Excès de la mortinatalité illégitime en France. — En France, la mortinatalité illégitime est presque double de la légitime, augmentation considérable qui ne se retrouve en aucun pays de l'Europe.

Ces chiffres, très comparables à ceux que mon père a calculés pour des périodes plus anciennes, nous montrent :

1° Que la mortinatalité est plus grande dans la Seine (c'est-à-dire à Paris) que dans les autres villes et plus grande dans celles-ci que dans les campagnes.

---

(1) Cette assertion ne me paraît pas trop hardie; cependant on remarquera qu'il existe une grande différence entre la mortinatalité (29,8) des enfants légitimes nés à cet âge de leur mère et celle (38,7) de l'ensemble des premiers-nés, et cette différence est d'autant plus remarquable que les deux chiffres viennent du même document. Cette différence semble indiquer que lorsque la mère est très jeune, le premier accouchement ne présente pas pour l'enfant les mêmes dangers que lorsque le squelette de la mère est plus complètement ossifié et suturé.

TABLEAU LXXV. — **Pour 1000 naissances de chaque catégorie (morts-nés inclus), combien de morts-nés.**

(FRANCE, 1874-1883)[1].

	LÉGITIMES.			ILLÉGITIMES.			LA MORTINATALITÉ des filles étant 100, celle des garçons devient		LA MORTINALITÉ des légitimes étant 100, celle des illégitimes devient
	Masc.	Fém.	Total.	Masc.	Fém.	Total.	Légit.	Illég.	
	1	2	3	4	5	6	7	8	9
Département de la Seine.........	67.5	53.5	60.6	91.5	79.4	85.5	126	115	141
Population urbaine (moins la Seine).	53.0	41.1	47.8	88.8	76.4	82.7	129	116	173
Population rurale..	44.1	30.0	37.3	75.5	61.4	68.6	147	123	184
France.......... .	48.2	34.6	41.7	84.1	71.5	78.0	139	118	187

2° Que la mortinatalité des garçons l'emporte de beaucoup sur celle des filles, et cela surtout dans les campagnes.

3° Que l'illégitimité élève toujours la mortinatalité, quel que soit le sexe et l'habitat, mais que sa funeste influence a (proportionnellement à la mortinatalité légitime) plus d'action dans les campagnes que dans les villes et surtout qu'à Paris (voir col. 9), et plus d'action sur les filles que sur les garçons (comparer col. 7 et col 8).

De la mortinatalité des illégitimes à chaque âge du fœtus. — On a souvent agité la question de savoir si c'est le crime ou si c'est la misère de la mère qui cause cette forte mortinatalité des illégitimes. Les médecins ont généralement une tendance à croire que la misère de la mère n'a pas d'influence notable sur le produit de la conception. J'ai cité lors du Congrès de démographie de La Haye quelques chiffres qui me paraissent contraires à cette opinion et que je vais fortifier par quelques données plus récentes.

La famine effroyable qui a pesé sur la Finlande pendant les fatales années 1866-67 a augmenté le nombre des morts-nés, prouvant ainsi que la misère exerce une action nuisible sur le produit de la conception. — La misère de la mère peut donc influer sur la vitalité du fœtus.

---

(1) Il n'échappera pas au lecteur que si (col. 9) le chiffre moyen de la France n'est pas intermédiaire entre les trois catégories de population, cela vient de ce que la population rurale donne la grande masse des nés et morts-nés légitimes, tandis que la population urbaine donne la majorité des morts-nés illégitimes. La mortinatalité des villes étant sensiblement plus élevée que celle des campagnes, l'écart moyen de la France s'en trouve augmenté d'autant.

La statistique parisienne nous montrera si c'est bien à ce facteur qu'il faut attribuer l'excès des morts-nés illégitimes.

La mortinatalité, ainsi que nous l'avons déjà remarqué, est très forte à Paris, tant pour les légitimes que pour les illégitimes. Pour ceux-ci, à Paris comme ailleurs, elle est plus forte encore que pour les légitimes. Cet excès de la mortinatalité illégitime se fait sentir à toutes les époques de la grossesse.

TABLEAU LXXVI. — **Sur 1000 grossesses de chaque durée, combien d'avortements.**

(PARIS.)

DURÉE DE LA GROSSESSE.	LÉGITIMES.		ILLÉGITIMES.		ENSEMBLE.	
	1880-82.	1884-86.	1880-82.	1884-86.	1880-82.	1884-86.
0 à 4 mois...............	3	3	3	3	3	3
4 à 5 —	6	6	8	7	6	6
5 à 6 —	10	10	15	14	11	11
6 à 7 —	13	14	22	22	15	16
7 à 8 —	11	11	17	15	12	12
8 à 9 —	29	26	32	24	29	25
De 0 à 9 mois...........	68	68	92	81	75	71.5

Ce petit tableau (1) nous montre déjà que s'il faut attribuer au crime l'excès de la mortinatalité illégitime sur la mortinatalité légitime à Paris, il faut donc admettre que l'avortement provoqué et l'infanticide y contribuent dans une égale proportion; ce résultat mérite d'être remarqué au passage.

La statistique parisienne fait inscrire sur les bulletins des morts-nés si l'enfant est mort avant ou après avoir respiré, renseignement que la percussion de la poitrine révèle sans difficulté. Cette donnée est fournie pour les légitimes et pour les illégitimes. Nous pouvons l'utiliser pour la recherche qui nous occupe. Il est bien rare en effet et presque impossible qu'un enfant qu'on assassine à sa naissance n'ait pas respiré. Donc si le crime est un facteur important de la mortinatalité illégitime, nous trouverons parmi les mort-nés illégitimes une proportion d'enfants ayant respiré plus forte que parmi les légitimes.

Voyons s'il en est ainsi. Le tableau suivant nous donne même ce renseignement pour chacun des âges de la grossesse.

On voit qu'entre les légitimes et les illégitimes il n'y a pas de différence et que des résultats tout à fait analogues se retrouvent dans chacune des périodes étudiées. Ainsi la fréquence des mort-nés reste plus forte parmi les illégitimes à chaque âge de la grossesse, mais la pro-

(1) Il est à peine nécessaire de dire que les renseignements relatifs aux quatre ou cinq premiers mois de la grossesse sont très incomplets.

portion des enfants qui ont respiré avant de mourir est toujours la même pour les deux états civils (sauf une légère différence pendant le 5e mois).

TABLEAU LXXVII. — **Sur 100 enfants inscrits comme morts-nés de chaque catégorie d'âge et d'état civil, combien avaient respiré avant de mourir.**

(PARIS.)

	LÉGITIMES.		ILLÉGITIMES.	
	1880-82.	1884-86.	1880-82.	1884-86.
De 5 à 6 mois......................	30	27	23	25
De 6 à 7 —	33	30	32	30
De 7 à 8 —	29	20	25	21
De 8 à 9 —	17	16	17	17

Ce fait semble bien indiquer que le crime n'intervient pas — ou du moins qu'il n'intervient pas pour une part prépondérante — dans la fréquence des morts-nés illégitimes. Il faut aussi remarquer la régularité et la constance des chiffres du tableau qui précède, les chiffres des deux colonnes restant sans cesse à peu près égaux et subissant des variations parallèles. Il résulte de ces chiffres que la même règle s'applique aux deux états civils : pour les légitimes comme pour les illégitimes, la fréquence des morts-nés qui ont respiré avant de mourir diminue à mesure que l'on considère des fœtus plus avancés en âge. Si une cause artificielle, telle que le crime, intervenait dans la production des morts-nés illégimes, elle ne pourrait manquer de brouiller la ressemblance des chiffres.

Enfin une **dernière considération** nous fera incliner à croire que, à Paris du moins, c'est la misère des filles-mères qui contribue surtout à augmenter la mortinatalité de leurs enfants. C'est que les femmes légitimes, lorsqu'elles sont pauvres, présentent une mortinatalité tout aussi élevée que les filles-mères.

C'est ce que l'on remarque lorsque l'on considère à part les naissances survenues hors domicile (chez les sages-femmes ou à l'hôpital).

On voit ainsi que les femmes mariées assez pauvres pour aller accoucher à l'hôpital ont une mortinatalité considérable :

On voit que ces différences se sont reproduites avec constance. Ce n'est pas à l'atmosphère de l'hôpital que l'on peut attribuer cette forte mortinatalité ; il est donc permis peut-être de l'attribuer à la misère physiologique des femmes qui viennent y accoucher. On peut faire pourtant une objection très sérieuse, c'est que très souvent l'hôpital recueille des femmes dont l'accouchement est laborieux et dont les sages-femmes ont dû refuser de se charger.

TABLEAU LXXVIII. — **Sur 1000 naissances de chaque catégorie, combien de morts-nés ?**

(VILLE DE PARIS.)

| | LÉGITIMES. | | ILLÉGITIMES. | |
	Nés au domicile de leur mère.	Nés hors du domicile de leur mère.	Nés au domicile de leur mère.	Nés hors du domicile de leur mère.
1880......................	64	96	84	93
1881......................	66	136	81	107
1882......................	69	117	88	107
1883......................	64	126	88	90
1884......................	67	122	70	95
1885......................	65	128	82	83
1886......................	63	128	69	106

Le fait est vrai et même nous en voyons la trace dans le tableau qui précède. C'est lui qui explique pourquoi la mortinatalité des légitimes nés à l'hôpital l'emporte sur celle des illégitimes. En effet les filles-mères vont, en règle générale (dans le tiers des cas environ), accoucher à l'hôpital. Les femmes mariées au contraire n'y vont à peu près jamais (3 sur 100 accouchées environ) ; pour qu'elles se déterminent à y aller, il faut un motif grave, tel que le fait d'un accouchement laborieux. La population mariée des hôpitaux d'accouchement est donc une population plus *choisie* (au point de vue des accouchements laborieux) que la population des filles-mères ; de là vient sa mortinatalité un peu plus élevée.

Je ne conteste donc pas que les accouchements laborieux ne doivent être plus nombreux à l'hôpital qu'ailleurs. Toutefois je ne crois pas que ce fait très réel suffise à expliquer la grande mortinatalité des enfants légitimes ou illégitimes, nés dans les hôpitaux.

L'état misérable dans lequel se trouvent leurs mères, les professions pénibles qu'elles exercent, me paraissent devoir y contribuer aussi.

S'il en est ainsi, on peut se demander s'il est nécessaire d'attribuer à d'autres causes la grande mortinatalité des illégitimes nés hors de l'hôpital. Ces enfants, remarquons-le bien, sont soumis à une mortinatalité moindre que ceux des hôpitaux, quoique ces derniers soient protégés contre les tentatives criminelles.

Cette dernière recherche me paraît donc confirmer le résultat de la précédente et me porte à croire que la misère des filles-mères entre pour une forte part dans l'excès de la mortinatalité de leurs enfants. Je ne nie pas qu'un grand nombre d'infanticides ne soient commis et qu'un certain nombre n'échappent aux recherches de la justice; ces crimes peuvent contribuer à augmenter le nombre des morts-nés illégitimes, mais je ne pense pas que leur influence soit prépondérante.

§ 4. — Mortalité.

I. **Définition.** — La mortalité est un rapport qui exprime la probabilité de mourir. Littré admet que le mot mortalité peut signifier aussi un nombre de décès. Cette acception du mot ne peut jeter que confusion dans le langage statistique. La mortalité est une proportion, et non pas un nombre absolu.

Si 1000 hommes partent pour la guerre, et qu'au bout d'un an 200 d'entre eux soient morts, leur *mortalité* aura été de $\frac{200}{1000}$, fraction dans laquelle le numérateur est le nombre des décès, et le dénominateur le nombre des vivants tel qu'il était à l'entrée de la campagne et avant qu'un seul décès eût eu lieu. Telle est la définition la plus exacte que l'on puisse donner de la mortalité (voy. p. 233); on devra l'avoir toujours présente à l'esprit lorsqu'on voudra interpréter un document relatif aux décès.

De la mortalité générale. — Un autre principe qu'on ne devra jamais perdre de vue est que la mortalité doit être étudiée âge par âge, et qu'on ne doit pas se contenter de considérer le rapport de *mortalité générale* (sur 1000 habitants de tout âge, combien de décès?). Supposons en effet deux pays dont la mortalité à chaque âge serait semblable, mais dont l'un contiendrait beaucoup d'enfants, et l'autre peu. Les enfants, étant soumis à une mortalité beaucoup plus forte que les adultes, il en résulte que le pays qui compterait beaucoup d'enfants aurait plus de décès que celui qui compterait beaucoup d'adultes; il aurait donc une mortalité générale plus élevée, malgré l'égalité de la mortalité de chaque âge.

Un autre motif doit mettre en défiance contre le rapport de mortalité générale (pour 1000 habitants de tout âge, combien de décès?) : c'est que la statistique du premier âge est, dans tous les pays, très difficile à établir; si l'on calcule la mortalité âge par âge, les omissions qui ont pu être commises pour le premier âge ne faussent qu'un seul chiffre, mais permettent d'apprécier la mortalité à tous les autres âges, tandis que si on se contente de calculer la mortalité générale, on est exposé à commettre de graves erreurs.

Par exemple en Grèce, la mortalité générale n'est que de 18 décès pour 1000 vivants, c'est-à-dire l'une des plus faibles de l'Europe. Mais si l'on examine la mortalité à chaque âge, on voit qu'elle est à peu près moyenne, excepté de 0 à 1 an, où elle ne serait que de 92 pour 1000 vivants, chiffre prodigieusement faible. Il est manifeste que les décès d'enfants sont inscrits irrégulièrement, et que c'est la seule cause de l'abaissement apparent du chiffre de mortalité générale.

Ce rapport ne doit pourtant pas être rejeté absolument; mais on doit, avant de s'en servir, connaître la composition par âges de la population; on peut s'en servir aussi pour comparer la mortalité d'une même nation à différentes époques, parce qu'on peut supposer que la proportion d'enfants, d'adultes et de vieillards contenue dans cette population est restée à peu près la même.

II. **Du calcul de la mortalité par âge.** — Il faut donc, pour apprécier la mortalité d'un pays, calculer pour chaque âge ou pour chaque groupe d'âges (1) le rapport suivant : *sur* 1000 *habitants de tel âge, combien de décès du même âge en un an ?*

Ce rapport s'exprime par la fraction $\dfrac{D_{a....b}}{P_{a....b}}$ dans laquelle $D_{a....b}$ exprime le nombre des décès survenus de l'âge a à l'âge b, et P exprime le nombre d'habitants du même âge.

Le numérateur de cette fraction se trouve sans difficulté dans les *listes* (2) de décès publiées par les documents publics.

Le dénominateur de cette fraction est beaucoup plus difficile à bien déterminer. Le plus simple est de prendre dans les relevés du recensement le nombre des vivants de l'âge que l'on étudie, et de dire par exemple : le recensement du 1ᵉʳ décembre 1880 a compté en Suisse 46,285 individus de 22 ans; la statistique des mouvements de l'état civil de 1880 compte 342 décès survenus à cet âge; donc la mortalité des hommes de 22 ans en Suisse a été en 1880 $\dfrac{342}{46,285} = 0,00739$, c'est-à-dire que, sur 1000 vivants, il en est mort dans l'année 7,4.

Ce mode de calcul très simple (et satisfaisant dans la majorité des cas) a été adopté par un grand nombre de statisticiens, et c'est à ce rapport qu'est resté le nom de mortalité. Cependant on a remarqué qu'il n'est pas rigoureusement correct.

---

(1) Les groupes d'âges les plus vastes sont préférables à l'absence de cette distinction capitale. Dans beaucoup de pays, on calcule la mortalité année d'âge par année d'âge. On peut grouper les années d'âge, mais il importe de mettre toujours à part la première année de la vie. Par exemple, on peut adopter le groupement suivant : 0-1 an; 2-4 ans; 5-9 ans; 10-14 ans..... ; 70-74 ans; 75-79 ans; 80-ω.

C'est le mode de groupement que nous recommandons. On peut encore constituer des groupes décennaux d'âge : 0-1 an; 1-9 ans; 10-19 ans; 20-29 ans..... Enfin on peut adopter des groupes d'âge vigintésimaux : 0-1 an; 2-19 ans; 20-39 ans; 40-59 ans; 60-ω.

Une division plus rationnelle, mais qui paraît mise hors d'usage est la suivante : 0-1 an; 2-4 ans; 5-14 ans; 15-29 ans; 30-59 ans; 60-ω.

(2) Nous appelons *listes*, une succession de chiffres résultant directement des faits observés : la *liste des vivants* est le résultat du recensement (ou même ce résultat réduit à 1,000 : sur 1,000 vivants combien de chaque âge, etc.); la *liste des décès* ou *liste mortuaire*, est le résultat du relevé numérique des registres de décès, etc.

Nous appelons *tables* le résultat de calculs théoriques qui établissent ce que serait la population dans des conditions supposées. Ainsi la *table de survie* indique ce que serait la population si les conditions actuelles de mortalité avaient existé pendant la plus grande longueur de la vie humaine; la *table de mortalité* indique les chances de mort à chaque âge; la *table mortuaire* indique combien il y aurait de décès à chaque âge, si la mortalité indiquée par la table de mortalité s'appliquait aux vivants marqués sur la table de survie, etc.

Reprenons en effet la définition rigoureuse de la mortalité : « Si 1000 soldats partent pour la guerre le 1er janvier, et que au bout d'un an 200 d'entre eux soient morts, leur mortalité aura été $\frac{200}{1000}$. »

Ce n'est pas au milieu ni à la fin de la campagne que nous comptons les soldats exposés à mourir, c'est au début même de la guerre, et avant qu'un seul d'entre eux soit mort.

Il convient tout d'abord de justifier cette façon de définir la chance de mourir. Lorsque 1000 soldats partent en guerre, la probabilité que l'un d'eux soit tué le premier est de $\frac{1}{1000}$, et la probabilité que chacun d'eux survive à ce premier malheur est de $\frac{999}{1000}$.

La probabilité d'être frappé le second est une probabilité composée, car il faut pour cela deux événements : 1° avoir survécu au premier coup mortel (événement dont la probabilité, nous venons de le voir, est de $\frac{999}{1000}$); 2° être frappé par le second coup mortel (événement dont la probabilité est $\frac{1}{999}$).

Une probabilité composée s'exprime par le produit des probabilités composantes; la probabilité de mourir le second est donc pour chacun de nos soldats $\frac{999 \times 1}{1000 \times 999}$, c'est-à-dire qu'elle est encore de $\frac{1}{1000}$.

De même la probabilité de mourir le troisième est égale à $\frac{999 \times 998 \times 1}{1000 \times 999 \times 998}$, c'est-à-dire toujours de $\frac{1}{1000}$.

Et ainsi de suite.

Mais ce qui intéresse les soldats, ce n'est pas la probabilité de mourir le premier ou le second, c'est la probabilité de mourir pendant la campagne. Additionnons donc ces fractions successives les unes avec les autres; si 1000 soldats sont partis pour la guerre et que 200 meurent, la somme des probabilités de mourir sera $\frac{200}{1000}$, ainsi que nous l'annoncions en tête de ce paragraphe.

C'est donc bien à la population *initiale* qu'il faut comparer le nombre des décès pour avoir la fraction qui exprime la chance de mourir. Pour bien compter, nous devrions donc compter les jeunes Suisses de 22 ans au moment même *où ils atteignent* l'âge de 22 ans, autrement dit au moment *où ils entrent* dans leur 23e année.

C'est ce que le recensement ne peut évidemment pas faire; parmi les 46,285 Suisses de 22 ans comptés le 1er décembre, il y en avait un certain nombre qui venaient d'avoir 22 ans. Mais d'autres avaient 22 ans et trois mois; d'autres 22 ans et six mois ; d'autres enfin étaient tout près de leur 24ᵉ année.

Ces trois derniers groupes avaient donc subi, au moment où le recensement les a comptés, pendant quelques mois des chances de mortalité; autrement dit, ils avaient perdu quelques-uns des leurs depuis qu'ils étaient entrés dans leur 23ᵉ année. *Le nombre que le recensement donne comme étant celui des Suisses de 22 ans vivant le 1ᵉʳ decembre, est donc un peu inférieur au nombre de Suisses qui, pendant l'année 1880 ont atteint l'âge de 22 ans.*

Il est facile d'évaluer la grandeur de la différence de ces deux nombres. Il est clair qu'il y avait au jour du recensement à peu près autant d'individus de 22 ans et 1 mois que d'individus de 22 ans et 2 mois, et que d'individus de 22 ans et 11 mois. En moyenne, les gens comptés par le recensement sous la rubrique « 22 ans accomplis » avaient 22 ans et 6 mois, c'est-à-dire que, en moyenne, ils avaient subi des chances de mort pendant 6 mois après être entré dans leur 23ᵉ année. Nous savons que, en un an, les gens de cet âge ont perdu 342 des leurs; la mortalité de 22 ans étant sensiblement égale à la mortalité à 23 ans, nous pouvons admettre que, en une demi-année, ils ont perdu $\frac{342}{2}$ des leurs,

et que nous restituerons le nombre de ceux qui sont entrés dans leur 23ᵉ année en ajoutant au nombre des vivants recensés, la moitié des morts qu'ils ont fournis en un an. L'expression exacte de la mortalité deviendra donc, non pas $\dfrac{D_{22\ldots23}}{P_{22\ldots23}}$, mais $\dfrac{D_{22\ldots23}}{P_{22\ldots23} + \dfrac{D_{22\ldots23}}{2}}$, c'est-à-dire,

en reprenant l'exemple numérique ci-dessus, non pas $\dfrac{342}{46,285} = 0,00739$, mais $\dfrac{342}{46,28 + \dfrac{342}{2}} = 0,00736.$

On a donné à cette dernière expression de la chance de mourir le nom de *dîme mortuaire* ou de *probabilité de mort.*

On voit que les deux expressions ne donnent pas de résultats sensiblement différents pour les âges adultes. Entre 7,39 décès pour 1000 vivants, et 7,36, on peut dire que pratiquement la différence est nulle. Heureuse la statistique, si elle n'était pas sujette à des chances d'erreur considérablement plus graves !

Cependant lorsqu'il s'agit d'âges où la mortalité est élevée, la différence entre les deux méthodes devient plus sensible. Ainsi, à l'âge de 1 à 2 ans, la mortalité suisse était $\dfrac{2,443}{67,267} = 0,03337$ suivant la première méthode, et $\dfrac{2,443}{67,267 + 1,221} = 0,03567$ suivant la seconde, autrement dit 33 décès pour 1000 vivants selon la première méthode, et près de 36 selon la seconde.

Cependant, les *cultores* de statistique mathématique ont trouvé que cette méthode n'approchait pas encore assez près de la vérité. Ils ont proposé que le recensement se fît le 31 décembre, de façon que les années d'âge des habitants recensés ne chevauchassent pas sur les années du calendrier; je veux dire que, au recensement du 31 décembre 1880 par exemple, tous ceux qui avaient moins d'un an au jour du recensement étaient nés en 1880; tous ceux qui avaient 20 ans étaient nés en 1860, etc. Il est clair que le 31 décembre est, sous ce rapport, une date unique.

Ils ont demandé en outre que la statistique des décès distinguât à la fois l'année d'âge des décédés et leur année de naissance. Il est clair en effet qu'un homme qui meurt par exemple le 30 juin 1880 à l'âge de 20 ans peut être né ou bien du 1er juillet au 31 décembre 1859, ou bien du 1er janvier au 30 juin 1860. On obtient donc des listes de décès constituées comme celle-ci :

TABLEAU LXXIX. — **Nombre absolu des décès masculins survenus en Suisse.**

(Tableau indiquant la forme des relevés suisses actuels.)

PENDANT L'ANNÉE **1880.**			PENDANT L'ANNÉE **1881**.		
ANNÉES D'AGE.	ANNÉES de naissance.	NOMBRE des décès.	ANNÉES D'AGE.	ANNÉES de naissance.	NOMBRE des décès.
20 ans...........	1860	154	20 ans...........	1861	158
	1859	162		1860	169
21 ans...........	1859	145	21 ans...........	1860	163
	1858	187		1859	185
22 ans...........	1858	159	22 ans...........	1859	169
	1857	183		1858	195
23 ans...........	1857	149	23 ans...........	1858	156
	1856	190		1857	174

D'autre part, le recensement de décembre 1880 donne les chiffres suivants :

Années d'âge.	Années de naissance.	Nombre de vivants recensés en décembre 1880.
20 ans..............	1860	51.522
21 ans..............	1859	49.455
22 ans..............	1858	46.285
23 ans..............	1857	44.778

Armé de ces chiffres, on raisonne ainsi qu'il suit :

Cherchons d'abord le nombre de ceux qui, en 1880, *ont atteint* l'âge de 22 ans. Le recensement de décembre 1880 a trouvé 46,285 individus âgés de 22 ans, et qui tous étaient nés en 1858 (puisque le recensement a eu lieu en décembre). Mais ce chiffre ne représente pas la totalité des individus qui, en 1880, *ont atteint* l'âge de 22 ans ; puisque le mouvement de l'état civil m'apprend que 159 individus nés en 1858 sont morts après avoir atteint l'âge de 22 ans, et cela dans le cours de l'année 1880, c'est-à-dire avant le jour du recensement.

La totalité des individus qui ont atteint en 1880 l'âge de 22 ans est donc $46,285 + 159 = 46,444$.

Cherchons maintenant parmi ces 46,444 qui ont atteint l'âge de 22 ans, combien ont atteint l'âge de 23 ans. Rien n'est plus facile ; il suffit de recourir à la statistique de 1881 ; nous y voyons que sur 46,285 jeunes gens nés dans cette même année 1858, il y en a 195 qui sont morts à l'âge de 22 ans accomplis. Le nombre des individus qui, nés en 1858, ont atteint l'âge de 23 ans est donc $46,285 - 195$.

La probabilité que les individus âgés de 22 ans ont d'atteindre l'année d'âge suivante est donc $\dfrac{46,285 - 195}{46,285 + 159} = 0,99238$. Tel est le *coefficient de survie;* le coefficient de mortalité (nombre complémentaire du précédent) est donc 0,00762, c'est-à-dire que sur 1000 individus atteignant l'âge de 22 ans, il y en a eu 7,6 qui sont morts dans l'année d'âge qui suit.

On raisonne exactement de même pour calculer les coefficients de survie et de mortalité pendant la 24e année de la vie. Le recensement de décembre 1880 a compté 44,778 individus nés en 1857 ; en outre le mouvement de population 1880 nous apprend que 149 autres individus nés également en 1857 sont morts en 1880 pendant la 24e année de leur vie. Le nombre total des Suisses qui sont entrés dans la 24e année de vie est donc $44,778 + 149$. Cherchons maintenant combien, parmi eux, sont entrés dans la 25e année de vie. Nous avons dit qu'en décembre 1880, les Suisses nés en 1857 étaient au nombre de 44,778 ; mais en 1881, 156 d'entre eux sont morts avant d'être entrés dans la 25e année de la vie ; le nombre de ceux qui ont atteint cet âge est donc de $44,778 - 156$. La chance que ceux qui entrent dans la 24e année de vie ont d'entrer dans la 25e, est donc $\dfrac{44,778 - 156}{44,778 + 149} = 0,99321$. Tel est le *coefficient de survie.* Le coefficient de mortalité, nombre complémentaire du précédent est donc 0,00679, c'est-à-dire que sur 1000 individus qui atteignent l'âge de 23 ans, il y en a 6,79 qui meurent dans l'année.

Le nom de MM. Knapp et Zeuner restera attaché à la méthode dont nous venons d'exposer rapidement les principes. D'autres méthodes de calcul analogues à la précédente ont été imaginées par divers auteurs, nous citerons notamment celle de M. Richard Bœckh, directeur de la statistique de Berlin.

Critique de cette méthode. — Au point de vue théorique, elle est d'une irréprochable rigueur. Il est certain que les exemples que nous avons présentés fournissent l'expression rigoureusement exacte de la mortalité suisse pendant les années 1880 et 1881.

Mais à côté de cet éloge, tout à fait théorique, on lui a fait les critiques les plus justes.

Tout d'abord, les résultats qu'elle fournit sont très peu différents de ceux que donnent des méthodes plus rapides. Les trois méthodes que nous avons successivement examinées nous ont donné comme expression de la mortalité à 22 ans 7,4 — 7,4 — 7,6. Il est vrai que ce dernier chiffre est rigoureusement exact; il faut reconnaître que les autres ne s'en éloignaient guère. Les matériaux statistiques sont sujets à des erreurs telles que, en réalité, il y aurait quelque puérilité à s'attacher à des différences aussi minimes.

D'ailleurs, les méthodes directes perdent toute leur apparence de rigoureuse exactitude dès que l'on applique les calculs à des années éloignées du recensement. M. Zeuner veut qu'on se serve de l'année du recensement et de l'année suivante; en cela, il est logique avec lui-même. Mais alors, on est obligé, surtout pour les petits pays comme la Suisse, de s'appuyer sur des chiffres tellement petits, qu'ils sont soumis aux fluctuations du hasard. Les calculs donnés plus haut comme exemples reposaient sur des chiffres inférieurs à 200; une dizaine de décès de plus ou de moins — différences que le simple hasard peut amener — eussent modifié gravement nos résultats. Qu'eût-ce été si nous avions calculé la mortalité pour chacun des États de la Confédération suisse, ainsi qu'il est logique de vouloir le faire, étant données les différences qui les séparent à tous les égards!

En dehors des fluctuations que le seul hasard amène dans les chiffres trop petits, il faut considérer que la méthode directe, même appliquée à de grands pays et à de grands nombres, ne donnant de résultats que pour les deux années les plus voisines du dénombrement, ne peut pas représenter la mortalité moyenne du pays. Par exemple, en Suisse, la mortalité des années 1880-81 a été exceptionnellement favorable, et les chiffres qu'on peut calculer d'après elles, ne représentent pas le cas ordinaire. Au contraire, les années 1870-71, voisines du dénombrement précédent, ont été des années exceptionnellement mauvaises, même pour la Suisse. Ainsi les méthodes directes, loin d'approcher de la perfection, s'en éloignent au contraire, puisqu'elles calculent (avec une extrême rigueur je le veux bien) des résultats qui ne sont pas moyens, et qui par conséquent sont insignifiants.

Je reproche donc aux méthodes directes :

1° De ne conserver leur rigueur théorique que lorsqu'on les applique à des années voisines de l'époque du recensement, et par conséquent de ne pas fournir les résultats moyens d'une nation.

2° Par suite, de faire reposer les calculs sur des nombres trop petits dès qu'on veut étudier, non pas l'ensemble d'un grand pays, mais ses différentes provinces; ces chiffres trop petits sont sujets aux fluctuations du hasard.

3° D'exposer les administrations à des difficultés et à des dépenses exagérées. Le 31 décembre est une époque incommode pour faire le recensement (vacances de Noël et de janvier; brièveté des jours; intempéries, neige, etc.). D'autre part, lorsqu'on fait dépouiller les bulletins de décès simultanément par année d'âge et année de naissance, on *double* tous les frais inhérents à cette opération coûteuse.

Ces méthodes rigoureuses ne peuvent donc être appliquées avec quelque avantage que dans les pays où existent des registres de population parfaitement tenus, et où le recensement se fait de lui-même en quelque sorte chaque année. Les résultats qu'elles fourniront différeront peu des méthodes ordinaires, du moins en ce qui concerne les âges adultes; mais ils seront préférables pour les âges extrêmes de la vie.

Dans la majorité des pays, je pense que les méthodes directes n'ont sur les méthodes ordinaires que des avantages purement théoriques. Il suffira donc de calculer la mortalité suivant la formule $\dfrac{D_{a....b}}{P_{a....b}}$ ou encore (et spécialement en ce qui concerne les âges extrêmes) suivant la formule $\dfrac{D_{a....b}}{P_{a....b}+\dfrac{D_{a....b}}{2}}$

III. Tables de survie et de mortalité.

— Lorsqu'on a déterminé la mortalité de chaque âge, on peut calculer une table de survie, c'est-à-dire chercher à savoir combien d'individus, sur 1000 naissances, survivent à tel ou tel âge. Les tables de survie reçoivent des applications fréquentes dans les calculs d'assurances; elles permettent de calculer la vie moyenne, etc.

Nous donnons plus loin (tableau LXXXII) plusieurs tables de survie dressées pour différents pays de l'Europe par la direction de la statistique d'Italie. Nous voulons exposer ici suivant quels principes ces tables doivent être dressées, et les conséquences qu'on en peut tirer.

Pour établir une table de survie, il faut tout d'abord la liste des vivants; le dénombrement la fournit avec une exactitude suffisante à partir de la cinquième année de la vie environ; pour les enfants en bas âge, le dénombrement (et notamment le dénombrement français) pèche toujours par omission, ainsi qu'on s'en convaincra en comparant le nombre des vivants recensés au nombre des naissances. En ce qui concerne les premières années de la vie, on établit donc la liste des vivants en prenant pour base le nombre des naissances; on en soustrait les décès survenus pendant la première année de la vie, et on a le nombre des survivants à 1 an. De ce chiffre on extrait le nombre des décès survenus pendant la deuxième année de la vie, et on a le nombre des survivants à 2 ans.

Et ainsi de suite : les chiffres obtenus devront d'âge en âge se rapprocher d'avantage de ceux du dénombrement parce que les omissions commises dans le dénombrement sont plus nombreuses dans la première année de la vie que dans la deuxième, et plus nombreuses dans la deuxième année que dans la troisième.

En ce qui concerne les adultes, les chiffres du dénombrement suffiront. Si l'on établit la table de survie sur les mouvements de population d'une période de dix ans, il sera utile que la liste des vivants soit la moyenne des deux ou des trois dénombrements opérés au cours de cette période.

Puis on établira la liste des décès, qui est fournie avec une exactitude suffisante par la statistique des mouvements de population. Il sera bon d'établir une liste moyenne pour une période de dix ans d'observation environ. Il faudra éviter les périodes marquées par des calamités exceptionnelles, telles qu'une grande guerre ou qu'une épidémie grave de choléra.

Table de mortalité. — Comparant les décès aux survivants à chaque âge, on établira la mortalité à chaque âge, suivant la formule $\dfrac{D_{n,..n+1}}{P_{n....n+1}}$ ou mieux avec la formule $\dfrac{D_{n....n+1}}{P_{n....n+1} + \dfrac{D_{n....n+1}}{2}}$. En ce qui concerne les enfants, on calculera $\dfrac{D_{0....1}}{S_0}$ pour établir la probabilité de mort pendant la première année de la vie (S_0 signifie le nombre moyen des naissances vivantes). Pour établir la mortalité de la seconde année de la vie, on calculera $\dfrac{D_{1....2}}{S_0 - D_{0....1}}$ et ainsi de suite. Le nombre des survivants étant établi directement au moyen du chiffre des naissances, on n'a pas besoin comme pour les âges adultes d'ajouter au nombre des vivants la moitié du nombre des décès.

Table mortuaire et *table de survie.* — On part, par exemple, de 1 million de naissances (moins les mort-nés). Nous appelons ce nombre S_0. La question est de calculer S_1, c'est-à-dire le nombre des survivants à 1 an révolu. Or notre table de mortalité nous en donne le moyen en nous apprenant le danger de mourir dans la première année, soit 0,1891 ; nous appelons ce coefficient de mortalité $C_{0....1}$. Ce danger multiplié par un million (nombre supposé des enfants exposés à mourir) donne : $0,1891 \times 1,000,000 = 189,100$. Tel serait le nombre de décès que donnerait cette jeune population durant sa première année de vie, et par suite $1,000,000 - 189,100 = 810,900$ serait le nombre des survivants à un an, S_1.

De même, si nous voulons calculer S_2, c'est-à-dire le nombre des survivants à 2 ans révolus, nous consulterons notre table de mortalité; nous verrons que le danger de mort pendant la deuxième année de la vie est de 0,06340. Nous multiplions ce coefficient par le nombre de survivants à 1 an obtenu ci-dessus et nous avons $0,06340 \times 810,900 = 51,400$. Tel serait le nombre des décès fournis par 810,900 enfants pendant la deuxième année de vie; $810,900 - 51,400 = 759,500$. Tel est le nombre des survivants atteignant l'âge de 2 ans révolus.

En général, si l'on appelle S_n le nombre des survivants à l'âge n; S_{n+1} le nombre des survivants à l'âge suivant, et enfin $C_{n....n+1}$ le coefficient de mortalité constaté par la table de mortalité entre ces deux âges, on aura la formule :

$$S_{n+1} = S_n - S_n \times C_{n....n+1}$$

Telle est, simplifiée dans sa forme, la formule donnée par l'illustre Quetelet (*Bull. de la commission centrale de statistique belge*, t. V, p. 18).

La succession des nombres de survivants aux différents âges (1,000,000 — 189,100 — 759,500, etc.) constitue la *table de survie*.

La succession des nombres exprimant le nombre de décès que fourniraient ces survivants (189,100 — 51,400, etc.) constitue la *table mortuaire*.

Il est facile de reconnaître que la table de survie, construite comme nous venons de l'indiquer, indique ce que serait le nombre des survivants à chaque âge, *si les conditions actuelles de vitalité étaient restées les mêmes depuis la plus grande longueur de vie humaine, c'est-à-dire depuis environ un siècle.* C'est ce qui la distingue essentiellement de la liste de population.

De même, la table mortuaire indique ce que serait la distribution des décès par âge *si les conditions actuelles de vitalité étaient restées les mêmes depuis environ un siècle.* C'est ce qui la distingue essentiellement de la liste des décès. En effet, ces deux tables sont construites d'après la chance de mourir relative à la période étudiée, et sans qu'on fasse intervenir aucun autre élément dans le calcul. Aussi le nombre de vivants que la table de survie attribue à chaque âge est souvent très différent de celui que trouve le recensement; parce que les chiffres du recensement sont influencés par toute l'histoire du pays que l'on considère. Nous avons vu (p. 150) que pendant un siècle la paisible population suédoise s'était ressentie des guerres du commencement de ce siècle; en France, la passion guerrière dont était tourmenté Napoléon Ier a laissé des traces profondes qui se font encore sentir dans les recensements de 1851 et années suivantes; naturellement les tables de survie et les tables mortuaires construites pour la période 1840-59 par mon père (1) n'en sont en rien

(1) *Journal de la Société de statistique de Paris*, 1866, et *Congrès médical de Bordeaux*, 1865.

modifiées, car une table de survie ne doit tenir compte que de la mortalité de la période à laquelle elle se rapporte.

Beaucoup d'auteurs n'ont pas attaché une importance suffisante à cette différence essentielle qui sépare la liste des vivants de la table de survie. De là bien des confusions regrettables.

Vie moyenne. — Il existe jusqu'à huit expressions numériques auxquelles on a attribué le nom de *vie moyenne*. Il en résulte que lorsqu'un auteur cite la vie moyenne d'un pays sans ajouter quel sens précis il attache à ce mot, son renseignement perd toute espèce de valeur.

Ce que l'on doit entendre par *vie moyenne* c'est l'*espérance mathématique de vie au moment de la naissance;* cette valeur se calcule d'après les principes posés par Nicolas Bernouilli. On multiplie chacun des termes d'une table de survie par le nombre d'années inscrit en regard de ce terme; on additionne tous les produits ainsi obtenus. On additionne d'autre part tous les termes de la table de survie; on divise la première somme par la seconde, et le quotient est la vie moyenne.

Cette manière de calculer la vie moyenne est très laborieuse, mais c'est la seule qui soit correcte. On trouve ainsi que la vie moyenne en France est d'environ 40 ans.

On a appliqué le même mode de calcul, non pas à la table de survie, mais à la liste des vivants; on obtient ainsi l'*âge moyen des recensés.* Cette expression ne mérite pas le nom de *vie moyenne* (elle lui est généralement inférieure, ainsi en 1886 elle était de 31 ans, 8), car le nombre des recensés de chaque âge est influencé par la mortalité d'autrefois et par les événements heureux ou désastreux que les générations passées ont pu traverser. Or ce n'est pas un mélange entre l'espérance mathématique d'autrefois et l'espérance mathématique d'aujourd'hui qui doit être appelé *vie moyenne.*

La même critique est applicable à l'*âge moyen des décédés* calculé d'après les listes mortuaires. Beaucoup de statisticiens donnent à cette expression le nom de *vie moyenne.* Le mot est impropre, car le nombre absolu des décédés à chaque âge dépend, non seulement de la mortalité, mais surtout du nombre de vivants existant à cet âge. Or ce nombre de vivants est influencé par des événements passés dont nous n'avons pas à tenir compte dans l'évaluation de la vie moyenne actuelle.

On a appelé aussi vie moyenne le rapport de la population aux naissances vivantes $\frac{P}{S_0}$; ce mode de calcul serait satisfaisant si la population était parfaitement stationnaire, car chaque naissance prenant dans cette hypothèse la place d'un vivant, le rapport $\frac{P}{S_0}$ mesurerait assez bien la vitesse d'écoulement des vivants, c'est-à-dire leur vie moyenne (1). Mais

---

(1) Ce raisonnement peut être réduit aux termes suivants : « Chaque naissance remplace un vivant (??); en un an, un trente-huitième de la population est renou-

puisque la population n'est pas stationnaire, l'hypothèse fondamentale est fausse et la conclusion aussi.

En vertu de la même hypothèse, on a appelé vie moyenne le rapport de la population aux décès $\frac{P}{D}$. Inutile de dire que ce rapport n'est pas meilleur que le précédent(1). La seule différence est que, la population augmentant généralement, le rapport $\frac{P}{S_0}$ indique une vitesse d'écoulement plus rapide et le rapport $\frac{P}{D}$ une vitesse d'écoulement moins rapide que la vie moyenne.

Aussi un auteur anglais, Price, a proposé de prendre une sorte de terme moyen entre ces deux valeurs et de donner au rapport $\frac{P}{1/2(S_0 + D)}$ le nom de *vie moyenne*. Théoriquement, cette formule (qui a reçu notamment l'adhésion de feu M. Dupin) n'est guère meilleure que les autres; cependant les résultats qu'elle donne passent pour être généralement assez voisins de la vérité. C'est une formule empirique.

Enfin, on confond souvent la *vie moyenne* et la *vie probable* (appelée encore *vie médiane*). La vie probable est l'âge que dépassent la moitié des nés. Cette valeur est généralement assez voisine de la vie moyenne, mais elle ne doit pas être confondue avec elle. On calcule la vie probable, soit au moyen des tables de survie (on a alors la véritable expression de la vie probable), soit au moyen des listes mortuaires (cette dernière valeur est sujette aux objections que nous avons faites à toutes les évaluations de vie moyenne faite au moyen des listes) (2).

Afin de montrer combien sont différentes toutes ces méthodes qui ont la prétention d'évaluer la vie moyenne, nous reproduirons ci-après les résultats qu'elles ont donnés à mon père pour la France (période 1840-49).

---

velé par de nouvelles naissances; donc, en trente-huit ans, toute la population est renouvelée; donc, la vie moyenne est de trente-huit ans. » Ce raisonnement pèche par la base; il n'est pas parfaitement exact de dire que chaque enfant né remplace un vivant; puisque la population augmente, c'est qu'il y a dès enfants naissants qui ne remplacent pas un vivant, mais qui viennent se placer à côté de lui. C'est pourquoi, malgré que les naissances annuelles forment la trente-huitième partie de la population, la vie moyenne est plus longue que trente-huit ans.

(1) Le raisonnement est analogue au précédent : « La population se renouvelle par les décès. Les décès forment la quarante-troisième partie de la population, donc, en quarante-trois ans, la population est renouvelée; donc la vie moyenne est de quarante-trois ans. » Ce raisonnement pèche par la base; il n'est pas bien exact de dire que chaque décès équivaut à une place nouvelle; puisque la population augmente, c'est qu'il y a des places nouvelles qui ne sont pas le résultat d'un décès. C'est pourquoi, malgré que les décès forment la quarante-troisième partie de la population, la vie moyenne est plus courte que quarante-trois ans.

(1) La vie *normale* de M. Lexis est une valeur entièrement différente de la vie moyenne. Nous en parlons plus loin.

TABLEAU LXXX. — *Tableau des diverses expressions mathématiques auxquelles on a attribué le nom de la vie moyenne.*
(FRANCE, 1840-1849.)

	Années et centièmes d'année.
VIE MOYENNE VRAIE (espérance mathématique de vie)....................	40ª,05
Âge moyen des recensés...	30ª,92
Âge moyen des décédés (calculé sur les listes mortuaires).............	35ª,66
Rapport de la population au nombre annuel des naissances $\frac{P}{S_0}$	38ª,00
Rapport de la population au nombre annuel des décès $\frac{P}{D}$	43ª,50
Intermédiaire entre les 2 précédentes valeurs (formule de Price) $\frac{P}{\frac{1}{2}(S_0 + D)}$	40ª,70
Vie probable d'après la table de survie................................	43ª,30
Vie probable d'après la liste mortuaire................................	33ª,50

De toutes ces appréciations de la vie moyenne, la première est la seule qui soit mathématique et satisfaisante. Malheureusement, comme c'est de toutes la plus longue à calculer, c'est celle dont on fait le moins usage. La plupart des auteurs, aujourd'hui, décernent (tout à fait à tort) le nom de vie moyenne à l'*âge moyen des décédés*. J'ai dit plus haut pourquoi ce chiffre ne me paraît pas valoir la peine d'être calculé. En tous cas, il ne représente pas la vie moyenne, à laquelle il est presque toujours inférieur.

Conclusions. — Pour étudier la mortalité, il faut la calculer âge par âge, ou par périodes d'âges. Il ne faut se servir qu'avec réserve du rapport général : *Pour* 1000 *habitants de tout âge, combien de décès.*

On se servira avantageusement, pour calculer la mortalité de la première année de la vie, de la formule $\frac{D_{0...1}}{S_0}$: Pour calculer la mortalité de la seconde année de la vie, on se servira de la formule $\frac{D_{1...2}}{S_0 - D_{0...1}}$. L'examen soigneux du recensement permettra de voir à partir de quel âge il conviendra de se servir de la formule $\dfrac{D_{n...n+1}}{P_{n...n+1} + \dfrac{D_{n...n+1}}{2}}$. Cette formule devra être aussi utilisée pour les âges avancés de la vie, en un mot pour tous ceux où la mortalité est forte.

Pour les âges adultes, on pourra se contenter de la formule $\frac{D_{n....n+1}}{P_{n....n+1}}$.

On devra se méfier des auteurs qui parlent de vie moyenne sans spécifier très exactement ce qu'ils entendent par cette parole. Comme il y a huit méthodes classiques (dont sept mauvaises) pour la calculer, et que les résultats qu'elles donnent sont très différents, le mot *vie moyenne* sans autre explication n'a pas de sens défini.

IV. Du calcul de la mortalité dans certains cas particuliers. — Beaucoup de personnes croient qu'il existe des formules générales pour calculer la mortalité de même qu'il en existe pour calculer par exemple l'intérêt de l'argent ou les annuités. C'est malheureusement une erreur: les problèmes démographiques n'ont pas la simplicité des problèmes de finance : la forme du document livré par l'administration, la façon dont les éléments de ce document ont été recueillis, enfin la nature elle-même des choses varient indéfiniment ; à chaque cas, pour ainsi dire, convient une formule nouvelle.

Enfants du premier âge. — Nous montrons plus loin (page 256) que la mortalité des enfants en bas âge est à son maximum au jour de leur naissance, puisqu'elle décroît avec rapidité, de jour en jour, de semaine en semaine, de mois en mois et d'année en année jusqu'à l'âge de 5 ans, en sorte que la mortalité de la première année est trois fois plus forte que celle de la seconde ; la mortalité du premier mois, trois fois plus forte que celle du second : la mortalité de la première semaine, deux fois plus forte que celle de la deuxième ; la mortalité du premier jour, quatre fois plus forte que celle du deuxième. Le nombre de décès survenus pendant les premières heures et les premiers jours de vie est donc toujours considérable et important à bien connaître.

Il en résulte que dans un pays où les décès survenus pendant les premiers jours de vie sont mal comptés (comme en France, où une partie d'entre eux — voir page 222 — sont comptés comme morts-nés) dissimulera, par ce fait, une partie importante de ses décès en bas âge.

Il en résulte aussi qu'il est toujours difficile de calculer même grossièrement la mortalité des enfants *assistés*, *secourus* ou *protégés*, parce qu'il faut savoir avant tout à quel âge les enfants dont on s'occupe sont entrés dans le service. Les enfants *assistés* sont les enfants que la mort des parents ou l'abandon volontaire ont laissés à la charge de l'assistance publique ; l'âge des enfants au moment où ils entrent dans le service est extrêmement variable, on le comprend, et l'on comprend aussi que si cet âge n'est pas relaté par la statistique, tout calcul de la mortalité de ces enfants devienne illusoire.

Les enfants *secourus* sont presque tous des enfants illégitimes ; leurs mères étant trop pauvres pour les élever, l'administration leur alloue un faible secours ; ce secours, que l'administration ne veut accorder qu'à bon escient, ne vient guère que quelques semaines après la naissance, c'est-à-dire à un moment où la mortalité a déjà frappé ses coups les plus cruels. Très souvent il arrive qu'on ne tient pas compte de ce fait important, et qu'on calcule la mortalité des enfants secourus comme s'ils étaient secourus dès leur naissance ; on arrive ainsi à des chiffres beaucoup trop favorables ; malheureusement ces chiffres sont radicalement faux.

Les nourrissons *protégés* par la loi Théophile Roussel sont à peu près dans le même cas. Ce n'est pas au moment de leur naissance qu'ils entrent dans le service ; c'est seulement au moment de leur entrée dans le domicile de la nourrice, c'est-à-dire à un âge variable, mais qui est rarement moindre d'une semaine ou de deux ; il n'est pas permis au statisticien qui calcule leur mortalité de faire abstraction de cette première quinzaine de vie, si féconde en décès ; c'est pourtant ce qu'on fait journellement.

Souvent aussi on ne tient pas compte de ce fait que les enfants entrés dans le service en sortent longtemps avant la fin de leur première année d'âge, soit parce qu'ils sont retirés par leurs parents, soit pour toute autre cause.

Dans tous les cas qui précèdent, il faut s'appliquer à distinguer avec beaucoup de soin l'âge de ceux qui entrent dans le service, l'âge de ceux qui en sortent et l'âge de ceux qui y meurent. Là est la solution de tous ces problèmes relatifs à la mortalité infantile (1).

Souvent on a affaire à des questions plus complexes encore ; la mortalité des enfants parisiens a longtemps été impossible à calculer, parce qu'on ignorait le nombre des enfants vivants à Paris ; en effet, les registres de l'état civil nous disent bien le nombre des naissances ; mais on savait que beaucoup d'enfants (dont le nombre n'était d'ailleurs pas connu) partent, peu de temps après leur naissance, pour aller en nourrice ; lorsque ces enfants mouraient en nourrice, leur décès était enregistré dans la commune où demeurait la nourrice. De là, pour le statisticien, deux sources d'erreur : s'il calculait le rapport $\dfrac{D_{o...1}}{S_o}$ pour Paris, il avait un chiffre faux, puisque, le dénominateur de la fraction étant trop grand, l'évaluation de la mortalité ainsi obtenue était trop faible ; d'autre part, si le statisticien calculait le rapport $\dfrac{D_{o....1}}{S_o}$ pour un des départements où s'exerce l'industrie nourricière, le chiffre obtenu était trop fort, puisque le nombre des décès $D_{o...1}$ était constitué non seulement par les décès des enfants nés dans le département, mais encore par le nombre des décès fournis par les enfants mis en nourrice dans le département (et nés hors du département). Aujourd'hui, ces difficultés sont moindres qu'autrefois (parce qu'on a le nombre de nourrissons parisiens), mais il s'en faut de beaucoup qu'elles soient supprimées.

On voit, par ces quelques exemples, combien est variée la tâche du démographe ; il doit savoir modifier à l'infini, suivant les circonstances, l'application des principes du calcul des probabilités. Il n'y a qu'une

(1) Le Conseil supérieur de statistique s'est occupé de cette question, qui lui était présentée par M. Lafabrègue et par moi ; il a adopté pour les entrants, pour les sortants et pour les décédés, les coupures d'âge suivantes : 0-4 jours ; 5-9 jours ; 10-19 jours ; 20 jours 1 mois ; 1-2 mois ; 3-5 mois ; 6 mois-1 an.

règle qui ne varie jamais : c'est celle qui impose la distinction des âges.

Du calcul de la mortalité dans les prisons, les hôpitaux, etc. — On calcule souvent la mortalité des prisonniers, par exemple, en prenant pour base du calcul le nombre des journées de présence. Ce calcul est rationnel (étant donné qu'on distingue l'âge des prisonniers), mais il cesse de l'être si on veut l'appliquer, par exemple, aux malades d'un hôpital. Il est évident, en effet, que dans un hôpital où la place manque et où l'on fait sortir les malades dès qu'ils sont convalescents le nombre des journées de présence par malade sera plus faible que dans un hôpital où, par suite de circonstances différentes, on peut garder les malades jusqu'à leur complet rétablissement. Si l'on prend pour base des calculs le nombre de journées de présence, on trouvera, dans le premier des deux hôpitaux que je viens de supposer, une mortalité plus forte que dans le second, et, pourtant, cette différence pourra ne résulter que du vice de la méthode. Le calcul de la mortalité d'un hôpital est une opération délicate, dans lequel le dénominateur de la fraction $\left(\dfrac{\text{Décès}}{\text{Population}}\right)$ doit être le nombre des entrants et non pas le nombre des lits ni le nombre des journées de présence. J'ajoute qu'on n'arrivera à des chiffres démonstratifs qu'en tenant compte de la nature des maladies les plus répandues, puisqu'un hôpital de varioleux et autres fiévreux ne peut espérer une mortalité aussi faible qu'un hôpital de vénériens, etc.

Du calcul de la mortalité des militaires. — Le calcul de la mortalité des militaires ne peut pas être établi suivant les mêmes principes que dans les cas précédents. Il faut tenir compte, en effet, dans le calcul de la mortalité militaire, de ce qu'un grand nombre de militaires malades et, notamment, de militaires phtisiques sont réformés quelque temps avant leur mort : c'est à l'armée que la maladie les a atteints et c'est grâce à une circonstance tout à fait accessoire qu'ils n'y sont pas morts. C'est avec raison que la *Statistique militaire* mentionne le chiffre des réformés à côté de celui des décès.

Conclusion. — Les exemples qui précèdent suffisent à prouver qu'il ne peut pas exister de règle unique et parfaitement uniforme pour calculer la mortalité. Il faut être un statisticien judicieux et surtout impartial, pour choisir celle qui convient au document que l'on veut étudier.

V. **De la mortalité des principaux pays de l'Europe.** — Le tableau ci-joint, emprunté aux *Confronti internazionali*, fait connaître la mortalité par âges des principaux pays de l'Europe.

Dans tous les pays, la marche générale de la mortalité à travers les différents âges de la vie reste à peu près la même. Elle est toujours très forte pendant la première année de la vie, à ce point qu'un nouveau-né a autant de chances de mourir dans l'année qu'un vieillard de 80 ans. La proportion de décès la plus faible se rencontre dans les pays scan-

TABLEAU LXXXI. — Pour 1000 habitants de chaque âge, combien de décès en un an.

(Le nombre des vivants recensés de chaque âge, augmenté de la moitié des décès annuels.)

ÂGES	FINLANDE (1873-1880)	GRÈCE (1878-1880)	PORTUGAL (1862)	ESPAGNE (1861-1870)	DANEMARK (1875-1880)	NORVÈGE (1879-1880)	SUÈDE (1878-1880)	PAYS-BAS (1874-1875)	BELGIQUE (1871-1880)	SUISSE (1874-1880)	CROATIE ET SLAVONIE (1878-1880)	AUTRICHE CISLEITHANE (1876-1879)	ALSACE-LORRAINE (1872-1880)	BADE (1878-1880)	WURTEMBERG (1879-1880)	SAXE (1876-1880)	BAVIÈRE (1871-1880)	PRUSSE (1876-1880)	IRLANDE (1871-1880)	ÉCOSSE (1871-1878)	ANGLETERRE ET GALLES (1860-1880)	FRANCE (1873-1879)	ITALIE (1874-1879)
0 à 1 an	165.6	91.9	132.5	230.7	151.4	101.3	127.9	195.5	176.3	220.1	240.9	230.2	240.9	268.9	340.7	114.9	116.7	222.2	96.8	50.8	167.5	179.8	234.9
1 — 5 ans	38.1	26.8	24.1	64.3	20.0	18.6	26.1	30.3	34.0	23.1	57.5	52.8	33.4	29.0	29.6		6.9	40.6	19.3	9.3	32.6	27.5	66.6
5 — 10	9.2	9.2	3.3	10.8	5.3	5.3	7.6	7.6	9.7	6.3	16.5	14.6	7.5	7.4	6.5	5.3	6.3	9.3	5.7	5.5	6.9	6.6	13.4
10 — 15	5.0	3.6	4.7	5.9	3.6	3.3	4.2	4.2	4.9	6.2	8.4	6.2	4.1	4.1	2.8		4.3	4.1	3.7	7.7	4.0	4.2	6.4
15 — 20	5.2	6.0	6.6	7.4	5.0	5.0	4.6	5.6	6.7	8.5	8.4	7.2	5.9	4.7	3.9	7.5	8.1	4.0	5.9	9.7	5.8	6.0	7.0
20 — 25	6.9	8.3	5.8	10.2	6.8	7.3	5.7	8.3	8.9	10.1	12.6	9.0	8.5	7.1	5.7		10.4	7.8	7.3	10.8	7.7	8.3	8.8
25 — 30	7.4	7.3	7.8	8.8	8.2	8.1	6.3	10.6	11.1	12.1	15.1	10.5	9.0	8.9	7.7	10.5	14.0	10.6	8.0	12.7	9.5	9.5	9.8
30 — 35	8.3	9.2		11.4	11.0	8.8	6.9	12.2	13.3	15.7	15.0	13.1	9.6	10.0	8.5		23.6	14.7	10.4	13.7	13.1	10.2	10.3
35 — 40	9.1	8.6	13.6	18.1	18.3	8.7	9.0	18.7	21.1	22.6	19.1	17.0	11.1	12.4	9.7	14.4	50.3	23.0	13.7	16.6	17.8	11.3	11.9
40 — 45	10.4	12.3		28.4	34.0	10.1	10.3	36.7	41.5	29.3	18.0	22.5	13.9	23.3	11.1		111.9	50.1	25.5	20.4	31.8	13.0	13.4
45 — 50	12.9	14.2	18.4	59.8	80.2	13.1	13.6	89.4	127.3	41.3	25.0	32.9	18.4	49.4	14.0	24.1	237.2	103.1	60.7	27.0	63.8	16.1	16.1
50 — 55	16.8	25.0		148.5	163.8	17.9	17.0	161.3	258.0	62.0	29.7	46.2	24.6	108.6	18.1			208.8	140.2	34.0	135.1	22.6	21.5
55 — 60	22.7	24.3	44.9	267.6	296.2	27.2	25.1	260.0	454.1	103.1	48.0	65.6	36.4	227.7	28.1	51.9		237.2	227.7	71.7	262.4	33.6	27.5
60 — 65	33.5	45.9		281.9		38.5	37.2	230.8	684.2	135.9	45.1	92.7	55.2	364.8	38.4				288.6	117.0		49.6	41.5
65 — 70	47.5	47.0	108.3	412.2		55.0	53.6			185.1	87.8	147.8	83.6		60.5	114.6				156.5		69.5	61.1
70 — 75	86.6	95.7		231.0		81.6	92.0			265.5	89.9	183.1	122.9		89.7					237.5		117.4	96.2
75 — 80	121.2	96.3	206.2			121.8	152.4			249.2	137.3	268.1	175.2		132.7	241.8				297.5		175.2	123.4
80 — 85	170.0	234.9				206.0	213.7			241.7	126.5	248.7	265.1		188.6					371.7		225.1	177.7
85 — 90	187.8	194.6	264.3			268.4					185.1	262.2	343.5		262.8					282.6		265.1	217.3
90 — 95	229.3	359.0				259.8	403.3				172.4	276.6	750.0		323.2							274.3	221.5
95 — 100	157.1	204.3	402.8			144.5					177.8				909.4							267.8	314.6
Centenaires		283.3																					597.6
Totaux	**21.5**	**18.3**	**20.5**	**29.7**	**19.0**	**16.2**	**17.5**	**22.8**	**21.6**	**23.8**	**33.1**	**30.1**	**25.9**	**25.5**	**27.1**	**29.3**	**30.5**	**25.9**	**17.7**	**22.6**	**22.2**	**22.3**	**30.1**

dinaves (Norvège, 101), la plus forte dans l'Allemagne du Sud (Wurtemberg, 341). La France est un des pays où la mortalité du premier âge est la plus faible.

La mortalité diminue rapidement après la première année de vie; toutefois elle est encore forte de 1 à 5 ans. C'est de 10 à 15 qu'elle est à son minimum dans tous les pays (3,6 en Norvège, 6 en Italie); puis elle augmente lentement, deux fois plus forte à 30 ans (8 en Norvège, 10 en Italie) qu'à 15 ans; et deux fois plus forte à 50 ans (13 en Norvège, 21 en Italie) qu'à 30 ans. A partir de 60 ans, elle augmente rapidement jusqu'aux extrêmes limites de la vie, sans jamais devenir égale à 1000, puisque, si vieux que soit un homme, on ne peut jamais affirmer qu'il mourra dans l'année.

De tous les pays de l'Europe, ceux où la mortalité est la moindre sont les scandinaves et, notamment, la Norvège. A chaque âge, c'est la Norvège ou la Suède qui présente les chiffres les plus faibles. Le Danemark et, surtout la Finlande sont un peu moins favorisés.

Après eux, on doit citer, comme ayant une mortalité faible, les Pays-Bas, la Belgique, la France, la Suisse, l'Irlande, l'Angleterre, l'Écosse. Les Pays-Bas ont une mortalité infantile plus forte (195 pour 1000 vivants de 0 à 1 an) que les pays que nous venons d'énumérer, mais après la cinquième année, la mortalité y devient très faible. La Belgique, la France et l'Alsace-Lorraine ont des chiffres à peu près semblables; en France, on remarque une mortalité un peu forte à l'âge de 25 à 30 ans (chez les hommes seulement; les femmes ont une mortalité plus normale). En Suisse, la mortalité, un peu forte dans la première enfance (220 pour 1000 vivants de 0 à 1 an), devient ensuite très faible et reste telle jusque vers 30 ans; passé cet âge, elle devient plus forte que la mortalité française.

Dans les trois royaumes britanniques, on peut douter de l'exact enregistrement des décès du premier âge; les parents ont un délai trop long pour déclarer les naissances et les décès et, lorsque l'enfant meurt avant son inscription, on doit craindre qu'il ne soit souvent omis ou traité comme un simple mort-né. De là vient probablement la mortalité faible (167 décès pour 1000 vivants de 0 à 1 an) de l'Angleterre, et la mortalité plus faible encore (97) que l'Irlande s'attribue. Aux autres âges de la vie, la statistique anglaise est, au contraire, tenue avec le plus grand soin. Elle montre, pour l'Irlande une mortalité faible, pour l'Angleterre et pour l'Écosse une mortalité un peu plus forte que celle de France.

Les pays allemands ont, généralement, une mortalité assez forte. En Prusse, la mortalité est faible entre 5 et 40 ans; elle est assez élevée aux autres âges. On en peut dire autant de la Bavière, de la Saxe, du Wurtemberg et de Bade; de plus, la mortalité des enfants en bas âge est plus élevée dans ces pays qu'elle ne l'est en Prusse.

L'Autriche a une mortalité sensiblement plus forte que les pays de l'empire allemand; cette aggravation de la mortalité se fait sentir à tous les âges. Le royaume de Croatie-Slavonie est encore plus mal partagé que l'Autriche cisleithane; pourtant, la mortalité des vieillards de plus de 75 ans y est moins forte qu'ailleurs : peu arrivent jusque-là, mais ceux qui y parviennent sont des gens bâtis à chaux et à sable, et leur mortalité est plus faible même que celle des Norvégiens du même âge.

L'Italie est un pays à mortalité élevée; elle doit être mise à peu près sur le même rang que l'Autriche (peut-être sa mortalité est-elle un peu plus faible que celle de l'Autriche). La mortalité italienne a notablement diminué depuis la constitution du royaume, résultat heureux, qu'on doit sans doute attribuer à la prospérité croissante de la nation et, aussi, aux grands efforts dirigés contre la *mal'aria*.

La mortalité espagnole paraît être, à presque tous les âges, la plus forte de l'Europe.

Il semble, d'après le peu de renseignements que nous avons sur le Portugal, que la mortalité y soit notablement moindre qu'en Espagne.

On préfère souvent présenter les chiffres relatifs à la mortalité sous forme de *table de survie :* la mortalité de chaque âge étant déterminée, on suppose un nombre rond de naissances, soit 100 000. Puis on calcule combien, parmi ces enfants nés, doivent survivre à l'âge de 1 an, de 2 ans, de 3 ans, etc. La série des chiffres ainsi obtenus s'appelle table de survie. Nous en donnons plusieurs exemples empruntés aux *Bulletins de l'Institut international de statistique;* ces chiffres ont été calculés sous la direction de M. Bodio. Ils permettent d'apprécier notamment, les progrès réalisés par la vitalité des Italiens, puisque, en 1872-1874, sur 100 000 nés, il n'en survivait, à l'âge de 50 ans, que 36 634, tandis que, en 1881-1883, il en survivait 40 653 (en France, 49 892).

Nous allons étudier avec plus de détail la mortalité de chacun des grands groupes d'âges.

VI. **Étude de la mortalité de l'enfance (de 0 à 5 ans)**. — *Mortalité de l'enfance dans les divers pays*. — Le lecteur qui voudra se rendre rapidement compte de la mortalité infantile dans les différents pays de l'Europe, devra lire tout d'abord la colonne 8 de notre tableau LXXXIII. Il y verra combien, de 1000 enfants venus au monde vivants, il y en a de morts pendant les 5 premières années de la vie.

Les colonnes 3-7 donnent le détail, année d'âge par année d'âge, de cette mortalité. La col. 3 indique combien de décès dans la première année de la vie pour 1000 enfants nés vivants (ces chiffres sont nécessairement influencés par le sens que la statistique de chaque pays donne au mot *mort-né*, puisque les enfants qui ne sont pas regardés comme mort-nés sont généralement comptés comme décédés de 0 à 1 an, et réciproquement). Les colonnes suivantes indiquent combien de décès en un an pour 1000 survivants à chaque âge. On s'explique par consé-

TABLEAU LXXXII. — **Tables de survie calculées pour une génér**

AGES.	FRANCE 1880-1882.		BELGIQUE 1861-1883.		ITALIE 1872-1874.		ITALIE 1881-1883.		ESPAGNE 1880-1884.		PRUSSE 1881-1
	NOMBRE des survivants.	MORTS pour 1000 vivants exposés à mourir.	NOMBRE des survivants.	MORTS pour 1000 vivants exposés à mourir.	NOMBRE des survivants.	MORTS pour 1000 vivants exposés à mourir.	NOMBRE des survivants.	MORTS pour 1000 vivants exposés à mourir.	NOMBRE des survivants.	MORTS pour 1000 vivants exposés à mourir.	NOMBRE des survivants.
Nés.........	100.000	163.02	100.000	153.20	100.000	215.92	100.000	205.48	100 000	248.20	100.000
1 an	83.698	53.19	84.680	54.94	78.408	112.41	79.452	109.50	75.180	132.03	79.220
2 ans.......	79.246	26.17	80.028	28.42	69.594	54.72	70.752	53.88	65.254	62.25	73.970
3 —	77.172	15.34	77.754	16.09	65 786	35.21	66.940	33.06	61.192	38.01	71.370
4 —	75.988	11.23	76.503	11.44	63 470	26.34	64.727	23.25	58.866	30.41	69.650
5 —	75.135	9.79	75.628	9.50	61.798	21.96	63.222	19.48	57.076	24.10	68.490
6 —	74.399	8.34	74.910	7.57	60.441	17.58	61.990	15.71	55.700	17.78	67.403
7 —	73.779	6.90	74.343	5.63	59.378	13.20	61.016	11.93	54.710	11.47	66.560
8 —	73.269	6.39	73.924	5.17	58.594	11.84	60.288	10.60	54.082	10.27	65.894
9 —	72.801	5.89	73.542	4.71	57.900	10.48	59.649	9.28	53 527	9.08	65.311
10 —	72.372	5.38	73.196	4.25	57.293	9.12	59.095	7.95	53.041	7.88	64.809
11 —	71.983	4.88	72.885	3.79	56.770	7.76	58.625	6.63	52.623	6.69	64.386
12 —	71.632	4.37	72.609	3.33	56 329	6.40	58.236	5.30	52.271	5.49	64.041
13 —	71.319	4.72	72.367	3.74	55.968	6.56	57.927	5.51	51.984	5.80	63.772
14 —	70.982	5.07	72.096	4.15	55.601	6.72	57.608	5.73	51.682	6.11	63.495
15 —	70 622	5.42	71.797	4.55	55.227	6.88	57.228	5.94	51.366	6.41	63.210
16 —	70.239	5.77	71.470	4.96	54.847	7.04	56.938	6.16	51.037	6.72	62.917
17 —	69.834	6.13	71.116	5.37	54.461	7.20	56.587	6.37	50.694	7.03	62.616
18 —	69.406	6.54	70.734	5.70	54.069	7.84	56.227	6.84	50.338	7.27	62.307
19 —	68.953	6.95	70.331	6.03	53.645	8.48	55.842	7.31	49.972	7.51	61 976
20 —	68.474	7.35	69.907	6.35	53.190	9.12	55.434	7.79	49.597	7.74	61.623
21 —	67.971	7.76	69.463	6.68	52.705	9.76	55.002	8.26	49.213	7.98	61.248
22 —	67.444	8.17	68.999	7.01	52.191	10.40	54.518	8.73	48.820	8.22	60.852
23 —	66.893	8.48	68.515	7.34	51.648	18.38	54.072	8.74	48.419	8.21	60.435
24 —	66.326	8.79	68.012	7.67	51.112	10.36	53.599	8.76	48.021	8.20	60.003
25 —	65.743	9.11	67.490	7.67	50.582	10.34	53.129	8.77	47.627	8.19	59.554
26 —	65.144	9.42	66.972	7.87	50.059	10.32	52.663	8.79	47.237	8.18	59.104
27 —	64.530	9.73	66.445	8.06	49.542	10.30	52.200	8.80	46.851	8.17	58.685
28 —	63.902	9.74	65.909	8.26	49.032	10.40	51.741	8.81	46 468	8.44	58.147
29 —	63.280	9.75	65.365	8.45	48.522	10.50	51.285	8.83	46.076	8.71	57.636
30 —	62.663	9.75	64.813	8.65	48.013	10.60	50.832	8.84	45.675	8.98	57.104
31 —	62.052	9.76	64.252	8.84	47.504	10.70	50.383	8.86	45.265	9.25	56.551
32 —	61.446	9.77	63.684	9.04	46.996	10.80	49.937	8.87	44.846	9.53	55.977
33 —	60.846	9.88	63.108	9.23	46.488	11.06	49.494	9.16	44.419	9.80	55 384
34 —	62.245	9.98	62.526	9.43	45.974	11.32	49.041	9.44	43.984	10.07	54.792
35 —	59.644	10.07	61.936	9 43	45.454	11.58	48.578	9.73	43.541	10.07	54.206
36 —	59.043	10.19	61.352	9.76	44.928	11.84	48.105	10.01	43.102	10.52	53.627
37 —	58.441	10.30	60.753	10.09	44.396	12.10	47.623	10.30	42.649	10.97	53.053
38 —	57.839	10.56	60.140	10.42	43.859	12.46	47.132	10.39	42.181	11.42	52.485
39 —	57.228	10.82	59.513	10.75	43.313	12.82	46.642	10.49	41.699	11 87	51.919
40 —	56.609	11.08	58.873	11.68	42.758	13.18	46.153	10.58	41.204	12.32	51.355
41 —	55.982	11.34	58.221	11.41	42.194	13.54	45.665	10.68	40.696	12.77	50.794
42 —	55.347	11.60	57.557	11.74	41.623	13.90	45.177	10.77	40.176	13.22	50.235
43 —	54.705	11.92	56.881	12.07	41.044	14.40	44.690	11.47	39.645	13.67	49.678
44 —	54.053	12.24	56.194	12.40	40.453	14.90	44.177	12.17	39.103	14.12	49.121
45 —	53.391		55.497		39.850		43.639		38.551		48.569

...00 nés vivants des deux sexes réunis.

	AUTRICHE 1880-1882.		SUISSE 1881-1883.		SUÈDE 1881-1882.		NORVÈGE 1881-1882.		ANGLETERRE 1881-1882.		ÉCOSSE 1879-1881.	
MORTS pour 1000 vivants exposés à mourir.	NOMBRE des survivants.	MORTS pour 1000 vivants exposés à mourir.	NOMBRE des survivants.	MORTS pour 1000 vivants exposés à mourir.	NOMBRE des survivants.	MORTS pour 1000 vivants exposés à mourir.	NOMBRE des survivants.	MORTS pour 1000 vivants exposés à mourir.	NOMBRE des survivants.	MORTS pour 1000 vivants exposés à mourir.	NOMBRE des survivants.	MORTS pour 1000 vivants exposés à mourir.
28.27	100.000	250.87	100.000	184.68	100.000	129.36	100.000	100.76	100.000	145.19	100.000	120.99
58.60	74.913	81.83	81.532	36.92	87.064	41.13	89.924	31.16	85.481	57.07	87.901	57.04
26.74	68.783	48.28	78.522	20.16	83.483	26.83	87.122	15.92	80.603	25.80	82.887	.28.67
18.73	65.462	30.84	76.939	15.87	81.243	20.48	85.735	13.00	78.523	16.81	80.511	18.64
14.06	63.181	28.28	75.719	13.21	79.579	15.86	84.620	10.16	77.203	12.50	79.010	12.97
12 02	61.394	23.10	74.719	10.80	78.317	13.52	83.760	9.66	76.238	10.32	77.985	11.10
9.97	59.976	17.91	73.912	8.38	77.258	11.19	82.951	9.15	75.451	8.13	77.119	9.24
7.93	58.902	12.73	73.293	5.97	76.393	8.85	82.192	8.65	74.838	5.95	76.406	7.37
6.96	58.152	11.31	72.855	5.47	75.717	7.97	81.481	7.81	74.393	5.41	75.843	6.82
5.99	57.494	9.89	72.456	4.97	75.114	7.09	80.845	6.97	73.991	4.87	75.326	6.27
5.01	56.925	8.47	72.096	4.47	74.581	6.21	80.282	6.13	73.631	4.33	74.854	5.73
4.04	56.443	7.05	71.774	3.97	74.118	5.33	79.790	5.29	73.312	3.79	74.425	5.18
3.07	56.045	5.63	71.489	3.47	73.723	4.45	79.368	4.45	73.034	3.25	74.039	4.63
3.31	55.729	5.81	71.241	3.78	73.395	4.45	79.015	4.70	72.797	3.53	73.696	5.04
3.55	55.405	5.99	70.972	4.09	73.068	4.45	78.644	4.95	72.540	3 81	73.325	5.46
3.79	55.073	6.17	70.682	4.41	72.743	4.45	78.255	5.20	72.264	4.09	72.925	5.87
4.03	54.733	6.35	70.370	4.72	72.419	4.45	77.848	5.45	71.968	4.37	72.497	6.29
4.27	54.385	6.53	70.038	5.03	72.097	4.45	77.424	5.70	71.653	4.65	72.041	6.70
4.64	54.030	7.25	69.686	5.45	71.776	4.69	76.983	6.01	71.320	4.92	71.558	6.90
5.01	53.638	7.98	69.306	5.87	71.439	4.92	76.520	6.32	70.969	5.19	71.064	7.10
5.38	53.210	8.70	68.899	6.29	71.088	5.16	76.036	6.63	70.601	5.46	70.559	7.30
5.75	52.747	9.43	68.466	6.71	70.721	5.39	75.532	6.94	70.216	5.73	70.044	7.50
6.13	52.250	10.15	68.007	7.13	70.340	5.63	75.008	7.25	69.814	6.00	69.519	7.70
6.50	51.720	10.87	67.522	7.32	69.944	5.86	74.464	7.45	69.395	6.31	68.984	7.88
6.87	51.158	11.60	67.028	7.52	69.534	6.10	73.909	7.65	68.957	6.61	68.440	8.05
6.87	50.565	11.60	66.524	7.71	69.110	6.10	73.344	7.85	68.501	6.92	67.889	8.23
7.17	49.978	11.58	66.011	7.91	68.688	6.24	72.768	8.05	68.027	7.23	67.330	8.40
7.48	49.399	11.56	65.489	8.10	68.259	6.38	72.182	8.25	67.535	7.54	66.764	8.58
7.78	48.828	11 53	64.959	8.31	67.824	6.52	71.586	8.29	67.026	7.84	66.191	8.75
8.08	48.265	11.51	64.419	8.53	67.382	6.66	70.993	8.33	66.501	8.15	65.612	8.93
8.39	47.709	11.49	63.870	8.74	66.933	6.79	70.402	8.37	65.959	8.15	65.026	8.93
8.69	47.161	11.47	63.312	8.96	66.479	6.93	69.813	8.41	65.421	8.56	64.445	9.23
8.99	46.620	11.45	62.745	9.17	66.018	7.07	69.226	8.45	64.861	8.97	63.850	9.52
9.29	46.086	11.42	62.170	9 48	65.551	7.21	68.641	8.64	64.279	9.38	63.242	9.82
9.60	45.560	11.40	61.581	9.79	65.078	7.35	68.048	8.83	63.676	9.79	62.621	10.12
9.60	45.041	11.40	60.978	10.11	64.600	7.35	67.447	9.02	63.053	10.21	61.987	10.41
10.01	44.528	11.93	60.362	10.42	64.125	7.63	66.839	9.21	62.409	10.62	61.342	10.71
10.42	43.997	12.46	59.733	10.73	63.636	7.90	66.223	9.40	61.746	11.03	60.685	11.00
10.83	43.449	12.99	59.092	11.12	63.133	8.18	65.603	9.27	61.065	11.44	60.017	11.30
11.24	42.885	13.52	58.435	11.52	62.617	8.46	64.995	9.14	60.366	11.85	59.339	11.60
11.66	42.305	14.05	57.762	11.91	62.087	8.74	64.401	9.01	59.651	12.42	58.651	11.60
12.07	41.711	14.58	57.074	12.31	61.544	9.01	63.821	8 88	58.944	12.99	57.971	12.19
12.48	41.103	15.11	56.371	12.70	60.989	9.29	63.254	8.75	58.212	13.57	57.264	12.77
12.89	40.182	15.64	55.655	13.13	60.422	9.57	62.699	8.97	57.456	14.14	56.533	13.36
13.30	39.849	16.17	54.924	13.57	59.844	9.85	62.137	9.19	56.676		55.778	13.94
	39.205		54.179		59.255		61.566		55.875		55.000	

Tableau LXXXII (*suite*). — **Tables de survie calculées pour une géné**

AGES.	FRANCE 1880-1882.		BELGIQUE 1881-1883.		ITALIE 1872-1874.		ITALIE 1881-1883.		ESPAGNE 1880-1884.		PRU... 1881...
	NOMBRE des survivants.	MORTS pour 1000 vivants exposés à mourir.	NOMBRE des survivants.	MORTS pour 1000 vivants exposés à mourir.	NOMBRE des survivants.	MORTS pour 1000 vivants exposés à mourir.	NOMBRE des survivants.	MORTS pour 1000 vivants exposés à mourir.	NOMBRE des survivants.	MORTS pour 1000 vivants exposés à mourir.	NOMBRE des survivants.
46 ans	52.720	12.56	54.809	12.40	39.236	15.40	43.077	12.87	38.007	14.12	48.00.
47 —	52.041	12.88	54.087	13.17	38.612	15.90	42.492	13.57	37.454	14.55	47.384
48 —	51.354	13.20	53.332	13 95	37.979	16.40	41.886	14.27	36.843	14.98	46.714
49 —	50.637	13.96	52.547	14.72	37.319	17.38	41.273	14.64	36.325	15.40	45.99.
50 —	49.892	14.72	51.733	15.50	36.634	18.36	40.653	15.01	35.750	15.83	45.22.
51 —	49.120	15.48	50.891	16.27	35.925	19.34	40.027	15.39	35.169	16.26	44.40.
52 —	48.322	16.24	50.024	17.04	35.195	20.32	39.396	15.76	34.582	16.69	43.55.
53 —	47.501	17.00	49.133	17.82	34.445	21.30	38.761	16.13	33.990	17.12	42.65.
54 —	46.644	18.05	48.220	18.59	33.678	22.26	38.061	18.07	33.394	17.54	41.76.
55 —	45.754	19.09	47.286	19.37	32.896	23.22	37.299	20.01	32.794	17.97	40.71.
56 —	44.833	20.14	46.370	19.37	32.101	24.18	36.480	21.95	32.205	17.97	39.71.
57 —	43.883	21.18	45.368	21.60	31.294	25.14	35.608	23.89	31.542	20.59	38.66.
58 —	42.907	22.23	44.287	23.83	30.477	26.10	34.688	25.83	30.810	23.22	37.54.
59 —	41.866	24.26	43.133	26.06	29.584	29 30	33.747	27.14	30.014	25.84	36.36.
60 —	40.765	26.30	41.913	28.29	28.623	32.50	32.787	28.46	29.160	28.46	35.10.
61 —	39.610	28.33	40.634	30.51	27.601	35.70	31.811	29.77	28.253	31.09	33.80.
62 —	38.407	30.37	39.304	32.74	26.527	38.90	30.822	31.09	27.301	33.71	32.46.
63 —	37.163	32.40	37.930	34.97	25.410	42.10	29.823	32.40	26.309	36.33	31.08.
64 —	35.846	35.45	36.519	37.20	24.253	45.54	28.700	37.67	25.284	38.95	29.66.
65 —	34.466	38.49	35.079	39.43	23.065	48.98	27.467	42.95	24.233	41.58	28.21.
66 —	33.034	41.54	33.696	39.43	21.856	52.42	26.143	48 22	23.225	41.58	26.80.
67 —	31.561	44.58	32.184	44.87	20.635	55.86	24.744	53.50	22.126	47.34	25.31.
68 —	30.058	47.63	30.565	50.31	19.411	59.30	23.290	58.77	20.951	53.11	23.70.
69 —	28.473	52.73	28.861	55.75	18.126	66.20	21.820	63.12	19.718	58.87	22.16.
70 —	26.826	57.83	27.095	61.19	16.801	73.10	20.348	67.47	18.443	64.64	20.50.
71 —	25.138	62.93	25.289	66.64	15.457	80.00	18.886	71.83	17.146	70.40	18.88.
72 —	23.428	68.03	23.466	72.08	14.114	86.90	17.447	76.18	15.840	76.16	17.24.
73 —	21.715	73.13	21.647	77.52	12.790	93.80	16.042	80.53	14.542	81.93	15.63.
74 —	19.991	79.48	19.851	82.96	11.533	98 28	14.579	91.20	13.267	87.69	14 08.
75 —	18.275	85.83	18.096	88.40	10.348	102.76	13.094	101.88	12.027	93.46	12.60.
76 —	16.591	92.17	16.496	88.40	9.238	107.24	11.620	112.55	10.903	93.46	11.25.
77 —	14.956	98.52	14.856	99.42	8.206	111.72	10.188	123.23	9.817	99.59	9.97.
78 —	13.388	104.87	13.215	110.44	7.252	116.20	8.824	133.90	8.779	105.72	8.76.
79 —	11.847	115.12	11.610	121.47	6.311	129.72	7.606	138.05	7.797	111.85	7.62.
80 —	10.362	125.37	10.072	132.49	5.407	143.24	6.524	142.21	6.877	117.98	6.54.
81 —	8.957	135.63	8.627	143.51	4 559	156.76	5.569	146.36	6.024	124.10	5.55.
82 —	7.650	145.88	7.294	154.53	3.783	170.28	4.731	150.52	5.239	130.23	4.66.
83 —	6.456	156.13	6.086	165.55	3.088	183.80	3.999	154.67	4.525	136.36	3.86.
84 —	5.420	160.53	5.011	176.58	2.501	189.98	3.312	171.80	3.847	149.76	3.16.
85 —	4.526	164.93	4.071	187.60	2.010	196.16	2.686	188.92	3.219	163.16	2.56.
86 —	3.760	169.33	3.307	187.60	1.603	202.34	2.133	206 05	2.651	176.55	2.05.
87 —	3.107	173.73	2.643	200.71	1.269	208.52	1.657	223.17	2.147	189.95	1.62.
88 —	2.554	178.13	2.078	213.82	997	214.70	1.259	240.30	1.710	203.35	1.27.
89 —	2.094	180.17	1.606	226.92	780	217.82	952	243.66	1.372	197.80	98.
90 —	1.712	182.21	1.221	240.03	608	220.94	717	247.02	1.108	192.24	7..

00 nés vivants des deux sexes réunis.

	AUTRICHE 1880-1882.		SUISSE 1881-1883.		SUÈDE 1881-1883.		NORVÈGE 1881-1882.		ANGLETERRE 1881-1882.		ÉCOSSE 1879-1881.	
MORTS pour 1000 vivants exposés à mourir.	NOMBRE des survivants.	MORTS pour 1000 vivants exposés à mourir.	NOMBRE des survivants.	MORTS pour 1000 vivants exposés à mourir.	NOMBRE des survivants.	MORTS pour 1000 vivants exposés à mourir.	NOMBRE des survivants.	MORTS pour 1000 vivants exposés à mourir.	NOMBRE des survivants.	MORTS pour 1000 vivants exposés à mourir.	NOMBRE des survivants.	MORTS pour 1000 vivants exposés à mourir.
13.30	38.571	16.17	53.420	14.00	58.671	9.85	60.987	9 41	55 053	14.71	54.201	14.53
14.30	37.900	17.39	52.649	14.44	58.056	10.48	60.400	9.63	54.212	15.28	53.382	15.11
15.29	37.195	18.60	51.866	14.87	57.411	11.11	59.805	9.85	53.853	15.85	52.544	15.70
16.29	36.458	19.82	51.049	15.75	56.738	11.73	59.172	10.58	52.476	16.43	51.689	16.28
17.29	35.691	21.04	50.200	16.63	56.037	12.36	58.503	11.31	51.584	17.00	50.817	16.87
18.28	34.897	22.26	49.321	17.51	55.309	12.99	57.799	12.04	50.707	18.48	49.960	16.87
19.28	34.078	23.48	48.414	18.39	54.556	13.62	57.061	12.77	49 770	19.97	49.047	18.28
20.28	33.237	24.69	47.481	19.27	53.779	14.24	56.291	13.50	48.776	21.45	48.081	19.70
21.27	32.376	25.91	46.486	20.96	52.979	14.87	55.466	14.65	47.730	22.93	47.066	21.11
22.27	31.498	27.13	45.433	22.65	52.158	15.50	54.590	15.80	46 636	24.42	46.006	22.53
22.27	30.643	27.13	44.327	24.35	51.350	15.50	53.665	16.95	45.497	25.90	44.905	23.94
25.14	29.727	29.89	43.173	26.04	50.457	17.38	52.694	18.10	44.319	27.38	43.766	25.37
28.02	28.756	32.66	41.976	27.73	49.484	19.28	51.680	19.25	43.106	28.86	42.594	26.77
30.89	27.737	35.42	40.694	30.53	48.436	21.17	50.568	21.51	41.862	30.35	41.393	28 19
33.76	26.678	38.18	39.338	33.33	47.310	23 06	49.366	23.77	40 591	30.35	40.168	29.60
36.64	25.586	40.94	37.917	36.13	46.139	24.94	48.081	26.03	39.359	33.72	38.979	29.60
39.51	24.468	43.71	36.441	38.93	44.901	26.83	46.721	28.29	38.032	37.09	37.703	32.74
42.38	23.331	46.47	34.920	41.73	43.611	28.72	45.294	30.55	36.621	40.47	36.350	35.88
45.25	22.183	49.23	33.340	45.26	42.276	30.61	43.789	33.23	35.139	43.84	34.932	39.02
48.13	21.029	52.00	31.713	48.79	40.902	32.50	42.217	35.91	33.599	47.21	33.459	42.16
48.13	19.935	52.00	30.054	52.31	39.573	32.50	40.588	38.59	32.013	50.58	31.943	45.31
55.17	18.770	58.46	28.376	55.84	38.093	37.39	38.913	41.27	30.394	53.95	30.395	48.45
62.22	17.551	64.93	26.691	59.37	36.482	42.28	37.203	43.95	28.754	57.33	28.827	51.59
69.26	16.298	71.39	24.928	66.06	34.761	47.17	35.492	46.00	27.106	60.70	27.249	54.73
76.31	15.029	77.85	23.115	72.74	32.951	52.06	33.787	48.05	25.461	60.70	25.672	57.87
83.35	13.762	84.32	21.279	79.43	31.075	56.94	32.094	50.10	23.916	67.90	24.186	57.87
90.39	12.513	90.78	19.447	86.11	29.154	61.83	30.420	52.15	22.292	75.10	22.617	64.88
97.44	11.296	97.24	17.642	92.80	27.209	66.72	28.771	54.20	20.618	82.30	20.991	71.90
04.48	10.125	103.70	15.867	100.61	25.261	71.61	27.041	60.13	18.921	89.50	19.335	78.91
11.53	9.010	110.17	14.147	108.41	23.329	76.50	25.255	66.06	17.228	96.70	17.674	85.93
11.53	8.017	110.17	12.503	116 22	21.544	76.50	23.437	71 99	15.562	103.90	16.031	92.94
27.45	7.033	122.72	10.952	124.02	19.666	87.19	21.611	77.92	13 945	111.10	14.429	99.96
43.37	6.082	135.27	9.508	131.83	17.741	97.88	19.799	83.85	12.396	118.30	12.886	106.97
59.29	5.183	147.82	8.142	143.72	15.815	108.57	17.934	94.22	10.930	125.50	11.417	113.99
75.21	4.352	160.37	6.875	155.62	13.929	119.26	16.058	104.59	9 558	125.50	10.036	121.00
91.12	3.599	172.93	5.723	167.51	12.119	129.94	14.212	114.96	8.358	135.14	8.822	121.00
07.04	2.931	185.48	4.696	179.41	10.415	140.63	12.431	125.33	7.228	144.47	7.637	134.28
22.96	2.351	198.03	3.798	191.30	8.839	151.32	10.744	135.70	6.182	154.41	6.510	147.56
38.88	1.856	210.58	3.024	203.71	7.407	162.01	9.111	152.02	5.227	164.05	5.463	160.84
54.80	1.442	223.13	2.370	216.11	6.128	172.70	7.577	168.34	4.370	173.69	4.512	174.12
54.80	1.120	223.13	1.828	228.52	5.070	172.70	6.178	184.66	3.611	183.32	3.666	187.41
73.08	856	235.62	1.388	240.92	4.038	203.61	4.936	200.98	2.949	192.96	2.930	200.69
91.36	644	248.10	1.036	253.33	3.091	234.52	3.863	217.30	2.380	202.60	2.303	213.97
09.63	476	260.59	751	274.62	2.271	265.43	2.943	238 16	1.898	212.24	1.780	227.25
27.91	346	273.07	529	295.91	1.598	296.34	2.181	259.02	1.495		1.352	240.53

quent que la colonne 8 ne contienne pas la somme des précédentes. Elle n'en est que le résumé.

Tableau LXXXIII. — **Mortalité de 0 à 5 ans dans les principaux pays de l'Europe.**

PAYS.	PÉRIODE D'OBSERVA-TION.	SUR 1000 nés vivants, combien de décès de 0 à 1 an.	SUR 1000 SURVIVANTS				RÉSUMÉ Sur 1000 nés vivants, combien de décès de 0 à 5 ans.
			à 1 an, combien de décès de 1 à 2 ans.	à 2 ans, combien de décès de 2 à 3 ans.	à 3 ans, combien de décès de 3 à 4 ans.	à 4 ans, combien de décès de 4 à 5 ans.	
1	2	3	4	5	6	7	8
France................	1875–82	166.2	»	»	»	»	251.1
Alsace-Lorraine........	1872–81	212.7	57.9	28.3	18.8	13.3	298.0
Belgique...............	1867–83	148.2	58.4	36.1	20.6	14.2	253.2
Pays-Bas..............	1878–81	193.2	56.9	25.1	14.9	»	»
Portugal..............	1862	150.0	»	»	»	»	»
Italie.................	1872–83	209.7	111.4	54.5	34.6	25.4	378.5
Roumanie.............	1875–82	250.0	»	»	»	»	339.6
Grèce.................	1878–82	137.7	»	»	»	»	264.5
Suisse................	1869–80	195.2	38.8	19.9	13.8	11.1	266.3
Prusse................	1874–82	207.8	66.3	35.2	24.1	17.5	316.2
Saxe..................	1865–70	270.0	66.9	31.7	21.4	12.9	373.5
Bavière...............	1866–83	308.4	58.9	28.3	19.8	14.5	393.2
Wurtemberg..........	1871–81	312.5	49.4	29.6	20.8	16.2	397.1
Bade.................	1866–83	261.7	51.2	24.8	18.2	14.0	346.9
Autriche cisleithane...	1866–83	255.3	82.5	47.6	33.9	26.1	389.0
Croatie-Slavonie	1874–82	234.0	93.1	63.3	46.4	34.3	423.8
Russie d'Europe.......	1867–78	266.8	102.1	61.3	40.5	30.4	422.9
Finlande..............	1878–80	164.9	64.7	43.2	»	»	»
Suède................	1866–82	131.9	40.9	26.3	19.9	14.9	222.5
Norvège..............	1866–82	104.9	34.1	18.9	14.3	11.8	179.1
Danemark	1870–82	137.5	35.7	18.7	14.9	12.5	204.9
Angleterre et Galles...	1866–82	149.2	58.2	27.7	18.4	13.5	249.3
Ecosse...............	1865–81	122.0	58.5	30.2	21.0	15.6	230.9
Irlande...............	1865–83	95.9	34.2	20.3	13.7	10.3	164.6
Massachussetts........	1870–81	163.4	62.5	33.6	25.1	19.5	279.5
Vermont..............	1872–76	131.4	36.3	23.6	19.1	14.3	225.8
Rhode-Island.........	1870–83	135.2	62.7	34.8	25.7	21.8	253.5

Les pays les plus favorisés sont les pays scandinaves, dont la mortalité, nous l'avons dit, est à tous les âges la plus faible de l'Europe.

Après eux, il faudrait citer l'Irlande, l'Écosse et l'Angleterre; la misérable Irlande jouirait même d'une vitalité supérieure à celle de la paisible et laborieuse Norvège. Mais la statistique anglaise, en ce qui concerne les premiers âges de la vie, n'est peut-être pas digne de toute confiance. Le délai beaucoup trop long accordé aux parents pour déclarer les naissances, l'absence de toute statistique des mort-nés, enfin la bizarrerie de plusieurs résultats statistiques nous font douter de la valeur des chiffres relatifs à la première année de la vie (1); il est vrai que ceux des années suivantes sont dignes de foi, et qu'ils révèlent

(1) *Difficulté de déterminer la mortalité dans la première année de la vie... notamment en Angleterre*, lettre du Dr Bertillon père (Union médicale, 1er mars 1870).

une mortalité assez faible en Angleterre et en Écosse, et une mortalité extrêmement faible en Irlande.

La France est un des pays où la mortalité infantile est la plus faible. Malheureusement, les documents français ne sont pas aussi analytiques que ceux des autres pays et ne se prêtent qu'imparfaitement aux comparaisons.

La Belgique, les Pays-Bas, ont des chiffres qui paraissent analogues aux nôtres ; puis viennent la Suisse et la Grèce, et loin derrière elles, l'Alsace-Lorraine.

Dans ces pays, on peut dire en résumé que le quart des enfants nés meurent avant 5 ans.

Les pays allemands ont tous une mortalité infantile très supérieure à la nôtre ; dans l'Allemagne du nord, le tiers des enfants nés sont morts avant 5 ans (Prusse 316 ; Saxe 373). Dans l'Allemagne du sud, la proportion des morts est plus élevée encore (Bavière, 393 ; Wurtemberg, 397 ; Autriche, 390).

L'Italie et l'Espagne ont des chiffres analogues ; ceux de la Roumanie sont un peu moins élevés.

Enfin les pays où cette proportion est le plus élevée sont la Russie et la Croatie-Slavonie ; près de la moitié des enfants meurent avant l'âge de 5 ans. Ce sont les pays les plus féconds de l'Europe, avons-nous dit, mais cette fécondité ne leur profite guère ; près de la moitié des berceaux se vident dans un cercueil, et ne sont pour les parents qu'un triste sujet d'angoisses et de larmes. On remarque que dans ces deux pays où la mortalité est forte à tous les âges de l'enfance, celle de la première année de la vie dépasse la moyenne moins que celle des années suivantes.

On résumera assez bien ce tableau en disant que les pays les plus féconds sont ceux qui perdent le plus d'enfants (Allemagne, Russie, Italie, etc.), et que ceux qui produisent plus d'enfants, conservent assez bien ceux qu'ils ont (Irlande, France, Belgique, Suisse, Suède). Mais cette règle est loin d'être absolue, et il est prudent de ne la prendre que comme moyen mnémotechnique.

Quel que soit le pays que l'on considère, on ne manquera pas de remarquer, dans quelle étonnante proportion la mortalité de la première année de la vie l'emporte sur celle des années suivantes ; elle est généralement trois ou quatre fois plus forte que celle de la deuxième année de la vie, qui elle-même l'emporte de beaucoup sur la mortalité de la troisième année de la vie ; à partir de cet âge, la mortalité diminue plus lentement. Cette décroissance rapide de la mortalité est d'autant plus rapide que l'on considère une période plus voisine de la naissance. Elle est plus sensible encore pendant les premiers mois de la vie, et plus encore pendant les premiers jours. Une étude magistrale a été publiée sur ce point par feu le Dr F. Th. Berg, directeur de la statistique suédoise, dans le *Statistisk Tidskrift* (1869, 23ᵉ fasc.). Voici quelques-uns des chiffres de ce statisticien éminent :

TABLEAU LXXXIV. — **Sur 1000 nés vivants, combien sont morts dans chacun des premiers mois de la vie.**

(SUÈDE, 1860-1866).

1	1ᵉʳ MOIS.	2ᵉ MOIS.	3ᵉ MOIS.	4ᵉ MOIS.	5ᵉ MOIS.	6ᵉ MOIS.	7ᵉ MOIS.	8ᵉ MOIS.	9ᵉ MOIS.	10ᵉ MOIS.	11ᵉ MOIS.	12ᵉ MOIS.	TOTAL ANNÉE entière.
	2	3	4	5	6	7	8	9	10	11	12	13	14
ROYAUME ENTIER.													
2 sexes.........	47.0	15.8	12.9	10.3	8.2	6.6	6.2	5.5	5.5	5.1	4.8	4.9	132.8
Masculin....	52.3	16.7	13.7	10.9	8.8	7.1	6.5	5.8	5.8	5.2	5.0	5.0	142.8
Féminin......	41.5	14.8	12.1	9.7	7.6	6.2	5.8	5.2	5.1	4.9	4.6	4.7	122.2
CAMPAGNES.													
2 sexes.........	45.9	14.9	12.1	9.5	7.3	5.9	5.5	4.9	5.0	4.6	4.4	4.4	
Masculin.. ...	51.3	15.7	12.9	10.1	7.8	6.3	5.7	5.1	5.4	4.8	4.5	4.6	
Féminin......	40.3	14.1	11.3	8.9	6.7	5.5	5.2	4.6	4.6	4.4	4.2	4.3	
VILLES (y compris Stockholm).													
2 sexes.........	54.7	21.6	18.9	16.5	14.8	12.1	11.1	10.1	8.9	8.4	8.3	8.1	
Masculin......	59.3	23.7	20.0	17.3	15.9	12.8	12.0	10.8	8.9	8.8	8.4	8.1	
Féminin......	49.8	19.5	17.8	15.6	13.6	11.4	10.3	9.4	8.8	8 5	8.2	8.2	
VILLE DE STOCKHOLM.													
2 sexes.........	69.7	30.9	29.1	28.0	22.9	18.4	15.9	13.8	11.6	11.2	9.9	9.6	
Masculin......	74.0	33.8	30.1	28.9	25.2	18.7	17.3	14.5	12.1	10.6	10.3	10.8	
Féminin......	65.3	27.9	28.0	27.1	20.4	18.1	14.4	13.1	11.1	11.8	9.4	8.4	

Nous reviendrons sur cet intéressant tableau. Pour le moment, ce qui doit surtout attirer l'attention du lecteur, c'est sa première ligne; on voit que plus du tiers des enfants qui meurent dans la première année meurent dès le premier mois qui suit leur venue au monde. La mortalité est trois fois moindre dans le deuxième mois que dans le premier; elle diminue rapidement dans les quatre mois qui suivent, tandis qu'elle ne décroît que beaucoup plus lentement à partir de l'âge de six mois (époque où elle est sept fois moindre que pendant le premier mois).

Étudions, à présent, toujours sous la direction du vénéré Berg, la mortalité du premier mois de la vie, nous verrons que même dans ce mois critique, le danger de mort est grand surtout au moment de la naissance et diminue rapidement après ce moment périlleux.

Ici encore, c'est la première ligne du tableau qui doit surtout attirer l'attention. Elle montre que la mortalité est deux fois plus forte dans la première semaine que dans la deuxième, et qu'elle continue à baisser dans les suideux vantes.

TABLEAU LXXXV. — **Sur 1000 nés vivants, combien sont morts dans chacune des 4 premières semaines de vie.**

(SUÈDE, 1860-1866).

	1re SEMAINE.	2e SEMAINE.	3e SEMAINE.	4e SEMAINE.
ROYAUME ENTIER.				
Deux sexes................	21.1	11.2	8.9	5.3
Masculin..................	23.9	12.6	9.5	5.7
Féminin...................	18.0	9.7	8.2	5.0
CAMPAGNES.				
Deux sexes....	20.5	11.0	8.7	5.2
Masculin..................	23.5	12.4	9.3	5.5
Féminin...................	17.3	9.6	8.1	4.8
VILLES (y compris Stockholm).				
Deux sexes................	25.2	12.2	10.3	6.4
Masculin..................	27.2	13.9	11.0	6.7
Féminin,..................	23.2	10.5	9.5	6.1
VILLE DE STOCKHOLM.				
Deux sexes................	31.3	15.4	13.8	8.4

Mais Berg a poursuivi ses études plus loin encore, et il a calculé la mortalité par jour d'âge pour les quatre premières semaines de vie. Voici les résultats qu'il a obtenus :

TABLEAU LXXXVI. — SUÈDE (1860-1866). — *Sur 1000 nés vivants, combien sont morts dans chacun des 28 premiers jours de leur vie.*

1er jour............	9.9	15e jour.................	1.5
2e —	2.4	16e —	1.4
3e —	1.6	17e —	1.3
4e —	1.4	18e —	1.3
5e —	1.7	19e —	1.1
6e —	2.2	20e —	1.2
7e —	1.9	21e —	1.1
8e —	1.8	22e —	0.9
9e —	1.4	23e —	0.8
10e —	1.6	24e —	0.9
11e —	1.5	25e —	0.7
12e —	1.5	26e —	0.7
13e —	1.5	27e —	0.7
14e —	1.9	28e —	0.6

Ce tableau **montre de combien le danger de la première journée dé-** passe celui de toutes les autres (dans la statistique suédoise, le mot mort-né est pris dans sa rigoureuse acception médico-légale : *enfant viable, mort avant d'avoir respiré*). Le danger de mort ne diminue que insensiblement pendant tout le reste du mois ; on ne s'apercevrait pas deson abaissement sans les totalisations qui figurent au tableau LXXXV.

Influence du sexe sur la mortalité du premier âge. — Les médecins de l'enfance admettaient tout récemment encore que, à cet âge où la différence des sexes n'existe pour ainsi dire qu'à l'état virtuel, il n'y avait entre la mortalité des petits garçons et celle des petites filles aucune différence. C'est pourtant le contraire même de la vérité, et à aucun autre âge de la vie, il n'y a entre la mortalité des deux sexes un aussi grand écart.

Si on veut bien comparer les lignes 2 et 3 du tableau LXXXIV, on verra (col. 14) que la dîme mortuaire est de 142,8 décès pour 1000 naissances, en ce qui concerne les petits garçons et seulement 122,2 en ce qui concerne les petites filles, c'est-à-dire que la chance de mourir des garçons est à celle des filles comme 117 est à 100. Et si on lit les mêmes lignes dans les colonnes 2-13, on verra que cette différence se retrouve régulièrement à chaque mois d'âge; elle est d'autant plus accentuée que l'on considère un âge plus rapproché de la naissance (ainsi pendant la première semaine la dîme mortuaire des garçons est 23,9 et celle des filles 18,0 soit comme 133 est à 100). Petit à petit, la mortalité des deux sexes diminue, et la différence relative qui les sépare s'affaiblit; pendant le douzième mois de vie, il y a 5 décès masculins pour 1000 naissances masculines et 4,7 décès féminins pour 1000 naissances féminines, ces deux chiffres sont entre eux comme 106 est à 100). Cette aggravation de le mortalité masculine se retrouve aussi bien dans les campagnes suédoises que dans les villes.

Elle se retrouve dans tous les pays du monde, et partout elle est à peu près la même, c'est-à-dire que la mortalité des garçons est à celle des petites filles comme 116 ou 117 sont à 100 :

TABLEAU LXXXVII. — *La dime mortuaire (pour 1000 naissances, combien de décès de 0 à 1 an) des petites filles étant 100, celle des petits garçons devient :*

France (1857-1866)............................... 116.9
Danemark (1860-1869)........................... 117.5
Norvège (1866-1870)............................. 118.0
Suède (1861-1870)................................ 116.5

Influence de l'alimentation. — L'influence du mode d'alimentation sur la mortalité des enfants a été souvent affirmée et rarement démontrée par des chiffres. M. Richard Bœckh, l'éminent directeur de la statistique de Berlin, l'a récemment étudiée avec un soin scrupuleux (1). Malheureusement ses chiffres ne se rapportent encore qu'à une seule année d'observation.

La mortalité des enfants a toujours été assez forte à Berlin. Depuis

(1) *Congrès international d'hygiène et de démographie de Vienne*, 1887. — Des résumés de ce travail ont paru dans le *Bulletin de l'Institut international de statistique*, 1887, et dans le *Statistische Jahrbuch* de Berlin pour l'année 1885.

que cette ville s'accroît rapidement, la mortalité y augmente à tous les âges, et spécialement dans la première année de la vie :

TABLEAU LXXXVIII. — BERLIN. — *Pour 1000 naissances, combien de décès de 0 à 1 an.*

1816-1820	275	1851-1855	245
1821-1825	275	1856-1860	277
1826-1830	256	1861-1865	316
1831-1835	263	1866-1870	339
1836-1840	264	1871-1875	371
1841-1845	257	1876-1880	326
1846-1850	253	1881-1885	307

Pendant l'année 1885, qui sera seule étudiée dans les pages suivantes, la mortalité des enfants de 0 à 1 an à Berlin a été extraordinairement faible (287 décès pour 1000 naissances), chiffre qui n'avait pas été observé dans cette ville depuis 1860.

Pour connaître la mortalité selon le mode d'alimentation, il ne suffit pas de savoir combien d'enfants nourris de telle ou telle manière sont morts ; il faut aussi savoir combien d'enfants vivants reçoivent chaque mode d'alimentation, de façon à pouvoir calculer ce rapport : « Sur 1000 enfants nourris au sein, combien sont morts. » Longtemps la statistique de Berlin n'a pu recueillir que le nombre des décès par mode d'alimentation ; pour calculer l'influence de l'alimentation sur la mortalité, on en était réduit à employer la méthode détournée que voici : on distinguait les causes de mort qui paraissaient dépendre de l'alimentation (maladies des organes digestifs) de celles qui en paraissaient indépendantes ; on supposait que, parmi ces dernières, les enfants nourris artificiellement étaient dans la même proportion que dans l'ensemble de la population vivante ; si leur proportion était plus élevée parmi les maladies des organes digestifs, on attribuait cette augmentation à l'alimentation artificielle.

Lors du recensement de 1885, on introduisit dans le bulletin individuel la question suivante : « Pour les enfants nés en 1885 : l'enfant est-il actuellement nourri avec le lait maternel, le lait d'une nourrice, le lait d'un animal, un succédané du lait (1), ou avec une autre nourriture ? (Souligner le mot qui répond à la question). » Il fut très généralement répondu à la question (sur 33.778 bulletins d'enfants, 481 seulement ont présenté ici une lacune). Ce recensement permettait de calculer la mortalité infantile par une méthode plus directe que la précédente et assurément préférable (2). Cependant pour rendre les comparaisons entre les chiffres du recensement et ceux des décès plus

(1) *Milchsurrogat* (lait condensé, extrait de viande, poudres de lait, etc.).
(2) M. Bœckh calcule que dans le recensement de Berlin, 684 enfants de 0 à 1 an seulement ont été omis ; à Paris, le recensement des enfants en bas âge est bien plus imparfait, et les omissions s'élèvent à 8 ou 10,000.

exactes, il a fallu arrêter quelques règles particulières : lorsqu'un enfant devient malade, en effet, il arrive le plus souvent qu'on améliore
son alimentation, sans pour cela réussir à le sauver; le mode d'alimentation indiqué sur la statistique doit évidemment être celui auquel
l'enfant était soumis avant d'être malade ; de là cette règle de ne pas
tenir compte des changements qui ont pu survenir dans le mode d'alimentation dans les quinze derniers jours de la vie de l'enfant.

Voici quelle est la fréquence des divers modes d'alimentation usités
à Berlin :

TABLEAU LXXXIX. — BERLIN (1885). — *Sur 1000 enfants, de chaque catégorie, des*
onze premiers mois de la vie, combien sont nourris :

	Légitimes.	Illégitimes.	Ensemble.
Allaitement maternel....................	576	353	558
Allaitement par nourrice................	29	7	27
Allaitement maternel et lait d'un animal.	41	31	40
Allaitement au sein, succédané du lait et lait d'un animal.....................	9	14	9
Lait d'un animal seul.............	326	570	345
Succédané du lait seul..................	11	13	11
Autre alimentation.....................	8	12	10
TOTAUX...............	1000	1000	1000

On voit que plus du tiers des femmes mariées et les deux tiers des
femmes non mariées ne nourrissent pas elles-mêmes leurs enfants, et
remplacent le sein par le biberon.

Voici la proportion pour chaque mois d'âge, des enfants nourris au
lait animal :

TABLEAU XC. — *Sur 1000 enfants de chaque catégorie, combien sont nourris*
au lait animal.

	Légitimes.	Illégitimes.	Ensemble.
1er mois...........................	173	354	194
2e —	225	569	261
3e —	283	575	306
4e —	322	587	344
5e —	329	609	349
6e —	330	596	351
7e —	345	638	367
8e —	363	640	384
9e —	395	544	407
10e —	424	614	435
11e —	447	618	488
De 0 à 11 mois....................	326	570	345

On voit que les illégitimes sont nourris au biberon beaucoup plus
souvent que les légitimes. La pauvreté de la plupart des filles mères
ne paraît pas expliquer ce résultat, car l'allaitement maternel est plus
répandu à Berlin dans les classes pauvres que dans les classes aisées
ou riches. C'est ce que montre le tableau suivant dans lequel le degré

d'aisance est exprimé (avec une approximation suffisante) au moyen du nombre de pièces dont se compose le logement.

La fréquence de l'allaitement maternel est en rapport avec le degré d'aisance ; c'est ce que montrent les chiffres suivants :

TABLEAU XCI. — **Sur 1000 enfants de chaque catégorie, combien sont nourris par l'allaitement maternel.**
(BERLIN, 1885.)

	LOGEMENTS COMPOSÉS DE			
	1 PIÈCE chauffable.	2 PIÈCES chauffables	3 PIÈCES chauffables	4 PIÈCES chauffables
1er mois de la vie......................	802	740	668	538
2e —	718	684	563	530
3e —	677	590	546	418
4e —	628	551	433	431
5e —	624	552	399	299
6e —	606	569	455	290
7e —	605	548	411	347
8e —	612	510	374	306
9e —	579	496	360	287
10e —	544	492	315	222
11e —	513	441	291	213
De 0 à 11 mois......................	637	565	444	353
Nombre absolu des enfants élevés dans chaque catégorie de logements........ (Nombre total : 31.818).	16.296	10.386	2 669	1.065

On voit, lorsqu'on lit ces chiffres en colonnes verticales que l'allaitement maternel est d'autant moins répandu que l'enfant est plus âgé, ce qui ne saurait surprendre ; beaucoup de mères se promettent d'allaiter elles-mêmes leur enfant, puis abandonnent pour une raison quelconque cette résolution. Si on lit ce tableau dans le sens horizontal, on voit que plus le logement habité par la famille de l'enfant est vaste, plus il est rare qu'il soit allaité par sa mère. Dans les classes riches (logements de 5 pièces chauffables et plus), la mère est souvent remplacée par une nourrice ; dans les autres catégories de logement, c'est le biberon qui remplace l'allaitement maternel. Au total, la proportion d'enfants élevés *au sein* (soit par la mère, soit par la nourrice) est la suivante pour chaque catégorie de population :

Sur 1000 enfants de 0 à 11 mois, de chaque catégorie, combien sont élevés au sein ?

Logements de 1 pièce............................	638
— 2 pièces............................	573
— 3 —	495
— 4 —	512
— 5 — et plus......................	615

Quoique dans les familles riches, on remplace souvent le sein maternel par le sein d'une nourrice, on voit que ce sont néanmoins lesenfants les plus pauvres qui reçoivent le plus souvent l'alimentation au sein. Les enfants des familles d'une situation de fortune intermédiaire sont ceux qui reçoivent le plus souvent l'alimentation au biberon. Le document berlinois (que nous ne pouvons reproduire ici en entier) montre qu'il en est ainsi à chaque âge du nourrisson.

L'âge de la mère a peu d'influence sur le mode d'alimentation de l'enfant. Ce sont surtout les femmes de 25 à 35 ans qui nourrissent elles-mêmes (sur 1000 de cet âge, 584 nourrissent elles-mêmes leur enfant); plus jeunes ou plus âgées, elles nourrissent un peu moins volontiers (sur 1000 avant 20 ans, 523 nourrissent elles-mêmes ; sur 1000 après 40 ans, mêmes chiffres). Entre les chiffres que nous venons de citer, la différence est assez faible.

Le nombre antérieur des enfants a une certaine influence sur la fréquence des divers modes d'alimentation. L'allaitement maternel est réservé surtout aux deuxièmes et troisièmes enfants (sur 1000 de ces enfants, 610 sont nourris par leur mère); quant aux premiers-nés, beaucoup sont nourris par leur mère (573 pour 1000); mais souvent on les alimente avec un succédané du lait (23 pour 1000). Après le troisième enfant, le nombre des mères qui nourrissent elles-mêmes diminue; celles qui ont eu dix enfants nourrissent pourtant encore 480 fois sur 1000.

Le tableau suivant, extrait de celui de M. Richard Bœckh, montre à quel point l'allaitement au sein est supérieur à tout autre mode d'alimentation. On l'a très souvent affirmé, mais on ne l'avait jamais prouvé aussi clairement par la statistique.

TABLEAU XCII. — **Sur 1000 enfants de chaque âge et de chaque catégorie, combien sont morts en 1885 ?**

(BERLIN.)

AGE.	ALLAITEMENT MATERNEL.			ALLAITEMENT ANIMAL.			SUCCÉDANÉ DU LAIT.			TOTAL DES ENFANTS SANS DISTINCTION du mode d'alimentation.		
	Légitimes.	Illégitimes.	Total.	Légitimes.	Illégitimes.	Total.	Légitimes.	Illégitimes.	Total.	Légitimes.	Illégitimes.	Total.
1	2	3	4	5	6	7	8	9	10	11	12	13
1er mois	19.6	26.7	20.3	102.8	125.2	108.1	229.7	»	270.4	56.0	131.9	65.5
2e —	7.6	14.3	8.0	58.0	91.5	67.1	146.0	»	147.2	24.4	77.3	30.4
3e —	6.4	6.3	6.3	54.4	88.7	61.8	121.3	»	148.4	24.5	68.0	29.0
4e —	5.8	7.5	5.8	47.8	80.1	53.7	96.6	»	104.1	24.1	58.8	27.5
5e —	4.9	4.6	4.9	44.1	72.0	49.2	62.2	»	64.9	21.5	56.9	24.8
6e —	4.4	3.1	4.3	42.4	52.5	44.1	66.7	»	69.6	20.7	41.2	22.5
7e —	4.2	8.0	4.3	44.4	41.7	44.4	60.0	»	55.0	21.4	37.1	22.8
8e —	4.7	2.6	4.4	32.5	38.9	33.6	35.9	»	45.3	17.0	31.6	18.3
9e —	5.0	3.8	4.9	28.2	36.3	29.1	34.1	»	32.4	16.7	27.1	17.5
10e —	4.7	4.5	4.6	25.9	26.0	26.0	18.5	»	26.5	16.1	25.8	16.9
11e —	5.9	8.1	6.0	21.8	27.6	22.4	22.9	»	24.7	15.0	23.2	15.7

Si l'on compare les chiffres de la colonne 4 (allaitement maternel), à ceux de la colonne 7 (allaitement animal), on verra que la mortalité des enfants allaités artificiellement est à chaque âge *six fois, sept fois* OU MÊME DIX FOIS plus forte que celle des enfants allaités au sein de leur mère. Et ce résultat est d'autant plus remarquable que les enfants allaités par leur mère appartiennent dans une plus forte proportion que les autres aux classes pauvres (voir tableau XCI).

Si l'on compare la colonne 7 (allaitement animal), si chargée qu'elle soit, à la colonne 10 (succédanés du lait), on trouve que les malheureux petits êtres soumis au régime du lait concentré, de la crème suisse, etc., présentent une mortalité plus forte encore que ceux qui sont au biberon.

Ce tableau appelle quelques autres remarques. Si l'on compare la colonne 11 (légitimes en général) et la colonne 12 (illégitimes), on voit que à Berlin comme ailleurs, la mortalité des illégitimes est deux ou trois fois plus forte que celle des légitimes. Ce résultat n'est pas nouveau, mais notre tableau montre en outre que ce n'est pas seulement à une différence dans l'alimentation qu'est due la différence. Sans doute les enfants illégitimes (nous l'avons vu plus haut) sont soumis au régime du biberon plus souvent que les légitimes ; mais ce n'est pas suffisant pour expliquer l'excès de leur mortalité. On s'en convaincra si l'on compare la colonne 2 et la colonne 3, où il ne s'agit que d'enfants nourris par leur mère ; malgré l'identité de l'alimentation, la mortalité des illégitimes l'emporte presque constamment sur celle des légitimes. La différence apparaîtra plus nettement encore si l'on compare la colonne 5 et la colonne 6.

Les calculs de M. Bœckh, n'étant fondés que sur une seule année d'observation, s'appliquent souvent à des chiffres trop petits pour offrir toute la régularité désirable, mais suffisants pour donner d'utiles indications. Ils montrent que la mortalité des enfants nourris au sein d'une nourrice est à peine supérieure à celle des enfants nourris par leur mère. La mortalité des enfants illégitimes nourris par quelque succédané du lait (col. 9, laissée en blanc dans notre tableau) est extrêmement élevée. — Enfin il faut expliquer que les chiffres des colonnes 11, 12, 13, (première ligne, premier mois) ne sont pas en relation avec ceux des colonnes précédentes, parce que beaucoup d'enfants meurent pendant les premières heures de la vie avant d'avoir pu recevoir la moindre alimentation ; ces enfants sont comptés dans les colonnes 11, 12, 13 et ne le sont dans aucune des autres (voir p. 268 l'*Influence de la profession des parents sur la mortalité des enfants de 0 à 1 an*).

VI. **Mortalité des adultes.** — *Mortalité par état civil et par âge.* — La mortalité des adultes varie considérablement avec leur état civil : *Presque à tous les âges, les célibataires ont une mortalité plus forte que les mariés ; et les veufs, une mortalité plus forte même que celle des célibataires.* Le tableau XCIV, emprunté à l'article MARIAGE du *Dict.*

enc. des sciences médicales, permet de vérifier l'exactitude de cette loi.

Elle ne souffre d'exception que pour les hommes mariés avant 20 ans, dont la mortalité est toujours très élevée. Elle est moins strictement vraie pour les femmes, et surtout pour les jeunes femmes que pour les hommes.

Considérons, par exemple, les chiffres qui concernent les hommes en France ; à chaque âge (excepté avant 20 ans), les chiffres des célibataires l'emportent sur ceux des mariés : ils sont presque doubles, et il en est ainsi jusqu'aux extrémités de la vie.

TABLEAU XCIII. — **Pour 1000 habitants de chaque catégorie d'âge et d'état civil, combien de décès annuels ?**

(BERLIN, 1875-1881.)

AGES.	HOMMES				FEMMES			
	CÉLIBAT.	MARIÉS.	VEUFS.	DIVORCÉS.	CÉLIBAT.	MARIÉES.	VEUVES.	DIVORCÉES
20 à 25 ans......	6.5	7.8	18.0	14.3	5.5	9.4	12.8	»
25 — 30 —	9.7	8.2	14.3	8.8	6.3	9.4	13.4	3.9
30 — 35 —	14.6	9.9	18.7	15.9	8.6	10.2	13.8	7.5
35 — 40 —	21.8	12.7	25.6	21.7	10.1	11.1	12.5	13.0
40 — 45 —	26.1	17.2	36.1	32.6	11.5	11.5	12.9	13.4
45 — 50 —	31.1	19.9	37.0	31.1	14.0	12.3	14.0	15.3
50 — 55 —	37.1	25.4	43.4	34.0	17.8	20.8	15.7	19.4
55 — 60 —	45.5	34.6	51.9	38.0	24.8	29.8	21.7	25.4
60 — 65 —	54.6	44.9	62.7	62.1	37.1	47.6	29.8	65.1
65 — 70 —	71.5	62.1	78.6	47.6	48.6	65.4	45.9	78.3
70 — 75 —	106.1	87.0	100.1	89.4	69.5	102.7	71.6	111.1
75 — 80 —	142.8	129.4	155.2	111.1	101.4	189.4	113.4	296.9
80 — 85 —	154.6	180.7	221.7	»	165.1	166.6	180.4	»
85 — 90 —	542.9	196.1	317.4	»	260.0	»	265.1	»
90 — 95 —	»	»	»	»	»	»	270.0	»
Age inconnu....	21.8	39.6	»	»	»	»	»	»
TOTAL GÉNÉRAL...	48.0	17.7	50.7	33.0	3.1	12.4	35.5	17.7

Quant aux veufs, non seulement leur mortalité l'emporte sur celle des mariés, mais encore elle l'emporte de beaucoup sur celle des célibataires. On peut exprimer la même idée en remarquant qu'un célibataire de 30 à 35 ans a autant de chance de mourir dans l'année, qu'un homme marié de 45 à 50 ans, et qu'un veuf de 30 à 35 ans a la même mortalité qu'un homme marié de 55 à 60 ans.

En ce qui concerne les femmes, les différences sont moins tranchées. La mortalité des femmes mariées de moins de 25 ans l'emporte même un peu sur celle des filles du même âge. A partir de 30 ans, les femmes mariées prennent sur les filles un avantage marqué qu'elles conservent jusqu'à la fin de la vie. Quant aux veuves, leur mortalité est élevée dans le jeune âge ; à un âge plus avancé, elle reste toujours plus forte que celle des femmes mariées, mais elle est moindre que celle des vieilles filles.

TABLEAU XCIV. — Pour 1000 habitants de chaque âge et de chaque état civil, combien de décès en un an.

	FRANCE, 1855-1865.						BELGIQUE. 1851-1860.						PAYS-BAS, 1850-1859.					
	HOMMES.			FEMMES.			HOMMES.			FEMMES.			HOMMES.			FEMMES.		
	CÉLIBATAIRES.	MARIÉS.	VEUFS.	CÉLIBATAIRES.	MARIÉES.	VEUVES.	CÉLIBATAIRES.	MARIÉS.	VEUFS.	CÉLIBATAIRES.	MARIÉES.	VEUVES.	CÉLIBATAIRES.	MARIÉS.	VEUFS.	CÉLIBATAIRES.	MARIÉES.	VEUVES.
15 à 20 ans.	6.9	51.3	774.0	7.5	11.9	12.3	6.4	11.9	50.0	8.4	13.2	36.4	6.4	12.1	»	6.7	14.0	»
20 — 25 —	12.9	8.9	49.6	8.3	9.9	23.6	9.1	8.9	30.8	8.3	13.2	33.5	10.1	7.1	13.7	7.2	12.5	12.7
25 — 30 —	10.2	6.2	21.9	9.0	9.0	16.9	8.5	7.5	24.6	8.3	11.9	23.5	11.1	8.2	16.9	8.5	12.8	13.8
30 — 35 —	11.5	6.8	19.2	9.9	9.4	15.0	8.8	7.3	24.2	8.6	11.2	17.3	13.2	9.5	16.0	10.6	14.0	15.5
35 — 40 —	13.1	7.5	17.5	10.9	9.3	12.7	10.3	8.6	21.8	9.7	12.2	16.4	15.6	11.0	19.5	12.5	14.7	13.8
40 — 45 —	16.6	9.6	18.9	13.3	10.1	13.3	12.3	10.5	20.9	10.9	12.0	14.9	19.8	13.5	23.3	15.0	14.6	16.5
45 — 50 —	19.6	11.5	22.2	15.7	10.7	15.2	16.4	13.2	22.2	13.6	11.7	15.0	24.0	16.4	24.6	16.9	13.5	16.2
50 — 55 —	25.8	15.6	26.8	21.0	14.1	18.7	20.2	17.3	29.0	18.3	16.1	20.0	33.1	22.8	32.6	25.1	17.5	22.2
55 — 60 —	32.1	21.5	34.2	26.9	19.3	24.5	24.8	22.0	35.4	24.1	18.9	27.0	39.8	28.8	38.6	30.8	22.6	27.6
60 — 65 —	45.9	32.6	47.5	40.5	30.7	37.1	34.5	31.2	45.9	35.7	28.7	42.4	49.6	37.7	48.7	43.1	32.4	38.9
65 — 70 —	58.5	44.8	69.0	58.3	45.3	53.5	51.0	50.1	68.4	52.4	42.5	57.5	71.8	55.5	72.9	61.8	50.6	61.4
70 — 75 —	85.1	71.5	95.4	85.5	72.7	86.1	70.0	72.6	102.0	75.4	63.6	87.5	94.5	79.1	96.5	85.6	72.3	88.5
75 — 80 —	123.0	114.5	143.9	140.5	109.4	126.7	97.3	101.5	147.9	109.1	86.5	122.4	128.4	108.1	140.0	120.2	102.9	128.2
80 — 85 —	202.7	182.8	221.8	222.5	172.5	198.0	126.2	153.5	190.0	146.5	122.2	175.2	199.2	170.5	203.5	167.0	144.0	194.6
85 — 90 —	268.4	228.6	263.0	305.0	205.1	264.0	154.7	175.2	255.0	180.9	130.3	233.4	203.0	211.0	265.0	204.4	157.8	249.0
90 — 95 —	282.0	279.0	319.0	314.1	256.3	308.0	152.4	197.3	304.0	226.0	141.0	294.2	314.0	303.5	370.0	273.0	152.5	334.0
95 — 100 —	480.0	357.0	385.0	387.7	416.0	324.0	157.9	190.5	337.2	260.8	71.5	337.6	172.0	166.7	384.0	144.8	76.0	357.0

Les règles que nous venons de résumer se vérifient dans tous les pays. Par le tableau que nous reproduisons, M. Bertillon père a prouvé leur régularité en France, en Belgique et dans les Pays-Bas, seuls pays où les documents permettaient alors de les établir. Depuis cette époque, presque tous les pays ont recherché leur mortalité par âge et par état civil. L'Italie, la Suède, l'Allemagne, l'Autriche, la Suisse, etc., ont observé la généralité des règles que nous venons d'établir. Quelque explication qu'on leur donne, elles ont par elles-mêmes un très grand intérêt. M. Bertillon père estimait que la régularité de la vie conjugale devait être regardée comme la principale cause de la différence qui sépare la mortalité des trois états civils. Mais il ne s'était pas arrêté à cette idée sans l'avoir longuement discutée. Il s'était notamment demandé si l'on n'avait pas ici affaire à un fait de sélection naturelle, les gens malingres et chétifs restant plus volontiers célibataires que les gens bien portants. Cette objection, qui n'est pas sans valeur, a été réfutée par lui d'avance. Au moment où il publiait ces chiffres, mon père les accompagnait de l'important commentaire qui suit (*Revue positive*, 1872) : « Certes cette constante atténuation de la mortalité des époux, quels que soient leur âge et leur pays, révèle des vertus singulières inhérentes à l'association conjugale. Je dis qu'elles sont inhérentes au mariage, et c'est une affirmation que je n'avance pas sans beaucoup de réflexion. En effet, on essaye en vain des objections. J'invoque tout de suite la plus considérable, à savoir : que le mariage appelant surtout les meilleurs, les mieux portants, les plus fortunés, les plus rangés, il n'est pas étonnant que ces hommes vivent mieux. C'est là une critique qui paraît juste, mais qui ne tient pas; un examen plus attentif montre que cette élection ne joue qu'un rôle très faible dans l'efficacité sanitaire du mariage. En effet si ce choix supposé des mariés était la cause de leur extrême vitalité, comment expliquer la mortalité si considérable qui partout, à tous les âges et en tous les pays, saisit le veuf? Aussitôt l'association conjugale rompue, la mort reprend tous ses droits ; ces veufs, époux de la veille, étaient pourtant aussi les élus du mariage, et c'était si bien l'association conjugale qui faisait leur force, et non leur qualité supérieure, que, l'union rompue, ils ne se distinguent plus que par une mortalité plus rapide encore qu'avant leur mariage. Privés tout à coup de ce cordial, ils retombent plus bas que les célibataires eux-mêmes. »

Le même raisonnement peut s'appliquer aux divorcés (voir tableau XCIII), car leur mortalité est considérable, à peu près égale à celle des veufs (Statistique de Suisse, de Berlin, etc.).

Ainsi l'objection qu'on a essayé de tirer d'une prétendue sélection opérée par le mariage parmi les meilleurs d'une population a été prévue et réfutée dès 1872, ce qui n'a pas empêché plusieurs auteurs de la réé-

diter comme venant d'eux, et comme étant tout à fait propre à dissiper
le mirage trompeur où s'était, croyaient-ils, laissé prendre M. Bertillon.

Cette objection a pourtant sa valeur, l'auteur lui-même n'en discon-
venait pas. La mortalité très grande des veufs ne la supprime pas com-
plétement, car il est probable que les veufs sont souvent des pauvres,
et par suite de leur misère sont soumis à une assez forte mortalité.
Voici pourquoi on peut soutenir que les veufs sont souvent pauvres :
les ménages pauvres sont soumis à une forte mortalité ; donc ils ont
une tendance à se dissoudre promptement par la mort de l'un des époux,
et à laisser un veuf, qui est, après la mort de son conjoint, justement
aussi pauvre qu'avant, et tout aussi soumis à une forte mortalité.

Ainsi à la rigueur pourrait s'expliquer la forte mortalité des veufs.
Mais cette explication ne s'applique pas aux divorcés qui, loin d'être
pauvres, appartiennent presque tous à la classe aisée.

Nous devons donc admettre que la sélection du mariage ne joue dans
l'inégale mortalité des trois états civils, qu'un rôle accessoire, et que
la vie conjugale, vie régulière et incessamment contrôlée par l'œil
jaloux du conjoint, a sur la mortalité un effet très réel et dont on a pu
apprécier l'importance.

Mortalité par profession. — Toute recherche de la mortalité par profession est trompeuse si les âges ne sont pas distingués. En effet, il
suffit qu'une profession soit exercée par des vieillards (par exemple la
profession de *rentier*) pour qu'elle fournisse beaucoup de décès quoiqu'elle soit par elle-même peu meurtrière ; au contraire, il suffit qu'une
profession soit exercée par des jeunes gens (par exemple la profession
de *militaire*, ou celle de *boucher*, qui exige beaucoup de force) pour
qu'elle fournisse peu de décès, quoiqu'elle soit par elle-même insalubre.

Le calcul de la mortalité par profession exige aussi un recensement
des professions bien détaillé et par âge ; il exige que les décès soient
classés selon des cadres identiques à ceux du dénombrement. L'Angleterre et la Suisse (et depuis peu, la ville de Paris) présentent ces conditions satisfaisantes. M. Bertillon père, dans son article GRANDE-BRETAGNE,
a fait ressortir l'excellence des statistiques anglaises. Je reproduis dans
le tableau XCV les résultats obtenus en Suisse par M. Kummer.

Pour apprécier ce tableau, il importe de comparer sans cesse les
chiffres de la ligne que l'on considère à ceux qui sont inscrits sur la
dernière. On voit ainsi que les agriculteurs suisses, les instituteurs, les
employés des postes et télégraphes, des chemins de fer, jouissent d'une
santé supérieure à la moyenne. Ils sont notamment assez peu sujets à
la phtisie (col. 9 à 15). Il en serait de même des ouvriers filateurs de
soie et de coton (qui ne jouissent pas en Angleterre de ce surprenant
privilège) et pour les ouvriers en produits chimiques.

Les professions dont la mortalité se rapproche de la moyenne sont
les meuniers et boulangers (chez qui la fréquence de la phtisie augmente

TABLEAU XCV. — Mortalité par profession en Suisse (1879-1882).

SUR 1000 VIVANTS DE CHAQUE AGE ET DE CHAQUE PROFESSION, COMBIEN DE DÉCÈS EN UN AN

GROUPES PROFESSIONNELS.	Sans distinction de cause de décès. (Age révolu)							Par phtisie pulmonaire seulement. (Age révolu)							Sur 1000 naissances légit., dont le père exerce la profession désignée, combien de décès de 0 à 1 an.
	15-19	20-29	30-39	40-49	50-59	60-69	70-79	15-19	20-29	30-39	40-49	50-59	60-69	70-79	
1	2	3	4	5	6	7	8	9	10	11	12	13	14	15	16
Agriculture, horticulture, etc.	3.30	5.71	7.89	12.05	21.66	45.73	112.37	0.66	1.48	1.96	2.02	2.37	2.57	2.61	163.8
Meuniers	2.06	6.70	8.39	17.12	33.22	66.86	194.67	1.18	0.98	3.68	4.87	4.09	5.21	7.00	»
Boulangers	4.15	6.83	11.44	15.39	28.85	72.96	215.16	1.01	2.89	4.05	3.81	4.17	8.32	9.09	»
Bouchers et charcutiers	3.18	5.27	17.85	21.45	29.90	64.63	152.10	0.53	5.59	6.82	5.85	6.29	6.29	»	»
Tailleurs	6.14	10.63	11.88	17.86	29.96	60.38	139.76	2.24	4.89	5.55	5.48	5.54	6.93	2.77	»
Cordonniers	3.66	7.70	10.01	14.21	29.99	67.24	155.55	1.43	2.96	4.41	3.73	5.01	5.45	6.04	»
Construction et ameublement de bâtiments	6.00	8.88	12.82	18.38	33.93	64.40	142.29	1.56	3.61	4.78	5.04	5.66	5.75	4.65	177.5
Dont : Tailleurs de pierre et marbriers	6.10	8.48	18.14	26.42	45.28	89.56	176.00	1.02	3.01	8.65	9.90	12.60	14.05	19.52	»
Maçons et gypseurs	8.14	9.53	13.12	18.93	34.87	67.40	140.47	1.38	2.80	3.45	4.08	5.59	5.73	4.39	»
Charpentiers	6.31	6.54	10.14	16.75	30.70	66.34	160.05	1.27	1.86	3.78	8.41	4.83	6.38	3.31	»
Menuisiers et vitriers	5.74	8.24	11.96	15.39	31.60	56.64	135.02	2.20	4.67	4.68	5.55	5.92	3.75	5.20	»
Serruriers	8.78	12.41	15.97	29.68	40.28	69.50	165.76	3.39	5.35	7.29	10.37	11.60	7.70	3.13	»
Arts polygraphiques (imprimeurs, etc.)	4.66	10.21	14.33	16.22	26.96	59.86	171.05	2.00	6.48	7.85	6.56	6.65	7.32	»	173.8
Industrie textile	4.60	6.20	6.97	12.01	25.79	58.21	134.39	1.61	2.72	2.66	2.89	4.25	4.80	2.49	224.3
Dont : Filature, tissage, etc., de la soie	5.76	6.06	6.30	9.81	26.37	56.36	154.93	1.77	2.81	2.25	3.06	5.61	4.47	9.68	»
du coton	4.65	8.03	9.30	13.26	24.91	54.28	149.50	1.51	4.00	3.36	2.68	3.90	4.80	0.53	»
Produits chimiques	3.48	5.27	7.68	11.46	25.06	51.85	157.08	1.77	3.09	2.94	3.43	4.30	6.95	5.86	210.8
Fabrication de machines et d'outils	4.35	9.23	11.56	17.43	29.54	55.48	131.53	1.51	5.00	5.21	5.87	5.31	4.80	2.63	169.7
Dont : Horlogerie et fabrication d'outils d'horl.	5.35	11.09	13.27	20.12	32.53	52.38	116.56	2.28	6.56	6.52	7.32	5.82	3.84	2.55	»
Mécaniciens	3.22	7.25	10.09	10.81	20.53	43.78	184.43	0.36	4.50	4.78	3.75	4.02	5.23	2.48	»
Forgerons et maréchaux	2.61	6.45	11.25	16.58	32.47	63.56	174.44	0.76	2.29	4.09	5.57	5.30	3.72	3.96	»
Charronnerie et fabrication de wagons	3.43	6.46	9.29	14.00	25.30	57.48	119.81	1.14	2.25	3.34	3.19	4.60	1.90	1.33	»
Commerce proprement dit, banques, agences, etc.	6.29	11.08	14.10	18.67	29.22	55.75	124.22	1.80	5.75	6.56	4.78	4.42	3.79	2.75	154.0
Hôtels, restaurants, cabarets, etc.	3.67	7.87	17.02	24.39	33.23	48.44	149.35	1.23	4.44	6.86	6.11	3.98	1.99	1.17	179.1
Transport	6.00	8.80	11.24	16.30	28.24	51.41	150.00	1.20	2.10	2.58	3.40	3.47	4.36	4.80	186.4
Dont : Ponts et chaussées	6.17	11.08	13.04	18.79	25.82	37.95	124.35	0.62	3.70	2.38	3.78	3.45	4.31	2.72	221.7
Chemins de fer	6.38	8.36	8.58	11.64	19.94	36.84	131.94	1.09	1.38	1.72	2.07	2.99	3.26	»	182.5
Postes et télégraphes	6.17	7.11	10.81	13.76	22.49	52.05	107.14	3.08	4.08	4.09	3.52	3.04	4.48	5.08	158.2
Camionnage et voiturage	4.18	10.82	18.31	25.99	51.01	91.67	256.49	0.93	2.74	4.79	5.75	4.46	4.57	14.42	»
Administration publique et justice	3.16	9.11	11.23	16.85	34.58	56.91	134.70	1.73	4.92	4.77	4.32	6.47	4.01	5.08	144.1
Dont : Fonctionnaires et employés publics	2.76	7.30	8.92	17.90	35.49	55.31	183.06	1.11	3.41	3.41	4.45	6.45	5.15	5.60	»
Sciences médicales	3.71	10.90	12.31	20.68	30.36	66.89	139.83		4.81	4.67	5.28	3.22	5.01	2.83	»
Cultes et instruction publique	5.06	7.20	8.20	13.06	23.29	59.06	130.79	2.52	3.86	3.65	3.81	3.65	4.10	»	121.4
Dont : Instituteurs	5.37	6.35	8.73	14.80	24.29	63.79	206.82	2.67	3.35	3.81	4.57	3.27	»	5.01	116.0
Moyenne générale pour la Suisse entière	4.78	7.06	10.72	16.31	26.90	51.11	169.22	1.26	3.09	3.97	3.64	3.66	3.48	2.60	178.4

avec l'âge), les cordonniers, les charrons, les menuisiers et vitriers, et les charpentiers et aussi les imprimeurs.

Enfin les professions dont la mortalité dépasse la moyenne sont les bouchers et charcutiers (fréquemment phtisiques), les tailleurs de pierre et marbriers (chez qui la phtisie est plus fréquente encore et augmente avec l'âge), les maçons, les serruriers, les horlogers, les médecins et surtout les aubergistes.

Naturellement ces mortalités élevées ne sont pas toujours attribuables à la profession; les professions sédentaires sont recherchées par les individus chétifs et mal portants, et fournissent, à cause de cela, beaucoup de décès. La forte mortalité des médecins doit être attribuée à d'autres causes.

La colonne 16 indique (imparfaitement sans doute) la mortalité des enfants appartenant à chaque groupe professionnel. Les enfants des pasteurs et instituteurs, des médecins, sont les plus favorisés. Ceux des filateurs et autres ouvriers mal rétribués sont au contraire exposés à des chances de mort relativement assez élevées.

VII. **De la vie normale.** — Les gens du monde sont généralement surpris d'apprendre que la vie moyenne ne soit en France, par exemple, que de 40 ans, et quoique cette évaluation soit mathématiquement très exacte, il faut convenir que les gens du monde n'ont pas tort de s'en méfier.

Une moyenne, eneffet, doit, pour répondre à l'idée qu'on s'en fait généralement, être l'expression d'un type, ou plutôt l'expression du fait le plus usuel. Par exemple, en disant que la taille moyenne des Français est de $1^m,64$, on ne choquera le sens empirique de personne, parce qu'en effet, nous sommes habitués à voir une taille voisine de celle-ci à la plupart des hommes que nous coudoyons dans la rue. Au contraire, on hochera dubitativement la tête à l'annonce que la vie moyenne du Français est de 40 ans, parce qu'on ne meurt à cet âge que par exception, et, lorsque ce malheur arrive, chacun s'exclame que c'est mourir bien jeune, appréciation qui est justifiée par la statistique.

Ce sentiment est parfaitement juste, et il aurait dû montrer depuis longtemps aux démographes le vice qui fait de la vie moyenne une pauvre méthode d'apprécier la longueur de la vie humaine. Pour obtenir, en effet, la vie moyenne, les statisticiens confondent en un seul et unique nombre tous les chiffres qui expriment l'énorme mortalité de l'enfance, la faible mortalité de l'adulte, et la mortalité croissante du vieillard. Tous ces faits si distincts, qui s'appliquent à des êtres si dissemblables, ils les mêlent, les additionnent et les brouillent ensemble. Quoi d'étonnant si le résultat d'une telle opération est absolument artificiel?

Nous citions tout à l'heure la taille moyenne comme un bon exemple de ces moyennes réellement scientifiques que M. Bertillon père a

appelées des *moyennes typiques*. Mais c'est qu'aussi cette moyenne a
été obtenue par la mesure des seuls adultes. Si, au lieu de cela, on
avait confondu avec la taille des conscrits, celle des enfants à la ma-
melle et celle des écoliers, on aurait obtenu un nombre bizarre qui
n'aurait pu donner absolument aucune idée de la taille ordinaire des
hommes de notre nation.

Cela est bien évident, et pourtant c'est la faute que l'on commet
depuis près d'un siècle, lorsqu'on cherche à apprécier la durée de la
vie moyenne, mesure très défectueuse à laquelle beaucoup de démographes ont à peu près renoncé, pendant que l'étude de la mortalité re-
cherchée âge par âge (cette condition est indispensable) est la seule
manière de se rendre un compte exact de la vitalité d'un peuple.

Et pourtant, n'y a-t-il rien de réel dans ce préjugé ordinaire qui nous
fait admettre sans trop de protestation, qu'un homme meure vers
70 ou 75 ans, tandis que sa fin nous semble prématurée si elle survient avant ce terme? Telle est la recherche qu'a ingénieusement pour-
suivie M. Lexis, et dont il a exposé les résultats au Congrès de démographie tenu à Paris pendant l'Exposition de 1878.

Mais, avant d'aborder ce problème, quelques considérations plus
générales sont indispensables.

Lorsqu'un tireur au pistolet s'est longtemps exercé sur une cible, et
que l'on considère les trous innombrables dont il a percé le morceau
de carton, on observe que ces trous se répartissent (toutes choses
égales d'ailleurs) uniformément autour du *blanc* visé. Il en sera toujours ainsi si les erreurs du tireur dépendent uniquement du hasard.
Aucune des balles, peut-être n'aura atteint exactement le centre géométrique du cercle de la cible, et quelques-unes en seront fort éloignées; néanmoins, la théorie indique et l'expérience confirme que, si
elles sont suffisamment nombreuses, elles seront réparties autour de
ce centre suivant une loi très régulière. Nous ne ferons que la nommer:
c'est *la loi des erreurs accidentelles*.

Même sans connaître cette loi, il est certain qu'un spectateur igno-
rant ne se trompera pas à l'aspect de la répartition des trous de balle
qui ont percé une cible; il mettra le doigt au centre de l'endroit où
ces trous sont les plus fréquents, et dira : « Voilà le point de la cible
qui a été visé. »

Cette recherche, après coup, du but visé par le tireur, peut être comparée à celle que fait le démographe quand il cherche à déterminer le
terme normal de le vie humaine.

Ce terme, où s'arrête d'ordinaire notre existence, ne peut-il pas en
effet être comparé au but visé par notre tireur au pistolet, tandis que
l'âge des décédés indiquerait le résultat des essais successifs faits par la
nature pour atteindre à ce but visé par elle.

Mettons en colonne les nombres de décès qui surviennent aux différents âges (en exceptant les décès enfantins, sur lesquels nous reviendrons), ou mieux encore construisons d'après ces nombres un diagramme sur du papier quadrillé, voici ce que nous observons. Pour chacun des âges adultes, nous avons des nombres très faibles, jusqu'à 50 ans environ. A partir de cette époque, ces chiffres grossissent régulièrement (et c'est ce point surtout qui nous intéresse, car il nous indique que nous sommes là dans les environs du centre de la cible). Entre 70 et 75 ans, le nombre absolu des décès atteint son maximum. Après cet âge, le nombre des vivants s'épuisant, les décès sont de moins en moins nombreux, si bien que fort peu de gens ont la chance de ne mourir qu'à 90 ans.

En présence d'une pareille répartition des morts, l'observateur n'est-il pas en droit, comme tout à l'heure le spectateur du tir au pistolet, de mettre le doigt sur l'âge où les décès sont le plus nombreux et de dire : « Voilà le terme *normal* que la nature assigne à la vie de l'homme. Ce terme, elle ne l'atteint pas toujours ; elle s'en écarte souvent en deçà, quelquefois au delà, mais c'est lui qu'elle vise. »

Déterminé avec plus de rigueur, on trouve que le terme normal de la vie humaine est en France de 72 ans et demi.

Il est vrai qu'ici nous ne tenons pas compte des décès enfantins, ni de l'ensemble des décès prématurés qui sont malheureusement si nombreux. Examinons si leur existence doit troubler en quelque chose la conclusion qui précède. Mais, pour en parler avec plus de clarté, revenons à la comparaison que nous faisions tout à l'heure. Suivons les mouvements de notre tireur qui tire sur sa cible comme la mort sur l'humanité.

Supposons qu'il n'ait à sa disposition qu'une arme imparfaite, sujette à des ratés très fréquents, en sorte que (outre les balles qu'il a réussi à envoyer plus ou moins près du but visé) il en ait parsemé une certaine quantité à ses pieds. Ces balles mort-nées en imposeront-elles au spectateur qui cherche où est le but visé ? Pourra-t-il lui venir à l'esprit un seul instant que le tireur vise tantôt à une cible éloignée et tantôt à ses pieds ? Il est clair qu'il lui sera facile de distinguer ce groupe de balles qui n'ont donné lieu à aucun essai sérieux, et qu'elles ne devront influer en aucune façon sur le résultat final de sa recherche.

Eh bien, les décès enfantins sont justement dans le cas des balles mortes dont nous venons de parler. Ce sont autant de coups ratés, et qui ne doivent pas compter dans l'évaluation de la vie normale de l'homme. Non qu'il faille les négliger en démographie : ils ont une grande importance surtout dans un pays où les naissances sont rares, comme en France, mais elles ne doivent pas intervenir quand on détermine la longueur ordinaire de la vie humaine.

C'est pourtant ce qu'on fait quand on calcule la *vie moyenne*, et c'est ce qui conduit à ce résultat médiocrement instructif qu'elle a une durée

de 40 ans. C'est à peu près comme si pour déterminer le but que vise
notre tireur au pistolet, on prenait une distance moyenne entre les
balles qui tombent à ses pieds, et celles qui parcourent la course la
plus longue. On trouverait ainsi un nombre sans grande signification,
qui tomberait justement au milieu de la salle de tir, en un point où
presque aucune balle ne s'arrête et qui ferait prendre l'exception pour
la règle.

Il existe pourtant un certain nombre d'individus comparables à des
balles qui, sans être mort-nées, sont arrêtées accidentellement dans
leur course : ce sont les hommes qui meurent à l'âge adulte.

Ainsi nous distinguons trois groupes de morts :

1° Les morts qui surviennent dans les quatre ou cinq premières années
de la vie et qui constituent de simples avortements. M. Achille Guillard a proposé d'appeler élégamment enfants *frustra-nés* ces enfants
qui ne fournissent point d'adultes : de même Linné a appelé « fleurs
frustra-nées » celles qui de donnent point de fruit.

2° Les morts, en assez petit nombre, qui surviennent au milieu de
la vie.

3° Celles qui viennent se grouper régulièrement, autour d'un âge
final et qui constituent le groupe des décès normaux.

C'est sur les décès de cette dernière catégorie que nous devons à
présent attirer l'attention du lecteur.

Nous avons dit au début de cette étude que les trous de balle qui
ont percé une cible se répartissent autour du point visé suivant une
loi appelée *loi des erreurs accidentelles*.

Sans vouloir entrer dans le détail de cette formule, on peut dire que
les erreurs accidentelles sont d'autant plus rares qu'elles sont plus
grandes. Ainsi, si l'on divise en plusieurs parties concentriques égales
une cible percée de balles, on trouvera que la partie centrale aura
reçu beaucoup plus de balles que celle qui l'entoure, et ainsi de
suite. Ce sont là des faits que l'expérience la plus vulgaire nous enseigne.

Le nombre de balles contenues dans chaque cercle dependra nécessairement de l'habileté du tireur, mais le tireur le plus adroit ne pourra
rien contre ce groupement progressif des balles autour du centre visé.

Ce groupement est la marque que le but a été véritablement visé
pendant tout le temps du tir et que le hasard a été la seule cause des
écarts.

On doit donc chercher si les décès du groupe *normal* se groupent
autour de l'âge normal, bien régulièrement, suivant la loi des erreurs
accidentelles, de même que les trous de balles se groupent autour du
blanc. Ce sera la preuve que l'âge normal est bien réellement le but
auquel la nature tend à nous faire atteindre, et que ce n'est pas une
simple chimère de notre esprit.

Cette recherche, M. le professeur Lexis l'a faite pour plusieurs pays, et il est arrivé notamment, pour la France, à constater une conformité tout à fait surprenante entre les résultats que lui faisait prévoir la loi des erreurs accidentelles et ceux que lui indiquait l'expérience.

La première colonne du tableau XCVI présente cette liste de décès, calculée d'après la table de survie; et la seconde colonne fait connaître comment la loi des erreurs accidentelles indiquait que les décès devaient être groupés autour de l'âge de 72 ans et demi, en supposant que cet âge fût la *cible* autour de laquelle l'effort de la nature tâche de conduire la durée de notre vie.

TABLEAU XCVI. — *Sexe masculin.*

Ages.	Décès des hommes à chaque âge	
	d'après la table de survie (sur 1000 décédés).	d'après la loi des erreurs accidentelles.
45 à 50 ans....................	16	(2)
50 — 55 —	19	(4)
55 — 60 —	24	(12)
60 — 65 —	32	(24)
65 — 70 —	38	37
70 — 72 1/2	20	21
N ———————————————————————————— N		
72 1/2 à 75 ans...............	20	21
75 à 80 ans....................	38	37
80 — 85 —	26	24
85 — 90 —	12	12
90 — ω —	4	6

J'attirerai d'abord l'attention sur les chiffres situés au-dessous de la ligne notée N et qui marque ce que nous avons appelé l'*âge normal de la mort*. On remarquera la ressemblance presque parfaite des chiffres fournis par l'expérience, et de ceux que la loi des erreurs accidentelles annonçait. Ils sont presque identiques et il était difficile d'espérer un résultat aussi confirmatif de la théorie imaginée par M. Lexis.

Les chiffres qui se rapportent aux âges antérieurs à l'âge normal ne coïncident pas de même avec ceux qu'annonçait la théorie.

Mais ce résultat ne surprendra pas : car, si l'on ne meurt guère au delà de 90 ans (le combat cessant faute de combattants), il n'en est pas de même avant 50 ans. Un certain nombre de gens meurent à cet âge-là et aux précédents; mais ces décès rentrent dans la catégorie de ceux que nous avons comparés à des balles arrêtées dans leur course, au milieu de la salle de tir, et dont l'existence ne doit pas nous influencer dans notre recherche du but que les forces d'un homme normalement constitué tendent à atteindre.

Après cinquante ans, il n'y a pas de raison pour que ces décès prématurés soient moins nombreux qu'auparavant. Ils viennent donc s'ajouter à ceux qui se groupent autour de l'âge normal et grossissent nos chiffres de façon à leur faire dépasser le niveau encore très faible que la loi des erreurs accidentelles leur assignait autour de l'âge normal. Un simple regard sur le tableau XCVI montrera clairement qu'il n'en saurait être autrement. On ne pourrait donc tirer cette dissemblance entre les deux colonnes de chiffres, aucun argument contre la théorie de M. Lexis. Qui oserait s'étonner de ce que le nombre des décès ne diminue pas subitement à cinquante ans ?

Le tableau XCVII qui est relatif aux femmes, est presque identique à celui des hommes que je viens d'expliquer.

TABLEAU XCVII. — *Sexe féminin.*

Ages.	Décès des femmes à chaque âge	
	d'après la table de survie (sur 1000 décédés).	d'après la loi des erreurs accidentelles.
45 à 50 ans	15	(2)
50 — 55 —	18	(7)
55 — 60 —	23	(16)
60 — 65 —	31	28
65 — 70 —	39	40
70 — 72 —	17	18
N 72 à 75 ans	27	27
75 — 80 —	38	38
80 — 85 —	26	26
85 — 90 —	14	14
90 — ω —	7	8

La vie normale, ainsi définie, est souvent un peu plus longue pour les femmes que pour les hommes. Toutefois, la différence entre les deux sexes est peu de chose. En France, elle est presque nulle : la fin normale de l'existence est de soixante-douze ans et demi pour les hommes et soixante-douze pour les femmes. En Prusse, l'âge normal n'est que de soixante-dix ans pour les hommes, soixante et onze pour les femmes. En Norvège, au contraire, l'âge normal de la mort est plus tardif que chez nous ; il atteint soixante-quatorze ans pour les hommes et soixante-quinze pour les femmes.

Peut-être l'idée de la vie normale ne doit-elle pas être considérée comme étant simplement une vue ingénieuse. Peut-être pourrait-on lui donner quelques applications pratiques. Si, dans une salle de tir, il se produisait un grand nombre de ratés, et par conséquent si beaucoup de poudre s'y consumait en pure perte, le premier soin du directeur du tir serait d'étudier la cause de ce surcroît inutile de dépense et d'empêcher autant que possible un résultat coûteux et d'ailleurs humiliant pour son établissement.

De même, ceux qui ont mission de s'occuper d'hygiène publique doivent s'efforcer de diminuer ces nombreuses naissances-frustra-nées, tribut douloureux, onéreux et humiliant que la mort prélève le plus souvent par notre ignorance. Car la répartition géographique de ces décès prématurés, et d'autres considérations encore, indiquent qu'une grande partie au moins de ces décès avant l'âge sont dus à des causes générales contre lesquelles la science de l'hygiène publique devrait nous armer. Le but que le médecin et l'hygiène doivent atteindre, M. Lexis le montre du doigt ; c'est de faire parvenir le plus grand nombre d'hommes possible au terme de la vie normale. Les médecins, en effet, ne peuvent pas se proposer de combattre la mort indéfiniment, ainsi qu'on le dit quelquefois dans le monde pour se moquer d'eux. Non seulement un pareil but serait insensé, mais si par impossible il pouvait être atteint, ce serait désastreux, car une société ne peut progresser qu'en se renouvelant. On peut donc contester l'utilité sociale (car ici les soins à donner aux individus ne sont pas en cause) qu'il y aurait à allonger la vie normale. Au point de vue général, un vieillard est justement une balle qui a atteint son but. Il mérite des félicitations, des égards et des soins, mais la durée de sa vie ne doit plus attirer la sollicitude de la société. Au contraire, elle doit songer combien sont encore nombreux les coups ratés. Combien sont encore trop fréquentes les morts d'adultes qui sont particulièrement dispendieuses pour un pays, puisque ces adultes ne rendent pas ce qu'ils ont coûté, et souvent ne laissent à la nation que des charges ! C'est à diminuer leur nombre que doivent tendre les efforts de l'hygiéniste, de l'administration et du législateur

VIII. **Causes de décès.** — Cette recherche doit se faire âge par âge et suivant des règles arrêtées à l'avance (elles ont pour but de distinguer la maladie principale de ses complications, de fixer la synonymie, etc.). Plusieurs pays ont depuis plus ou moins de temps une statistique des causes de décès pour l'ensemble de la population (Angleterre, Belgique, Pays-Bas, Suisse, Italie, Autriche, Bavière,'etc.); en France, Paris publie régulièrement sa statistique nosologique depuis 1865 ; le ministère de l'intérieur, sur ma proposition, a institué depuis 1886 une enquête du même genre, mais très sommaire, dans toutes les villes de plus de 5,000 hab.

Rien n'est plus délicat que de comparer les statistiques des causes de mort dans différents pays. Une pareille étude dépasserait le cadre du présent travail. C'est pourquoi il nous suffira d'indiquer (avec distinction des âges) la fréquence des principales causes de mort à Paris (tableau XCVIII).

Infirmités. — La statistique des infirmités est plus facile à établir que la statistique des causes de mort. Le recensement a longtemps fourni le nombre des aveugles, des sourds-muets, des aliénés et idiots. Cette utile enquête, interrompue malheureusement en France, est continuée dans la plupart des pays étrangers.

La statistique militaire fournit les éléments précieux à la connaissance des infirmités. Nous ne pouvons que renvoyer à l'excellent travail que M. Arthur Chervin a publié sur les infirmités en France dans les *Annales de démographie*, 1880.

Tableau XCVIII. — Pour 10,000 habitants de chaque groupe d'âge, combien de décès en un an causés par chaque maladie (Paris, 1881-1885).

CAUSES DE DÉCÈS.	De 0 à 1 an	De 1 à 2 ans	De 2 à 3 ans	De 3 à 4 ans	De 4 à 5 ans	De 1 à 5 ans (Moy. des col. 3 à 6.)	De 5 à 10 ans	De 10 à 15 ans	De 15 à 20 ans	De 20 à 25 ans	De 25 à 30 ans	De 30 à 35 ans	De 35 à 40 ans	De 40 à 45 ans	De 45 à 50 ans	De 50 à 55 ans	De 55 à 60 ans	De 60 à 65 ans	De 65 à 70 ans	De 70 à 75 ans	De 75 à 80 ans	De 80 à 85 ans	De 85 à 90 ans	De 90 à 95 ans	De 95 à 100 ans
1	2	3	4	5	6	7	8	9	10	11	12	13	14	15	16	17	18	19	20	21	22	23	24	25	26
Fièvre typhoïde	11	69	119	133	108	109	111	120	224	216	118	74	50	33	32	22	19	18	17	10	6	15	15	»	26
Variole	290	127	54	25	16	53	6	7	19	22	26	20	22	19	16	10	8	4	8	3	6	8	»	»	»
Rougeole	1085	1739	740	335	171	718	33	4	1	2	0.4	0.5	0.6	»	»	0.8	»	»	0.4	»	»	»	»	»	»
Scarlatine	60	113	74	73	46	75	28	10	6	5	3	2	3	0.6	0.7	0.8	1	»	»	0.4	»	»	»	»	»
Coqueluche	671	436	199	101	46	189	7	0.1	»	»	»	»	»	»	»	»	»	»	»	»	»	»	»	»	»
Diphtérie	652	1826	1458	1048	670	1236	222	24	9	6	4	3	3	3	3	5	3	3	2	3	5	»	8	»	»
Phtisie pulmonaire	178	236	155	102	91	143	62	94	414	515	618	666	707	649	581	502	434	331	295	174	125	84	105	133	»
Méningite	2532	2023	1103	626	144	1022	165	35	24	22	17	18	19	16	22	21	18	17	22	23	44	18	37	33	»
Bronchite	3178	1471	426	198	114	526	33	10	18	21	36	39	56	81	109	167	262	425	680	1016	1403	1985	1576	1672	1290
Pneumonie	2036	1560	533	257	134	594	41	13	26	29	40	55	71	97	122	184	273	404	637	970	1464	2333	1969	1371	483
Cancers	6	1	3	»	1	1	»	1	2	5	12	28	62	111	173	244	349	423	582	587	679	581	452	234	»
Diabète	»	»	»	»	»	»	»	»	»	»	»	3	3	6	13	19	30	40	53	35	53	33	»	»	»
Apoplexie cérébrale	123	40	12	8	9	17	5	4	7	7	16	27	49	81	129	210	336	503	787	1163	1674	1948	1516	1404	806
Maladies du cœur	33	14	7	9	10	10	16	22	26	22	29	41	72	112	174	247	365	541	788	904	1098	975	837	568	66
Pleurésie	17	18	12	12	5	12	4	2	8	8	10	12	16	19	25	28	34	47	49	45	44	51	45	66	»
Apoplexie pulmonaire	131	28	11	7	5	12	3	3	4	4	6	11	14	21	25	40	58	79	120	198	281	427	414	468	322
Cirrhose du foie	»	»	1	»	»	»	»	»	»	1	4	7	16	26	38	46	59	58	72	108	51	15	45	66	»
Néphrite	23	20	10	17	13	15	5	5	10	11	16	17	27	32	38	51	64	72	85	69	106	106	98	33	161
Suicide	»	»	»	»	»	»	3	6	29	31	37	41	44	58	69	78	90	88	112	102	106	98	45	100	»
Autres morts violentes	70	39	33	24	21	29	13	8	18	19	22	23	22	27	29	33	28	34	42	47	75	106	82	66	66

§ 5. — Migration.

On appelle en démographie *émigrés* ceux qui sortent d'une région pour se *fixer* dans une autre; *immigrés*, ceux qui entrent dans une région pour s'y fixer.

On distingue trois sortes de *migrations* :

1° Celles qui se font d'une région dans une autre dans l'intérieur d'un même État.

2° Celles qui se font d'un État dans un autre dans l'intérieur du même continent.

3° Celles qui se font entre continents différents.

Nous étudierons successivement ces trois espèces de migrations.

I. **Migration dans l'intérieur d'un même pays.** — Les migrations dans l'intérieur d'un même pays sont de plus en plus fréquentes.

Ainsi en Suède, la proportion des habitants originaires d'une autre préfecture (*län*) que celle où ils étaient recensés était de 70 pour 1000 habitants en 1860, de 89 en 1870 et de 111 en 1880. En Belgique, la proportion des habitants nés dans une autre commune que celle où ils résidaient était en 1846, de 298 pour 1000 ; en 1856, de 309; en 1866, de 306; et enfin en 1880, de 328. On remarque des chiffres semblables en France, en Suisse et dans tous les pays. L'émigration des campagnes vers les villes, phénomène commun à tous les pays, est un des motifs de cette augmentation.

Le pays où les documents permettent d'étudier le mieux les migrations intérieures est la Suisse. Les documents distinguent notamment le canton d'origine (1) de la population de chaque canton : par exemple, il nous dit combien le canton d'Argovie contient de Zurichois, de Bernois, de Valaisans, etc.

Ce document instructif montre que la grande majorité des migrations à l'intérieur de la Suisse ne se font guère qu'entre cantons limitrophes.

Les trois cantons qui reçoivent le plus de Suisses originaires d'autres cantons sont : Neuchâtel (46,154 Suisses étrangers); Zurich (43,128 Suisses étrangers); Vaud (39,719 Suisses étrangers); Saint-Gall (39,443 Suisses étrangers). Passons en revue (tableau XCIX) leurs cantons limitrophes, nous verrons que c'est d'eux qu'ils ont tiré la plus grande partie de ces immigrants. La recherche que nous avons faite pour quatre cantons, nous aurions pu la continuer pour tous; toujours nous aurions trouvé des résultats analogues.

Nous aurons occasion de vérifier la même règle lorsque nous étu-

(1) Ce n'est pas le lieu de naissance, c'est le droit de bourgeoisie qui détermine l'origine : il pourrait donc y avoir des Vaudois qui n'ont jamais mis le pied dans Vaud, de même qu'il y a à la Réunion des Français qui n'ont jamais vu la France.

dierons les migrations entre pays différents : il semble que l'homme soit attaché au sol natal. Quand il va s'établir ailleurs (ce qui d'ailleurs est toujours exceptionnel), il est rare qu'il aille très loin.

TABLEAU XCIX. — **Migrations intérieures de la Suisse.**

NEUCHATEL.		ZURICH.		VAUD.		SAINT-GALL.	
CANTONS LIMITROPHES.	Nombre des bourgeois de ces cantons habitant le canton de Neuchatel.	CANTONS LIMITROPHES.	Nombre des bourgeois de ces cantons habitant le canton de Zurich.	CANTONS LIMITROPHES.	Nombre des bourgeois de ces cantons habitant le canton de Vaud.	CANTONS LIMITROPHES.	Nombre des bourgeois de ces cantons habitant le canton de St-Gall.
Vaud.........	7.117	Argovie........	11.689	Genève	1.683	Grisons...	1.644
Fribourg.......	2.209	Zoug	636	Valais	2.959	Glaris	2.364
Berne..........	28.346	Schwytz	2.035	Berne..........	20.566	Schwytz........	1.620
		Saint-Gall......	4.515	Fribourg.......	3.627	Zurich..........	5.438
		Thurgovie.....	7.563			Thurgovie......	12.353
		Schaffhouse	4.436			2 Appenzell......	7.775
Total des limitrophes......	37.672	Total des limitrophes	30.874	Total des limitrophes	28.833	Total des limitrophes	31.194
21 autres cantons	8.482	18 autres cantons	12.254	20 autres cantons	10.884	17 autres cantons.	8.249
Total des Suisses étrangers à Neuchâtel	46.154	Total des Suisses étrangers à Zurich........	43.128	Total des Suisses étrangers à Vaud.........	39.719	Total des Suisses étrangers à St-Gall...........	39.443

Enfin il convient encore de remarquer que le nombre des femmes établies hors de leur canton d'origine est à peu près égal à celui des hommes (187,736 hommes et 190,671 femmes). En général, les femmes se déplacent moins facilement que les hommes. Comme il s'agit ici de déplacements insignifiants, les deux sexes y prennent également part ; quand nous étudierons les déplacements de pays à pays, nous verrons déjà les hommes y prendre une part plus importante que les femmes. Et quand il s'agira de migrations en outre-mer, ce sera bien autre chose encore.

Les migrations intérieures de la France (c'est-à-dire le nombre d'individus qui quittent un département pour aller s'établir dans un autre) ne nous sont connues qu'assez imparfaitement.

Le recensement français distingue quatre catégories de lieux de naissance :

1° Individus nés dans la commune où ils sont recensés.

2° Individus nés dans une autre commune mais dans le même département.

3° Individus nés dans un autre département (ou colonie) que celui où ils sont recensés.

4° Individus nés à l'étranger.

Le tableau C récapitule les résultats de ce recensement des lieux de naissance :

TABLEAU C. — **Migrations intérieures de la France**.

CATÉGORIES DE LIEUX DE NAISSANCE.	FRANÇAIS.		ÉTRANGERS.	
	NOMBRES absolus.	POUR 100 du total.	NOMBRES absolus.	POUR 100 du total.
Nés dans la commune où ils sont re-censés......	22.204.797	60.5	285.685	25.4
Nés dans une autre commune du dé-partement......	8.676 641	23.5	78.785	7.0
Nés dans un autre département ou une colonie	5.656.397	15.3	66.953	5.9
Nés à l'étranger......	266.393	0.7	695 108	61.7
TOTAUX......	36.804.228	100.0	1.126.531	100.0

On voit que la plupart des Français vivent comme s'ils étaient attachés au sol. On les trouve à l'endroit où ils sont nés ou tout au moins dans le voisinage. Il n'y en a que 15 pour 100 qui viennent d'un autre département, et encore faut-il remarquer que sur la frontière de deux départements il doit être assez fréquent d'être né dans une commune du département voisin.

Quoi qu'il en soit, cette proportion d'individus nés dans un autre département que celui où ils sont recensés mérite d'attirer l'attention, car elle varie beaucoup d'un pays à un autre.

Naturellement, il faut mettre à part quatre départements qui contiennent de très grandes villes (Paris, Lyon, Marseille, Bordeaux) et dans lesquels la proportion des Français étrangers au département est toujours élevée. (Seine 60 p. 100 Français, Rhône 34 p. 100 Français; Bouches-du-Rhône 28 p. 100; Gironde 27 p. 100).

Ces exceptions une fois admises, la France se divise, au point de vue de la proportion des immigrés dans chaque département, en quatre régions.

1° Méridionale (limitée par une ligne allant à peu près de la Rochelle à Genève) où il est vrai de dire que les habitants vivent où ils sont nés (proportion minimum de la région : Lot 0,5 étrangers au département sur 100 Français; Corse 2; Hérault 3, etc.; proportion maximum : Haute-Garonne 13; Aude 14, et enfin le Var, très exceptionnel, 19).

2° Région occidentale (la Bretagne, la Vendée et la Manche qui ressemble sous ce rapport au Midi; les gens qui y vivent y sont nés (proportion minimum des immigrés : Côtes-du-Nord 4 sur 100; proportion maximum : Ille-et-Vilaine 10).

3° Région du centre, limitée au nord par une ligne allant du mont

TABLEAU CI. — **Nombre absolu et proportion des individus nés hors du pays où ils sont recensés, pendant les cinquante dernières années.**

(On trouvera la date exacte des recensements de chaque pays à la page 133).

PAYS.	NOMBRE ABSOLU DES HABITANTS RECENSÉS DANS CHAQUE PAYS ET NÉS HORS DE CE PAYS.					SUR 1000 HABITANTS COMBIEN SONT NÉS HORS DU PAYS.				
	1841.	1851.	1861.	1871.	1881.	1841.	1851.	1861.	1871.	1881.
France	»	»	521.640	756.031	864.107	»	»	13.9	21.5	22.9
Alsace-Lorraine	»	»	»	155.729	»	»	»	»	100.5	»
Belgique (1846-1856-1866)	94.821	94.780	98.096	»	143.261	21.8	20.9	20.3	»	26.0
Pays-Bas	»	73.739	65.302	64.169	67.776	»	24.1	19.7	17.9	16.9
Espagne	»	»	34.894	»	40.532	»	»	2.2	»	2.4
Italie	»	»	88.639	80.828	100.821	»	»	4.1	3.0	3.5
Grèce	»	»	»	26.583	»	»	»	»	18.4	»
Suisse	»	»	108.541	»	»	»	»	43.2	»	»
Allemagne	»	»	»	402.474	419.171	»	»	»	9.8	9.3
Prusse — Nés dans un autre pays de l'empire.	»	»	»	615.080	526.037	»	»	»	24.9	19.3
Prusse — Nés hors de l'empire.	»	»	»	»	212.021	»	»	»	»	7.8
Saxe — Nés dans un autre pays de l'empire.	»	»	»	161.591	226.277	»	»	»	66.0	76.1
Saxe — Nés hors de l'empire.	»	»	»	»	39.872	»	»	»	»	3.6
Bavière — Nés dans un autre pays de l'empire.	»	»	»	123.265	116.130	»	»	»	25.3	22.0
Bavière — Nés hors de l'empire.	»	»	»	»	61.627	»	»	»	»	11.7
Wurtemberg — Nés dans un autre pays de l'empire.	»	»	»	51.221	40.778	»	»	»	28.1	20.7
Wurtemberg — Nés hors de l'empire.	»	»	»	»	10.869	»	»	»	»	5.5
Bade — Nés dans un autre pays de l'empire.	»	»	»	79.728	85.740	»	»	»	54.5	54.6
Bade — Nés hors de l'empire.	»	»	»	»	14.517	»	»	»	»	9.2
Autriche cisleithane.	»	»	»	»	198.114	»	»	»	»	12.7
Couronne de Saint-Etienne.	»	»	»	»	27.413	»	»	»	»	1.7
Suède.	»	»	9.544	14.872	»	»	»	2.5	3.5	»
Norvège (1865-1875).	»	»	21.260	37.260	»	»	»	12.5	»	20.6
Danemark.	»	29.621	»	54.043	62.121	»	21.0	»	30.3	32.2
Angleterre et Galles — Nés dans un autre état du Royaume-Uni	465.211	761.953	946.172	1020.101	939.617	29.2	42.5	47.1	30.3	36.2
Angleterre et Galles — Nés hors du Royaume-Uni	»	»	»	»	174.372	»	»	»	»	6.7
Écosse — Nés dans un autre état du Royaume-Uni	»	260.022	276.490	298.487	330.860	»	90.1	90.3	44.9	88.6
Écosse — Nés hors du Royaume-Uni	»	»	»	»	6.399	»	»	»	»	6.7
Irlande — Nés dans un autre état du Royaume-Uni	34.608	56.727	78.001	105.209	91.710	4.2	8.7	13.5	88.9	88.6
Irlande — Nés hors du Royaume-Uni	»	»	»	»	19.535	»	»	»	»	1.7
États-Unis d'Amérique — Nés hors d'Amérique	»	»	»	»	6675.943	»	»	»	19.5	133.2

Saint-Michel à Genève et où les étrangers au département sont un peu plus nombreux.

4° Région du nord-est où les étrangers au département sont beaucoup plus nombreux (proportion minimum des étrangers au département : Nord, 10 pour 100 ; Somme 11 ; proportion maximum : Oise, 21 ; Marne 24 ; Seine-et-Oise 28).

Ainsi on peut presque dire que plus on va dans le Midi, plus on trouve une population autochtone sans mélange d'étrangers au pays ; plus on va vers le nord (la Bretagne mise à part) plus on trouve une population mélangée d'éléments empruntés aux départements voisins.

L'auteur de l'*Introduction* au recensement de 1886 trouve que ces chiffres distinguent bien « les régions à émigration (centre et Midi) et régions à immigration : départements du bassin de la Seine ». La conclusion me paraît excessive car rien ne montre que les Méridionaux émigrent vers le nord ; un certain nombre vont à Paris, mais je ne crois pas qu'ils aillent en grand nombre dans d'autres départements. Tout ce que disent nos chiffres, c'est que les pays du Midi ne contiennent guère que leur population autochtone, tandis que les départements du Nord reçoivent des immigrants étrangers au département ; mais rien ne dit que ces immigrants ne viennent pas des départements voisins (et dans le Nord, les Ardennes et le Pas-de-Calais, de la Belgique).

Étant donné que les émigrations de pays à pays se font généralement sur les frontières de ces pays, et par conséquent à de très petites distances du lieu de naissance, il me semble qu'on conclurait avec plus de vraisemblance de nos chiffres que les Méridionaux sont casaniers tandis que les populations du nord de la France ont tendance à se mêler davantage les unes avec les autres.

Le développement de l'industrie dans le nord de la France doit contribuer à ce dernier résultat.

II. Migration d'un pays dans un autre sur le même continent. — A elle seule la France contient deux fois plus d'étrangers que l'Allemagne, la Hongrie, l'Autriche et l'Italie réunies. Il existe en France plus d'un million d'étrangers ; il s'en faut de beaucoup qu'aucune autre nation en reçoive un nombre total aussi élevé.

Le petit tableau CII permettra d'en juger.

Le nombre des étrangers va en augmentant dans la plupart des pays européens (excepté dans les Pays-Bas). On se rendra compte de cette augmentation du nombre des étrangers (qui s'explique naturellement par la multiplication des moyens de transport) en lisant le tableau CI. Il faut remarquer toutefois :

1° Qu'il concerne les individus nés à l'étranger (y compris les nationaux et non compris les étrangers nés sur le territoire du pays).

2° Qu'il considère comme nés à l'étranger ceux qui vivant en Angleterre sont nés en Écosse ou en Irlande ; et ceux qui vivant en Prusse sont nés dans un autre État de l'empire allemand.

Nous étudierons avec plus de détail les deux pays qui contiennent le plus d'étrangers, à savoir la Suisse et la France.

TABLEAU CII. — **Nombre d'étrangers recensés dans chaque État.**
(En 1880 sauf indication contraire).

PAYS.		NOMBRES ABSOLUS DES ÉTRANGERS recensés.	POUR 1000 HABITANTS combien sont étrangers.
France (1881).................................		1 001.090	26.6
Italie (1881).................................		59.956	2.1
Grèce (1879).................................		31.837	19.2
Suisse.................................		211.035	74.1
Allemagne		275.856	6.1
Prusse.....	Des autres États de l'empire.....	163.390	6.0
	Étrangers	98.958	3.6
Saxe.................................		37.038	12.5
Bavière.................................		56.265	10.6
Wurtemberg.................................		11.276	5.7
Bade.................................		13.415	8.5
Autriche cisleithane.	Des pays hongrois..............	184.509	8.3
	Étrangers..............	165.504	7.5
Hongrie ...	Des pays autrichiens.............	104.700	6.6
	Étrangers	16.085	1.0

Migration en Suisse. — Si au lieu de considérer les nombres absolus, nous considérons la proportion des étrangers par rapport au nombre des étrangers, nous verrons que la Suisse seule possède une proportion d'étrangers plus élevée que la France.

Pour nous rendre compte des causes qui séparent à ce point de vue les différents États, il faut étudier spécialement la Suisse, dont les documents sont excellents et qui a étudié avec soin pourquoi elle est ainsi exposée à subir la concurrence étrangère jusque sur son propre territoire. Nous étudierons ensuite les documents français qui sont beaucoup moins détaillés et par conséquent moins instructifs.

La proportion des étrangers en Suisse a toujours été forte, et, en outre, elle a rapidement augmenté :

Pour 1000 habitants, combien d'étrangers en Suisse.

En 1850.................................	30
1860.................................	46
1870.................................	57
1880.................................	74

Le tableau CIII indique la nationalité des étrangers qui habitent la Suisse, et l'augmentation de leur nombre. Nous y marquons aussi les cantons où ils sont le plus nombreux.

TABLEAU CIII. — **Nationalité des étrangers recensés en Suisse en 1870 et en 1880.**

	1870.	1880.	CANTONS OU LES ÉTRANGERS SONT LE PLUS NOMBREUX EN 1880.
Alsaciens-Lorrains...	»	5.339	Bâle V. et C., 1.968 ; Berne, 965.
Badois...............	25.221	39.657	Bâle V. et C., 13.932 ; Zurich, 7.427.
Bavarois.............	4.015	6.058	Zurich, 1,750.
Wurtembergeois.....	17.680	25.609	Zurich, 7.845 ; Bâle V. et C., 3.541 ; Saint-Gall, 3.771.
Autres Allemands....	10.329	18.599	Zurich, 4.353.
Autrichiens.........	5.872	12.850	Saint-Gall, 2.805.
Hongrois	360	459	
Italiens.............	18.073	41.530	Tessin, 19.603 ; Vaud, 3,022.
Espagnols...........	349	242	
Français............	62.228	53.653	Genève, 30.003 ; Vaud, 6.649 ; Berne, 5.728.
Belges..............	492	500	
Néerlandais.........	260	438	
Anglais, Ecossais, Ir-landais.	2.297	2.812	Vaud, 1.414.
Danois	93	153	
Russes, Polonais.....	1.599	1.285	
Suédois.............	80	180	
Norvégiens.........	43	49	
Américains..........	1.404	1.111	
Autres pays.........	389	499	
Nationalité inconnue.	123	12	
TOTAUX......	150.907	211.035	Genève, 37.907 ; Zurich, 27.951 ; Bâle V. et C., 26.140.

En 1850, la Suisse ne comptait que 71,570 étrangers sur 2,392,740 habitants.

On voit que l'immense majorité des étrangers établis en Suisse viennent de pays limitrophes, et en ce qui concerne l'Allemagne tout au moins, des régions les plus voisines de la frontière suisse ; les Badois et les Wurtembergeois forment la grande majorité des Allemands établis en Suisse, et encore ne se donnent-ils pas la peine d'aller bien loin ; ils vont à Bâle pour la plupart ou encore à Zurich (1).

On remarque aussi un fait facile à expliquer : c'est que les étrangers vont plutôt là où on parle leur langue maternelle : les Italiens (dont le nombre a doublé en Suisse en dix ans) sont, il est vrai, répandus par toute la Suisse, mais la moitié d'entre eux restent dans la Suisse italienne. De même plus de la moitié des Français vivent dans la Suisse française.

Les nations dont la langue n'est pas parlée en Suisse y sont à peine représentées.

L'augmentation du nombre des étrangers se voit dans tous les can-

(1) D'où il résulte que les petits pays dont les frontières sont longues par rapport à leur étendue, reçoivent beaucoup d'étrangers (Suisse, Saxe, Bavière).

tons suisses sans exception (*Rec. féd.*, I, p. 270). Les travaux de percement du Gothard expliquent la présence subite d'étrangers nombreux dans le canton d'Uri (1). Partout ailleurs, l'invasion a été lente et progressive. A Bâle-Ville, un tiers de la ville est allemande (34 pour 100), le canton de Genève contient même jusqu'à 37,907 étrangers (soit 37 p. 100) et perd, à cause de leur présence, son caractère protestant (la majorité des habitants de Genève est aujourd'hui catholique). Le canton du Tessin contient 16 p. 100 d'étrangers. Le canton de Schaffouse, 11 p. 100 et le canton de Zurich, 9 p. 100. Tous ces chiffres ont été atteints petit à petit et sans bruit.

La statistique suisse, excellente à tant d'égards, n'indique pas le lieu de naissance des étrangers, ce qui est une lacune regrettable.

Les étrangers immigrés en Suisse sont généralement masculins plutôt que féminins. Cela est vrai surtout des Italiens (27,936 Italiens et 13,709 Italiennes seulement); l'inégalité des sexes est bien moindre pour les autres nationalités. C'est aux âges de travail que l'inégalité des sexes est la plus grande, parce que c'est l'âge où arrivent les immigrants, et les immigrants sont en majorité des hommes.

Lorsqu'on étudie la composition par âges de la population indigène et de la population étrangère de la Suisse, on observe l'augmentation anormale des âges adultes pour la population étrangère. Nous l'avons remarquée aussi en étudiant Paris. Elle caractérise l'arrivée d'étrangers jeunes et besoigneux qui viennent chercher du travail. Aux mêmes âges, on voit l'inégalité des sexes s'accentuer dans la population étrangère, les hommes devenus d'un tiers plus nombreux que les femmes. Enfin la proportion des mariés est moindre parmi les immigrés que parmi les Suisses (différence qui se remarque moins, et même qui disparaît pour le sexe féminin, sans doute parce que les femmes n'émigrent pas aussi volontiers que les hommes lorsqu'elles sont célibataires). En résumé les étrangers qui envahissent la Suisse sont en majorité des hommes qui débarquent dans ce pays lorsqu'ils sont encore adultes et célibataires.

Que viennent-ils faire en Suisse? Ils viennent évidemment y chercher du travail. Leur sexe, leur âge, leur état civil indiquent qu'ils en ont besoin. Le nombre des gens qui viennent s'y fixer seulement pour admirer le paysage est insignifiant. La profession exercée par les étrangers, que le directeur de la statistique suisse, M. Kummer, a fait rechercher avec le plus grand détail, est très instructive à cet égard.

Il y a en Suisse 115,978 étrangers qui exercent une profession, c'est-à-dire que sur 1000 habitants de la Suisse travaillant par eux-mêmes, il y

(1) Uri contenait, en 1870, jusqu'à 27 étrangers p. 100 (Italiens et Allemands). Mais ce n'était qu'un événement provisoire causé par les travaux de percement du Saint-Gothard.

en a 83 qui sont étrangers. C'est justement la proportion de travail-
leurs étrangers qu'on trouve également à Paris.

La profession dans laquelle la concurrence étrangère se fait le plus
rudement sentir aux Suisses, c'est la construction de chemins de fer.
La moitié des ouvriers employés en 1880 étaient étrangers (il est vrai
qu'on achevait alors le percement du Saint-Gothard).

Les étrangers établis en Suisse ne s'adonnent guère à l'agriculture
(11,369 seulement, soit 20 p. 1000 de cette profession) tandis que la
moitié d'entre eux (53,321) sont employés à l'industrie et notamment à
celle du bâtiment. Le commerce en emploie 13,894 (soit 146 p. 1000 habitants de cette profession). Enfin beaucoup sont domestiques (15,691,
soit 201 p. 1000 de cette profession). On voit qu'il n'est guère de profession (en dehors de l'agriculture) où les étrangers ne fassent aux
Suisses une concurrence sérieuse.

« Si l'on examine ces chiffres, dit l'auteur de l'introduction au recensement (M. Kummer), on est tenté de croire que notre pays possède
beaucoup trop peu d'ouvriers et qu'il a besoin d'un renfort considérable du dehors pour suffire à ses offres de travail. Or comment concilier
avec cette supposition, des faits tels que les réunions « d'ouvriers sans
travail » qui ont eu lieu peu de temps avant le recensement dans les
cantons de Zurich, Berne et Genève pour demander du travail à l'État.
Nous devons rechercher pourquoi tant d'ouvriers suisses trouvent moins
facilement du travail que les ouvriers étrangers, car ce sont nos maîtres
artisans qui font leurs choix, et il faut bien admettre que leur propre
intérêt les oblige à choisir dans le nombre des postulants ceux qu'ils
trouvent les plus capables d'aider à la prospérité de leur industrie. C'est
ici que nous nous trouvons en présence des plaintes réitérées sur le
manque de bons ouvriers, c'est-à-dire d'ouvriers connaissant bien leur
métier et assidus au travail. Nous nous sommes laissé dépasser par
les pays étrangers, et notamment par l'Allemagne, en ce qui concerne l'instruction professionnelle ». Ces réflexions, sans doute, sont
aussi applicables à la France qu'à la Suisse.

Le polyglottisme de la Suisse, la longueur de ses frontières par rapport à son étendue, et surtout l'insuffisance de sa natalité sont les principales causes du grand nombre d'étrangers qu'elle renferme.

Migration en France. — Le tableau CIV nous montre qu'en France
l'augmentation du nombre absolu et aussi de la proportion des étrangers a été constante (encore faut-il tenir compte de ce fait que les
chiffres de 1851, 1861, 1866 contiennent 50,000 étrangers établis en
Alsace-Lorraine qui sont pour ainsi dire sortis de France sans bouger
de place, et qu'il faudrait, pour avoir des chiffres bien exactement comparables, défalquer des trois premiers recensements).

Le nombre des Français de naissance n'augmente qu'avec une extrême
lenteur. Quant aux naturalisés, leur nombre paraît s'être maintenu

constant jusqu'en 1872 ; depuis cette époque, il augmente presque en proportion géométrique, doublant d'un recensement à l'autre (1).

TABLEAU CIV. — **Augmentation du nombre des étrangers en France.**

NATIONALITÉ des HABITANTS de la France.	1851. (1)	1861. (1)	1866. (1)	1872. (1)	1876. (1)	1881. (2)	1886. (2)
Français nés de parents français.	35.388.814	36.864.673	37.415.283	35.346.695	36.069.524	36.327.154	36.700.342
Français natura- ralisés	13.525	15.259	16.286	15.303	34.510	77.046	103.886
Total des Fran- çais...........	35.402.339	36.879.932	37.431.569	35.362.253	36.104.034	36.404.200	36.804.228
Total des étran- gers	380.831	497.091	635.495	740.668	801.754	1.001.090	1.126.531
Total de la po- pulation.......	35.783.170	37.386.313	38.067.064	36.102.921	36.905.788	37.405.290	37.930.759
Sur 1000 habi- tants, combien d'étrangers. ...	10.6	13.3	16.7	20.3	21.7	26.7	29.7

(1) Population de droit.
(2) Population de fait. En 1886, le nombre des étrangers domiciliés dans le lieu où on les recensait était de 1.115.214. Le nombre des étrangers de passage, le 30 mai 1886, devait donc être 11.317.

Le tableau CV indique quelles sont les nationalités des étrangers recensés en France.

Il est de règle, en France comme en Suisse, et plus encore qu'en Suisse, que le nombre des hommes étrangers l'emporte sur celui des femmes. Il n'y a que deux exceptions qui concernent les Anglaises et les Allemandes, peut-être à cause du grand nombre d'institutrices de ces deux pays qui viennent en France enseigner leur langue.

Départements habités par les étrangers. — En ce qui concerne les nationaux des pays limitrophes, la règle est très simple et tout à fait analogue à celle que nous avons formulée pour la Suisse : ils sont surtout répandus dans les départements limitrophes des frontières de leur pays et spécialement dans ceux de ces départements qui sont industriels. Puis le département où ils sont le plus nombreux est celui de la Seine.

Ainsi les Belges sont répandus dans tous les départements qui bordent leur frontière et spécialement dans le très industrieux Nord (298, 991), où ils forment 18 p. 100 de la population. Ainsi les Allemands sont nombreux dans les départements qui bordent leur frontière et surtout

(1) Il est vrai que la manière de les compter ne paraît pas avoir été toujours la même, sans que les instructions soient d'ailleurs bien explicites sur ce point. En 1866, les femmes mariées étaient comptées d'après leur nationalité d'origine. En 1881 et en 1886 tout au moins, il n'en a pas été ainsi.

en Meurthe-et-Moselle. Ils sont plus nombreux encore à Paris. — Ainsi les Suisses sont nombreux dans le Doubs et en Savoie, mais beaucoup plus nombreux encore à Paris. — Ainsi les Italiens sont nombreux dans les Alpes-Maritimes et surtout à Marseille. — Ainsi les Espagnols sont nombreux dans les Basses-Pyrénées et les Pyrénées-Orientales.

TABLEAU CV. — **Nombre absolu des étrangers recensés en France depuis 1851, classés par nationalités.**

NATIONALITÉS.	1851. (1)	1861. (1)	1866. (1)	1872. (1)	1876. (1)	1881. (2)	1886. (2)
Anglais..............	20.357	25.711	29.856	26.003	30.077	37.006	36.134
Allemands............	57.061	84.958	106.606	104.169(3)	59.028	81.986	100.114
Austro-hongrois				5.116	7.498	12.090	11.817
Belges..............	128.103	204.739	275.888	347.558	374.498	432.265	482.261
Hollandais et Luxembourgeois..........	»	13.143	16.058	17.077	18.099	21.232	37.149
Italiens.............	63.307	76.539	99.624	112.579	165.313	240.733	264.568
Espagnols..........	29.736	35.028	32.650	52.954	62.437	73.781	79.550
Portugais..........					1.237	852	1.292
Suisses.............	25.485	34.749	42.270	42.834	50.203	66.281	78.584
Russes..........	9.338	9.291	12.164	9.310	7.992	10.489	11.980
Scandinaves........	»	789	1.226	1.058	1.622	2.223	2.423
Américains.........	»	5.020	7.223	6.859	9.855	9.816	10.253
Autres nationalités..	45.176	7.124	11.930	5.327	9.353	8.754	7.043
Nationalité inconnue.	2.268			9.824	4.542	3.582	3.363
TOTAUX........	380.831	497.091	635.495	740.668(3)	801.754	1091.090	1126.531

(1) Population de droit.
(2) Population de fait.
(3) Y compris 64.808 Alsaciens-Lorrains n'ayant pas opté. Avant la perte de l'Alsace-Lorraine, on comptait dans cette région 50.000 étrangers, dont 46.000 Allemands.

Les étrangers dont la patrie n'est pas limitrophe de la nôtre sont en bien moindre quantité, et ne sont nombreux qu'à Paris. Les Anglais qu'on ne saurait ranger exactement dans aucune de ces deux catégories, vivent surtout à Paris, dans le Pas-de-Calais, dans l'Ille-et-Vilaine (Dinan et environs) et dans les Alpes-Maritimes (Nice, etc.).

Nous n'avons pas sur les étrangers qui vivent en France tous les renseignements que nous avons sur les étrangers qui vivent en Suisse. Nous ne savons ni à quelles catégories d'âge, ni à quel état civil ils appartiennent. Cependant il est certain que (excepté les Anglais, les Américains et une partie notable des Russes), ce n'est pas pour leur plaisir qu'ils viennent en France; c'est pour y gagner de l'argent. Les étrangers qui vivent en France sont dans les mêmes conditions que ceux qui vivent en Suisse.

III. **Migration d'un continent dans un autre.** — La colonisation par les races européennes des continents livrés jusqu'à ce jour à la sauvagerie, est le phénomène social le plus important du XIXe siècle. Le tableau CVI indique dans quelles proportions les différentes nations y participent. La France malheureusement ne prend presque aucune part à ce grand mouvement civilisateur qui pousse les nations européennes vers des pays nouveaux et déserts. Depuis quelques années, notre pays a pourtant conquis un vaste domaine colonial. Espérons qu'il saura en tirer gloire et profit.

Le pays européen qui fournit le plus d'émigrants est, comme on le voit, la Grande-Bretagne, qui importe sa langue, sa civilisation et son commerce dans toutes les parties de la terre. Après la Grande-Bretagne, vient l'Allemagne, dont les innombrables émigrants vont presque tous aux États-Unis, et y oublient promptement leur patrie d'origine. Depuis peu d'années, les Scandinaves émigrent en masse aux États-Unis. L'Italie fournit un nombre d'émigrants ordinairement inférieur aux trois régions que je viens de citer. Les autres pays fournissent peu d'émigrants.

Nous étudierons d'abord les statistiques des pays d'émigration, dans l'ordre où nous venons de les énumérer. Puis, nous analyserons les statistiques des pays d'immigration.

TABLEAU CVI. — **Tableau résumé de l'émigration des principaux pays de l'Europe.**

Nombre d'émigrants partis pour un autre continent de chacun des pays ci-dessous désignés.

ANNÉES.	GRANDE-BRETAGNE ET IRLANDE.				ALLEMAGNE (1).	ITALIE.	SUISSE.	SUÈDE.	NORVÈGE.	DANEMARK.	PORTUGAL.
	ANGLETERRE ET GALLES.	ÉCOSSE.	IRLANDE.	TOTAL.							
1870......	105.293	22.935	74.283	202.511	»		3.494	15.568	14.838	3.525	»
1871......	102.452	19.232	71.067	192.751	75.912		3.852	13.186	12.276	3.906	»
1872......	118.190	19.511	72.763	210.494	125.650	»	4.899	11.968	13.865	6.893	17.281
1873......	123.343	21.310	83.692	228.345	103.638	»	4.957	9.612	10.362	7.200	19.280
1874......	116.490	20.286	60.496	197.272	45.112	»	2.672	3.569	4.601	3.322	14.835
1875......	84.540	14.686	41.449	140.675	30.773	»	1.772	3.689	4.048	2.088	15.410
1876......	73.396	10.097	25.976	109.469	28.368	22.392	1.741	3.786	4.355	1.581	11.035
1877......	63.711	8.653	22.831	95.195	21.964	22.698	1.691	2.997	3.206	1.877	11.057
1878......	72.323	11.087	29.492	112.902	24.217	23.901	2.608	4.400	4.863	2.972	9.926
1879......	104.275	18.703	41.296	164.274	33.327	39.827	4.288	12.866	7.608	3.068	13.208
1880......	111.845	22.056	93.641	227.542	106.190	35.677	7.255	36.398	20.212	5.658	12.597
1881......	139.976	26.826	76.200	243.002	210.547	43.725	10.935	40.762	25.976	7.985	14.637
1882......	162.992	32.242	84.132	279.366	193.869	67.632	10.898	44.585	28.804	11.614	18.272
1883......	183.236	31.139	105.743	320.118	166.119	70.436	12.776	25.911	22.167	8.375	19.351
1884......	147.660	21.953	72.566	242.179	143.586	59.459	8.975	17.895	14.776	6.307	17.518
1885......	126.260	21.367	60.017	207.644	103.642	78.961	6.928	18.466	13.981	4.346	»
1886......	146.301	25.323	61.276	232.900	76.687	87.423	5.803	»	13.138	6.264	»

(1) Les nombres marqués dans cette colonne ne font connaître que les Allemands partis des ports de Hambourg, Brême, Stettin et Anvers. En outre, le port du Havre en a expédié directement :

En 1871......	287	En 1875........	1.489	En 1879.......	2.485	En 1883.......	7.455
1872......	2.593	1876........	1.258	1880.......	10.757	1884.......	5.393
1873	6.776	1877........	939	1881.......	10.251	1885.......	2.790
1874......	2.511	1878........	1.399	1882.......	9.590	1886.......	3.032

En 1885 et 1886, il en est parti 6.781 par Amsterdam.

Émigration britannique. — La statistique de l'émigration existe en Angleterre depuis 1815, mais c'est à partir de 1853 seulement que la nationalité des émigrants a été relevée.

Tableau CVII. — **Nombre des émigrants partis des ports du Royaume-Uni pour les pays d'outre-mer.**

ANNÉES.	NOMBRE D'ÉMIGRANTS de toute nationalité.	ANNÉES.	NOMBRE D'ÉMIGRANTS de toute nationalité.	ANNÉES.	NOMBRE D'ÉMIGRANTS de toute nationalité.
1815........	2.081	1828........	26.092	1841........	118.592
1816........	12.510	1829........	31.198	1842........	128.344
1817........	20.634	1830........	56.907	1843........	57.212
1818........	27.787	1831........	83.160	1844........	70.686
1819........	34.787	1832........	103.140	1845........	93.501
1820........	25.729	1833........	62.527	1846........	129.851
1821........	18.617	1834........	76.222	1847........	258.270
1822........	21.304	1835........	44.478	1848........	248.089
1823........	17.093	1836........	75.417	1849........	299.498
1824........	14.805	1837........	72.034	1850........	280.849
1825........	14.891	1838........	33.222	1851........	335.966
1826........	20.900	1839........	62.207	1852........	368.764
1827........	28.003	1840........	90.743		

On peut diviser d'après les tableaux CVII et CVIII, l'histoire de l'émigration anglaise en trois périodes :

1º De 1815-1829. { Émigration très faible, à peine supérieure à celle de la France à notre époque.

2º De 1830-1846. { L'émigration double brusquement en 1840, puis elle augmente progressivement d'année en année.

3º De 1847-1886. { L'émigration triple en trois ans, et, depuis cette époque, elle varie d'une année à l'autre, mais avec une tendance constante à augmenter.

Chacune de ces trois périodes s'explique naturellement. Dans les années qui ont suivi 1815, l'Angleterre, jouissant enfin de la paix, avait à réparer les maux de la guerre ; le travail ne chômait pas, et l'on ne songeait guère à aller chercher fortune au loin. En 1830 et années suivantes, sévit la rivalité douloureuse des machines et de la main-d'œuvre ; en France, la misère qui en résulte se traduit par une série d'émeutes sans objet ; en Angleterre, elle a pour résultat d'augmenter l'émigration et de peupler les colonies anglaises. Enfin en 1846 et années suivantes, la maladie de la pomme de terre détermine un grand nombre d'Irlandais à s'expatrier. Les émigrants, lorsqu'ils ont réussi dans leur nouvelle patrie, en ont appelé d'autres, et c'est ainsi que la Grande-Bretagne et spécialement l'Irlande sont devenus les pays les plus migrateurs de la terre. Chacun des malheurs dont ces pays ont été frappés a été aussitôt suivi d'un accroissement de l'émigration. Cependant M. de Bismarck prétend que l'émigration est un signe de bien-être ; il n'y a pas un de nos tableaux qui ne proteste contre cette opinion.

TABLEAU CVIII. — **Nombre des émigrants partis des ports du Royaume-Uni pour les pays d'outre-mer** (*Suite*).

ANNÉES.	NOMBRE D'ÉMIGRANTS			NOMBRE TOTAL des émigrants.	POUR 1000 HABIT. RECENSÉS combien d'émigrants britanniques.
	BRITANNIQUES.	ÉTRANGERS.	DE NATIONALITÉ INCONNUE.		
1	2	3	4	5	6
1853.............	278.129	31.459	20.349	329.937	101
1854.............	267.047	37.704	18.678	323.429	97
1855.............	150.023	10.554	16.230	176.807	54
1856.............	148.284	9.474	18.796	176.554	53
1857.............	181.051	12.624	19.200	212.875	64
1858.............	95.067	4.560	14.345	113.972	33
1859.............	97.093	4.442	18.897	120.432	34
1860.............	95.989	4.536	27.944	128.469	33
1861.............	65.197	3.619	22.954	91.770	22
1862.............	97.763	3.311	20.140	121.214	33
1863.............	192.864	7.833	23.061	223.758	65
1864.............	187.081	16.942	4.877	208.900	63
1865.............	174.891	28.619	6.291	209.801	58
1866.............	170.053	26.691	8.158	204.882	56
1867.............	156.982	31.193	7.778	195.953	52
1868.............	138.187	51.956	6.182	196.325	45
1869.............	186.300	65.752	5.975	258.027	60
1870.............	202.511	48.396	6.033	256.940	65
1871.............	192.751	53.246	6.438	252.435	61
1872.............	210.494	79.023	5.696	295.213	66
1873.............	228.345	72.198	10.069	310.612	71
1874.............	197.272	38.465	5.277	241.014	61
1875.............	140.675	31.347	1.787	173.809	43
1876.............	109.469	25.584	3.169	138.222	33
1877.............	95.195	21.289	3.487	119.971	38
1878.............	112.902	31.697	3.064	147.663	33
1879.............	164.274	49.480	3.409	217.163	48
1880.............	227.542	100.369	4.383	332.294	66
1881.............	243.002	144.381	5.131	392.514	70
1882.............	279.366	130.029	3.893	413.288	79
1883.............	320.118	73.260	3.779	397.157	90
1884.............	242.179	57.733	3.989	303.901	67
1885.............	207.644	53.783	2.958	264.385	57
1886.............	282.900	94.370	3.531	330.801	63

Les trois royaumes participent très inégalement à l'émigration britannique.

TABLEAU CIX. — **Pays d'origine des émigrants britanniques.**

PÉRIODES D'OBSERVATION.	NOMBRE ABSOLU TOTAL DES ÉMIGRANTS dans l'ensemble de chaque période.			SUR 1000 HABITANTS RECENSÉS EN CHAQUE ROYAUME combien d'émigrants en un an.		
	ANGLAIS ET GALLOIS.	ÉCOSSAIS.	IRLANDAIS.	ANGLETERRE ET GALLES.	ÉCOSSE.	IRLANDE.
1853-55 (3 ans)...	211.013	62.514	421.672	3.9	7.2	21.4
1856-60 (5 ans)...	243.409	59.016	315.059	2.6	4.0	10.2
1861-65 — ...	236.838	62.461	418.497	2.3	4.0	14.5
1866-70 — ...	368.327	85.621	400.085	3.6	5.4	14.3
1871-75 — ...	545.015	95.055	329.467	4.8	5.7	12.2
1876-80 — ...	325.550	70.596	213.236	3.4	3.9	8.1
1881-85 — ...	760.124	133.527	398.658	5.7	7.0	15.8
1886 (1 an).......	146.301	25.323	61.276	5.2	6.4	12.5

L'émigration irlandaise n'était que de 22 831 en 1877 ; dès que recommencent les troubles qui désolent cette île malheureuse, l'émigration augmente ; elle double en 1879 (41 296), quadruple l'année suivante (93 641) et se maintient ensuite à ce chiffre élevé.

L'*émigration allemande* varie beaucoup d'une année à l'autre. Jamais elle n'a été si élevée que depuis que l'Allemagne s'est transformée en une vaste caserne.

TABLEAU CX. — **Nombre des émigrants partis des ports de Hambourg et de Brême.**

ANNÉES.	NOMBRE total des émigrants de toute nationalité.	Parmi LES ÉMIGRANTS de la col. 2, étaient étrangers à l'Allemagne (Hambourg et Brême seulem.).	ANNÉES.	NOMBRE TOTAL des émigrants de toute nationalité (y compris ceux du port de Stettin à partir de 1874).	Parmi LES ÉMIGRANTS de la col. 2 étaient étrangers à l'Allemagne (Hambourg et Brême seulem.).
1	2	3	1	2	3
1847......	41.310	?	1867......	116.860	28.135
1848......	36.532	?	1868.	116.483	20.458
1849......	34.249	?	1869......	110.813	22.284
1850......	33.206	?	1870......	79.337	20.237
1851......	49.772	558	1871......	102.740	26 828
1852......	87.586	5.125	1872......	154.824	30.290
1853......	87.591	6.237	1873......	132.417	32.377
1854......	127.694	11.504	1874......	75.680	32.144
1855......	50.202	4.961	1875......	56.581	27.874
1856......	62.720	4.007	1876......	50.600	26.720
1857......	81.014	5.087	1877......	41 824	21.696
1858......	42.976	4.538	1878......	46.371	23.130
1859......	35.253	3.539	1879..... .	51.763	22.525
1860......	46.511	4.375	1880......	149.769	54.803
1861......	30.939	3.577	1881......	247.332	62.963
1862......	35.264	6.486	1882......	231.943	62.138
1863......	42.856	6.773	1883......	201.314	57.355
1864......	52.756	4.954	1884......	195.497	68.963
1865......	87.549	9.901	1885......	155.147	65.713
1866	106.657	22.254	1886......	166.474	99 504

Émigration autrichienne. — Presque tous les émigrants autrichiens se dirigent sur les États-Unis (2 ou 300, quelquefois un millier au Brésil, et des chiffres insignifiants dans les autres pays d'outre mer). Le tableau CXI fait connaître le nombre des émigrants autrichiens d'après la statistique des ports de Brême et Hambourg et d'après celle des États-Unis. Ces deux statistiques donnent des résultats assez comparables.

En Autriche comme en Hongrie, l'émigration a pris un développement considérable depuis 1880, c'est-à-dire depuis la crise industrielle qu'imposent à l'Europe les dépenses militaires. M. de Bismarck y voit sans doute un signe de bien-être.

Émigration suédoise. — De 1851 à 1865, elle était très faible, atteignant rarement 3000 et ne dépassant jamais 5000. A ce moment survinrent quatre années de très mauvaises récoltes et presque de famine; l'émigration monte aussitôt et s'élève en 1868 à 27024, en 1869 à 39064. Elle fut un peu moindre pendant les années suivantes, mais l'habitude de l'émigration (et notamment celle de l'émigration aux États-Unis) était prise et se conserva. La crise commerciale de 1880 et années suivantes lui donna un nouvel essor. Est-ce l'excès du bien-être en 1868 qui a déterminé ce mouvement migratoire?

TABLEAU CXI. — **Nombre d'émigrants autrichiens partis pour les États-Unis.**

| ANNÉES. | AUTRICHIENS. | | HONGROIS | |
	D'après les ports de Brême et Hambourg.	D'après la statistique des Etats-Unis.	D'après les ports de Brême et Hambourg.	D'après la statistique des Etats-Unis.
1871	9.172	4.770	292	119
1872	8.614	5.100	590	1.032
1873	9.224	6.943	960	892
1874	8.564	6.891	907	852
1875	6.419	6.039	1.036	747
1876	6.175	6.047	608	475
1877	4.717	4.376	628	540
1878	4.604	4.883	797	632
1879	6.265	6.259	1.751	1.518
1880	19 780	18.252	8.754	6.668
1881	23.947	21.437	11.247	6.756
1882	17.180	18.315	17.472	11.602
1883	18.460	17.928	14.801	12.308
1884	20.049	20.688	13.131	10.708
1885	15.698	16.456	12.310	9 181
1886	18.486	22.006	25.088	18.110

Émigration norvégienne. — Les mêmes remarques s'appliquent à la Norvège. Les Norvégiens ont toujours été plus migrateurs que les Suédois. Avant 1866, leur émigration ne dépassait pourtant guère le chiffre annuel de 3 ou 4000. En 1866, la famine pousse 16 105 Norvégiens hors de leur pays; ce chiffre monte jusqu'à 18 762 en 1869 et ne diminue que lentement pendant les années suivantes. La crise de 1880 lui donne un nouveau regain.

Émigration italienne. — De tous les pays de l'univers celui où les Italiens vont se fixer le plus volontiers est la France; ceux qui traversent les mers vont plus volontiers à la Plata qu'aux États-Unis.

IV. **Pays d'immigration.** — *États-Unis.* — Le tableau CXII montre de quels éléments ethniques se composera la future race des États-Unis. La race britannique et plus spécialement la race irlandaise y contribue pour plus de moitié; le reste de l'Europe y prend une part presque égale; mais sa participation sera vite oubliée, puisque c'est la

TABLEAU CXII. — **Nombre des émigrants débarqués aux États-Unis,
de 1821 à 1880, dans l'ensemble de chaque période décennale.**

PROVENANCE DES ÉMIGRANTS.	1821-30.	1831-40.	1841-50.	1851-60.	1861-70.	1871-80.
Angleterre	14.055	7.611	32.092	247.125	251.288	440.961
Irlande.................	50.724	207.381	780.719	914.119	456.593	444.589
Écosse.................	2.912	2.667	3.712	38.331	44.681	88.926
Galles.................	170	185	1.261	6.319	4.647	6.779
Grande-Bretagne (sans indication plus précise).	7.942	65.347	229.979	132.199	349.766	7.908
Total des Iles Britanniques.............	75.803	283.191	1.047.763	1.338.093	1.106.970	989.163
Autriche et Hongrie....	»	»	»	»	9.886	83.033
Belgique..............	27	22	5.074	4.738	7.416	7.278
Danemark.............	169	1.063	539	3.749	17.885	34.577
France................	8.497	45.575	77.262	76.358	37.749	73.301
Allemagne	6.761	152.454	434.626	951.667	822.007	757.698
Italie.................	408	2.253	1.870	9.231	12.982	60.830
Pays-Bas.............	1.078	1.412	8.251	10.789	9.539	17.236
Norvège et Suède......	91	1.201	13.903	20.931	117.798	226.488
Russie et Pologne......	91	646	656	1.621	5.047	54.606
Espagne et Portugal....	2.622	2.954	2.759	10.353	9.047	9.767
Suisse................	3.226	4.821	4.644	25.011	23.839	31.722
Autres pays européens.	43	96	155	116	234	1.265
Total de l'Europe (moins la Grande-Bretagne)...	23.013	212.497	549.739	1.114.564	1.073.429	1.357.801
TOTAL DE L'EUROPE......	98.816	495.688	1.597.502	2.452.657	2.180.399	2.346.964
Chine.................	2	8	35	41.397	68.059	122.436
Autres pays de l'Asie...	8	40	47	61	385	632
TOTAL DE L'ASIE........	10	48	82	41.458	68.444	123.068
TOTAL DE L'AFRIQUE.....	16	52	55	210	324	221
Possessions britanniques de l'Amérique du Nord.	2.277	13.624	41.723	59.309	184.713	430.210
Mexique...............	4.817	6.599	3.271	3.078	2.386	5.164
Amérique centrale......	105	44	368	449	96	229
Amérique du Sud.......	531	856	3.579	1.224	1.443	1.152
Indes occidentales......	3.834	12.301	13.528	10.660	9.698	14.461
TOTAL DE L'AMÉRIQUE....	11.564	33.424	62.469	74.720	198.336	451.216
Iles de l'Atlantique.....	352	103	337	3.090	3.778	10.121
Iles du Pacifique.......	2	9	29	158	235	11.421
De tout autre pays.....	32.679	69.801	52.777	25.921	15.236	1.684
Total.................	33.033	69.913	53.143	29.169	19.249	23.226
TOTAL DES ÉMIGRANTS....	143.439	599.125	1.713.251	2.598.214	2.466.752	2.944.695

langue anglaise et les mœurs anglaises qui deviendront et resteront celles de l'Amérique.

L'immigration aux États-Unis n'a jamais cessé de se développer. Plus cet immense pays se peuple, plus il attire de nouveaux immigrants. On voit par notre tableau qu'il en a été ainsi jusqu'en 1880, et nous avons vu plus haut que depuis cette date les catastrophes militaires dont l'Allemagne menace l'Europe ont donné à l'émigration une nouvelle impulsion.

Australie, Tasmanie, Nouvelle-Zélande. — Notre tableau CXIII montre quelle a été l'immigration dans ces colonies depuis qu'elles ont commencé à être exploitées. Les Anglais sont presque seuls à les coloniser les Allemands et les Suisses ne leur donnent qu'un appoint insignifiant.

TABLEAU CXII. — **Immigrants arrivés en Australie, Tasmanie et Nouvelle-Zélande.**

ANNÉES.	IMMIGRANTS venus des Iles Britanniques.	ANNÉES.	IMMIGRANTS venus des Iles Britanniques.	IMMIGRANTS venus d'Allemagne (ports de Hambourg et de Brême).	ANNÉES.	IMMIGRANTS venus des Iles Britanniques.	IMMIGRANTS venus d'Allemagne (ports de Hambourg et de Brême).	IMMIGRANTS venus de Suisse.
1825....	485	1846. ..	2.347	»	1867....	14.466	144	»
1826....	903	1847....	4.949	888	1868....	12.809	151	22
1827....	715	1848....	23.904	1.651	1869....	14.901	76	65
1828....	1.056	1849....	32.191	1.754	1870....	17.065	1.259	71
1829....	2.016	1850....	16.037	518	1871....	12.227	1.909	109
1830....	1.242	1851....	21.532	788	1872....	15.876	2.485	60
1831....	1.561	1852....	87.881	1.195	1873....	26.428	2.572	121
1832....	3.733	1853....	61.401	1.865	1874....	53.958	2.103	49
1833....	4.093	1854....	83.237	4.907	1875....	35.525	1.989	74
1834....	2.800	1855....	52.309	3.119	1876....	33.191	1.907	146
1835....	1.860	1856....	44.584	1.891	1877....	31.071	1.541	144
1836....	3.124	1857....	61.248	2.179	1878....	37.214	2.609	117
1837....	5 054	1858....	39.295	1.650	1879...	42.178	308	75
1838....	14.021	1859....	31.013	1.060	1880....	25.438	149	53
1839....	15.786	1860....	24.302	440	1881...	24.093	816	28
1840....	15.850	1861....	23.738	766	1882....	38.604	1.385	11
1841....	32.625	1862....	41.843	938	1883....	73.017	2.291	20
1842....	8.534	1863....	53.054	2.566	1884....	45.944	810	48
1843....	3.478	1864....	40.942	650	1885....	40.689	751	21
1844....	2.229	1865....	37.283	2.834	1886....	44.055	748	16
1845....	830	1866....	24.097	573				

La Plata. — Une grande partie des immigrants sont Italiens; les autres, Espagnols ou Français. Le tableau CXIV indique la nationalité des colons débarqués pendant la période 1881-85 :

Malgré leur très grand nombre, les Italiens qui s'installent à la Plata ne tardent pas à apprendre la langue espagnole et à oublier leur première patrie. Telle est la force des droits du premier occupant.

TABLEAU CXIV. — **Immigrants arrivés dans la République argentine.**

ANNÉES.	IMMIGRANTS	ANNÉES.	IMMIGRANTS	ANNÉES.	IMMIGRANTS
1857.........	4.951	1867.........	17.046	1877.........	36.325
1858.........	4.658	1868.........	29.234	1878.........	42.958
1859.........	4.735	1869.........	37.934	1879.........	55.155
1860.........	5.656	1870.........	39.967	1880.........	41.651
1861.........	6.301	1871.........	20.930	1881.........	47.484
1862.........	6.716	1872.........	37.037	1882.........	51.503
1863.........	10.408	1873.........	76.332	1883.........	63.243
1864.........	11.682	1874.........	68.277	1884.........	77.805
1865.........	11.767	1875.........	42.066	1885.........	108.722
1866.........	13.696	1876.........	30.965	1886.........	93.116

TABLEAU CXV. — *Nombre d'émigrants débarqués dans la République argentine pendant l'ensemble de la période 1881-1885.*

Italiens....................................	182.620
Espagnols..................................	22.673
Français....................................	20.763
Anglais.....................................	4.991
Suisses.....................................	5.284
Allemands..................................	6.920
Portugais...................................	872
Autrichiens.................................	5.530
Belges......................................	1.854
Autre nationalité...........................	4.178
Émigrants venus d'outre-mer..................	255.185
Émigrants venus de Montévidéo................	93 572
Total général..................	348.757

ARTICLE III. — STATISTIQUE MORALE.

Nous sommes obligé de passer presque sous silence deux des chapitres les plus importants de la démographie : la statistique du degré d'aisance domestique (emploi des revenus, logement, vêtement, alimentation, excitants modernes tels que alcool, thé, café, tabac, etc.) et la statistique intellectuelle et morale (religion, instruction publique, la tendance au crime, au suicide, au divorce).

I. **Degré d'aisance.** — Les éléments d'une statistique du bien-être domestique manquent dans un grand nombre de pays et notamment en France, et il faudrait de longues explications pour l'étudier avec quelque soin. Quant à la statistique morale, plusieurs de ses éléments n'ont avec l'hygiène que des rapports éloignés. Nous nous bornerons à énoncer quelques-unes des conclusions de ces importants chapitres, laissant au lecteur le soin d'en vérifier l'exactitude en recourant à des ouvrages plus spéciaux.

Le bien-être des peuples a une influence considérable sur leur vitalité, sur leur état de salubrité et sur leurs qualités physiques et intellectuelles. On le prouve notamment en comparant les différentes provinces d'un même pays, ou les différents quartiers d'une même ville. On constate la proportion des *riches*, des gens *aisés*, des *pauvres*, et des *indigents* par les statistiques suivantes : dans les pays où existe l'impôt sur le revenu (Prusse, Angleterre, etc.) par la statistique des différentes catégories de revenus. Dans les autres pays par des méthodes détournées : la fréquence des ménages qui ont des domestiques, la fréquence des gens qualifiés *ouvriers* par le recensement, etc. La relation qui existe entre les salaires et le prix des vivres permet d'entrevoir le degré de bien-être de la classe pauvre. D'autres statistiques encore, variables avec les habitudes de chaque contrée, peuvent être utilisées ; telles sont la fréquence des contrats de mariage, la fréquence des enterrements de différentes classes, etc. On constate, notamment à Paris, que la fréquence des maladies épidémiques est plus grande dans les quartiers pauvres que dans les quartiers riches et aisés.

L'emploi des revenus a été étudié par M. Engel au moyen de l'étude patiente des livres de ménage. Il a constaté ainsi que chez le pauvre, 65 pour 100 du revenu est absorbé par l'alimentation, 13 par le vêtement, 16 par le logement, 6 par l'éclairage et le chauffage. Plus le revenu augmente, plus diminue la part proportionnelle affectée à l'alimentation. D'autres auteurs (Ch. Guyot, Foville, Hampke) sont arrivés à des conclusions analogues.

La statistique des habitations, très soignée dans plusieurs pays étrangers et notamment en Allemagne, est rudimentaire en France.

Celle du vêtement n'existe qu'à peine.

La statistique des aliments n'est faite que lorsqu'ils payent impôt. L'octroi de certaines villes fournit donc des renseignements précieux. L'alcool, le thé, le café, le cacao, le sucre, le tabac payant impôt dans presque tous les pays, sont l'objet de statistiques intéressantes mais qui ne sauraient être comparées entre elles sans de nombreuses précautions. Le savant mathématicien O.-J. Broch, ancien ministre de Norvège, dont la science déplore la perte récente, a fait preuve dans cette étude du sens critique d'un statisticien habile. (*Bull. de l'Institut intern. de statistique*).

II. **Religion**. — La religion n'a pas une influence nettement accusée sur les mouvements de population. On remarque pourtant les chiffres toujours favorables qui concernent les israélites. Mais la religion a une influence très grande sur l'instruction, la fréquence du suicide et celle du divorce.

III. **Instruction**. — Le degré d'instruction des peuples s'évalue soit par la proportion des conscrits illettrés, soit par la proportion des époux illettrés, soit par le nombre des écoliers ; les meilleurs renseignements sont ceux que fournissent les recensements par âge. Les pays où l'insiruction est le plus répandue sont les pays scandinaves (0, 4 illettré sur 100 conscrits) l'empire allemand (1, 6 illettrés sur 100 conscrits; dans la Pologne prussienne la proportion s'élève à 11), l'Alsace-Lorraine (2,2), la Suisse (2, 8). On peut dire que, dans ces pays, l'instruction est universelle. Elle est très répandue, sans être universelle, en France (15), en Belgique (17), dans les Pays-Bas (11), en Grande-Bretagne. Enfin elle est peu répandue en Autriche (39) en Italie (49), en Hongrie (51) et dans les pays slaves. L'instruction est plus générale dans les pays germaniques que dans les pays celtiques, latins ou slaves, dans les pays protestants que dans les pays catholiques ; dans les colonies européennes que dans les pays de l'ancien continent, etc. Aucune de ces règles générales n'est sans exception. C'est parce que l'instruction est, toutes choses égales d'ailleurs, plus répandue dans les pays riches que dans les pays pauvres que l'on a pu parler de l'influence hygiénique de l'instruction; l'instruction des parents parait pourtant avoir une influence sur la mortalité des enfants en très bas âge.

L'instruction ne diminue certainement pas la criminalité, comme on l'a souvent prétendu. Rien de plus illusoire que l'adage « Ouvrez une école, vous fermerez une prison ». Peut-être même est-ce le contraire qui serait le plus vrai.

IV. **Criminalité.** — M. Bodio, après avoir étudié comment la loi de chaque pays définit chaque espèce de crime, a dressé un tableau comparatif de la criminalité de chaque pays. Ce tableau nous a permis de calculer les chiffres suivants :

TABLEAU CXVI. — **Pour un million d'habitants de plus de 15 ans, combien d'accusés et de condamnés en un an ?**

PAYS.	HOMICIDES.		COUPS ET BLESSURES.		CRIMES CONTRE LES MŒURS		VOLS DE TOUTE NATURE.	
	JUGÉS.	CONDAM-NÉS.	JUGÉS.	CONDAM-NÉS.	JUGÉS.	CONDAM-NÉS.	JUGÉS.	CONDAM-NÉS.
France (1879–83).....	31	21	94	87	160	141	1.676	1.528
Belgique (1876–80)...	32	22	3.198	2.634	253	208	2.148	1.660
Italie (1880–84)......	152	141	3.060	2.288	80	59	3.252	2.444
Espagne (1883–84)...	68	48	338	270	11	6	467	373
Allemagne (1882–83).	21	17	2.415	1.964	266	218	4.075	3.505
Autriche (1877–81)...	»	37	»	3.494	»	141	»	»
Hongrie (1876–80)....	166	116	781	520	197	95	1.432	1.014
Angleterre (1880–84).	18	9	54	45	39	26	3.590	2.608
Ecosse (1880–84).....	17	8	216	183	23	20	4.570	4.236
Irlande (1880–84).....	28	16	150	96	19	13	156	101

Il est très difficile de savoir si la criminalité a augmenté ou diminué. Les chiffres indiquent qu'elle a diminué, mais cela vient de ce que, dans tous les pays, les lois sont interprétées dans un sens moins sévère qu'autrefois; beaucoup de méfaits, autrefois qualifiés crimes sont *cor-*

rectionnalisés, c'est-à-dire qualifiés délits. Malgré cela, les crimes qui ont le plus de rapport avec la folie (attentat à la pudeur sur les adultes, incendies. etc.) ont incontestablement augmenté de fréquence.

La criminalité est environ deux fois plus forte dans les villes que dans les campagnes.

Chaque genre de crime a sa saison d'élection ; les viols sur adultes et surtout sur enfants, sont plus fréquents en été qu'en hiver, etc. M. Lacassagne a pu établir un calendrier criminel.

La criminalité des hommes est en général sept fois plus forte que celle des femmes : les crimes contre l'enfant et les empoisonnements sont les seuls qui soient plus souvent commis par des femmes que par des hommes.

La criminalité se développe entre 16 et 21 ans, atteint son maximum entre 25 et 30 ans, puis à partir de 40 ans, elle diminue rapidement avec l'âge. Cependant la fréquence des attentats à la pudeur pratiqués sur les enfants augmente de fréquence jusqu'à 50 ans et diminue à peine dans l'extrême vieillesse (Garraud et Bernard, *Arch. d'anthr. crim.*, 1886).

La criminalité des gens mariés est moindre que celle des célibataires et celle des veufs l'emporte même sur celle des célibataires. Cela est vrai quel que soit le genre de crimes que l'on considère (et étant bien entendu qu'on tient compte de l'âge des mariés, des célibataires et des veufs). La criminalité des gens mariés *avec* enfants est moindre que celle des mariés *sans* enfants. Il en est de même pour les veufs. Cet abaissement de la criminalité dans l'état du mariage s'explique principalement par l'influence moralisatrice de la famille ; toutefois, il est possible qu'il soit dû aussi (dans une faible mesure) à ce que les mariés se recrutent parmi les meilleurs et les plus moraux. Il est possible que la criminalité très grande des veufs soit due, en partie, à ce qu'ils se recrutent parmi les pauvres un peu plus que parmi les riches (voy. p. 267).

Il résulte d'une statistique norvégienne que la criminalité des individus nés illégitimes est un peu plus forte que celle des légitimes. Mais la différence est faible et paraît due à ce que les illégitimes sont presque tous pauvres.

La proportion des récidivistes par rapport au total des condamnés va toujours en augmentant. Il était très difficile de constater la récidive jusque dans ces derniers temps, parce qu'il est très difficile de trouver la véritable identité d'un individu qui change de nom. Mon frère Alphonse Bertillon a trouvé la solution du problème en imaginant les signalements anthropométriques, qui peuvent être facilement classés par ordre de grandeur de longueurs osseuses et qui permettent de retrouver en quelques minutes le nom et le dossier de chaque accusé.

V. Suicide. — Les trois pays de l'Europe où les suicides sont le plus fréquents sont la Saxe, le Danemark (qui a eu longtemps le maximum) et la Suisse. Bien loin après ces trois pays, il faut citer les pays allemands, puis la France et la Belgique, la Suède et la Norvège. Parmi les pays où le suicide est rare, se trouvent l'Angleterre (contrairement à un préjugé répandu), puis les pays celtiques (Écosse, Irlande, Galles, Bretagne française), les pays latins (Italie, Espagne), et les pays slaves que nous connaissons.

Si nous étudions avec plus de soin la géographie du suicide, nous verrons apparaître assez nettement l'influence de la race sur la fréquence de cette perversion mentale. L'Autriche cisleithane et la Suisse sont particulièrement propres à cette étude. Plus une province de l'un de ces deux États est allemande, plus elle compte de suicides ; plus elle est italienne ou slave du Sud, et moins elle en compte. Les pays peuplés par des Slaves du Nord (Tchèques, Moraves, Polonais, Ruthènes, etc.) le sont généralement aussi par des Allemands, et le suicide y est assez répandu.

TABLEAU CXVII. — *Pour un million d'habitants, combien de suicides en un an ?*

	Période d'observation.	Suicides annuels pour 1 million d'hab.
France...............................	1878—1882	180
Alsace-Lorraine.......................	1878—1882	101
Belgique	1878—1882	100
Pays-Bas	1880—1882	45
Italie................................	1878—1882	45
Espagne...............................	1880—1883	30
Suisse................................	1878—1882	239
Prusse................................	1878—1882	166
Saxe..................................	1878—1882	392
Bavière...............................	1878—1882	133
Wurtemberg...........	1877—1881	189
Bade..................................	1878—1882	198
Autriche cisleithane..................	1877—1881	163
Hongrie	1877—1881	57
Croatie-Slavonie	1875—1879	36
Finlande..............................	1878—1882	32
Suède	1878—1882	92
Norvège	1878—1882	69
Danemark	1880—1882	251
Angleterre et Galles..................	1878—1882	75
Écosse................................	1877—1881	49
Irlande...............................	1878—1882	17

Enfin l'influence ethnique sur la tendance au suicide peut être étudiée en France, où l'on voit les pays celtiques (Bretagne, et à un moindre degré l'Auvergne et la Savoie) présenter des chiffres plus faibles que le midi de la France ; le maximum des suicides se trouve dans les pays industriels du Nord.

Influence de la religion. — Les chiffres de la Suisse, ceux de la Bavière, de la Prusse, etc., montrent que le suicide est beaucoup plus fréquent dans les pays protestants que dans les pays catholiques. D'après Legoyt, 103 suicides par million d'habitants chez les protestants; 62 chez les catholiques; 36 chez les orthodoxes grecs, 48 chez les israélites.

TABLEAU CXVIII. — **Sur un million d'habitants, combien de suicides annuels?**

	France.	Belgique.	Prusse.	Saxe.	Norvège.	Danemark.	Grande-Bretagne.
1816—1820......	»	»	70	»	»	»	»
1821—1825......	»	»	83	»	»	»	»
1826—1830......	54	»	89	»	80	»	»
1831—1835......	64	39	96	»	97	»	»
1836—1840......	76	46	103	158	109	213	»
1841—1845......	85	62	110	198	107	232	»
1846—1850......	97	60	99	199	110	258	»
1851—1855......	100	37	130	248	107	272	»
1856—1860......	110	} 55	123	245	94	276	»
1861—1865......	124		122	264	85	288	66
1866—1870......	135	66	133	297	76	277	67
1871—1875......	150	69	133	299	73	258	68

Influence du temps. — La fréquence du suicide va en augmentant dans tous les pays de la terre, excepté en Norvège (tableau CXVIII).

La Norvège est le seul pays de l'Europe où l'ivrognerie ait diminué; sans doute la diminution des suicides est liée dans ce pays à la diminution de l'alcoolisme. On a rattaché la diminution des suicides norvégiens à l'augmentation considérable de l'émigration; mais l'émigration n'a augmenté qu'à partir de 1868; il y avait plus de vingt ans déjà que la Norvège se signalait par l'amélioration de son état mental.

Les suicides sont presque deux fois plus fréquents à la ville qu'à la campagne.

TABLEAU CXIX. — **Sur un million d'habitants de chaque catégorie, combien de suicides en un an?** (SUÈDE, 1861-1875.)

AGES.	HOMMES.		FEMMES.		HOMMES en général.	FEMMES en général.	DEUX SEXES.
	NON MARIÉS.	MARIÉS.	NON MARIÉES.	MARIÉES.			
1	2	3	4	5	6	7	8
11 à 15 ans......	6	»	2	»	6	2	4
16 — 25 —	57	105	30	26	57	30	43
26 — 35 —	257	106	42	28	179	42	107
36 — 45 —	670	188	58	42	261	58	155
46 — 55 —	907	241	65	56	289	65	171
56 — 65 —	1.501	263	72	71	322	72	185
66 — 75 —	2.293	208	69	47	283	70	161
76 — ω —	3.333	95	43	76	193	43	100
Tous les âges au-dessus de 10 ans.	167	194	53	45	171	44	105

Les hommes se suicident quatre ou cinq fois plus souvent que les femmes (voir tableau CXIX, col. 6 et 7 ; tableau CXX).

La tendance au suicide va en augmentant constamment avec l'âge. L'influence de l'état civil sur la tendance au suicide est considérable ; elle doit être étudiée âge par âge (voir tableau CXIX) :

L'influence de la présence des enfants sur la tendance au suicide est également considérable.

TABLEAU CXX. — FRANCE (1861-1868). — *Pour un million d'habitants de chaque catégorie, combien de suicides en un an?*

	Hommes.	Femmes.
Époux sans enfants.........................	470	158
Époux avec enfants.........................	205	45
Veufs sans enfants.........................	1.004	238
Veufs avec enfants.........................	526	104

Les paysans se suicident très rarement (les femmes de cette classe presque autant que les hommes) ; les ouvriers beaucoup plus souvent. Les commerçants, les hommes exerçant des professions libérales, et surtout les militaires, ont une tendance plus grande au suicide.

La statistique des motifs déterminants du suicide, montre que la cause immédiate du suicide (chagrins, remords, amour, etc.) n'est qu'occasionnelle, et par conséquent peu importante.

Il y a plus de suicides en été qu'en hiver ; le lundi et le mardi (jours d'ivresse) que le vendredi et le samedi (jours de paye) ; le matin que dans la journée ou que dans la nuit. Les moyens d'exécution varient avec le pays, le sexe, l'âge, la profession.

VI. **Divorce.** — Nous sommes conduit par l'étude statistique du divorce à le considérer, dans un grand nombre de cas, comme la manifestation d'une déviation de l'esprit. Il existe entre la statistique du divorce et celle de l'alcoolisme, du suicide, etc., des relations étroites qui justifient la place que nous donnons à ce paragraphe dans cet ouvrage.

Fréquence du divorce dans les différents pays de l'Europe. — Elle est indiquée par le tableau CXXI.

La fréquence des divorces est gouvernée par la loi suivante, qui est très singulière et qui ne souffre aucune exception : *Dans toutes les conditions où le suicide est fréquent, le divorce est fréquent. Dans toutes les conditions où le suicide est rare, le divorce est rare.* Cela vient, à notre avis, de ce que le suicide et le divorce proviennent l'un et l'autre d'une déviation de l'esprit.

Aussi presque chacune des règles que nous avons énoncées relativement au suicide trouve une application à la statistique du divorce. Comme le suicide, le divorce est plus fréquent à la ville qu'à la campagne parmi les protestants que parmi les catholiques, parmi les professions libérales et commerçantes que parmi les professions manuelles ou agricoles : sa fréquence augmente avec le temps, etc.

En un mot toutes les circonstances qui favorisent la demi-folie, favorisent à la fois le suicide et le divorce. Quant aux facilités plus ou moins grandes que la loi accorde pour rompre le lien conjugal, elles n'ont sur les divorces et séparations absolument aucune influence.

TABLEAU CXXI. — *En chaque pays, combien de divorces ou de séparations de corps prononcés definitivement?*

I. — PAYS OÙ LES DIVORCES ET SÉPARATIONS SONT TRÈS RARES.

	En un an, pour 100,000 couples existants.		Pour 1000 mariages célébrés pendant la période observée.	
		Col. *a.*		Col *b.*
Norvège...................	(1875-1880)	2.5	(1875-1880)	0.54
Finlande	(1875-1879)	16	(1875-1879)	3 9
Russie.....................	»	»	(1871-1877)	1.6
Angleterre et Galles.........	(1871-1879)	6	(1871-1879)	1.3
Écosse....................	(1871-1881)	10	(1871-1881)	2.1
Italie.....................	(1871-1873)	13	(1871-1873)	3.05

II. — PAYS OÙ LES DIVORCES ET LES SÉPARATIONS ONT UNE FRÉQUENCE MOYENNE.

Suède.....................	(1871-1880)	27	(1871-1880)	6.4
France....................	(1871-1880)	30.4	(1871-1879)	7.5
Alsace-Lorraine	(1874-1880)	25	(1874-1880)	6.1
Belgique	(1871-1880)	23	(1871-1880)	5.1
Pays-Bas..................	(1871-1880)	28	(1871-1880)	6.0
Bade.....................	(1874-1879)	32	(1874-1879)	6.5
Wurtemberg...............	(1876-1878)	38	(1876-1878)	8.4
Bavière	»	»	(1881)	5.0
Prusse (1)................	»	»	»	»
Hongrie et Transylvanie....	(1876-1880)	36.3	(1876-1880)	7.7
Roumanie.................	»	»	(1871-1880)	10.6

III. — PAYS OÙ LES DIVORCES ET SÉPARATIONS SONT EXCEPTIONNELLEMENT FRÉQUENTS.

Danemark.................	(1871-1880)	174	(1871-1880)	38.0
Suisse....................	(1876-1880)	262	(1876-1880)	47.8
Saxe royale...............	(1875-1878)	145	(1875-1878)	26.9
Thuringe..................	»	»	(1871-1878)	15.7
Massachusetts.............	»	»	(1871-1878)	34.7

La place me manque pour démontrer les règles que je viens d'indiquer (2). Elles expliquent pourquoi, dans tous les pays, la fréquence du divorce (ou de la séparation de corps) est en relation directe avec la fréquence du suicide. Le lecteur s'en apercevra en comparant notre tableau CXVII avec notre tableau CXXI. La composition des différentes provinces d'un même pays est plus frappante encore; le tableau CXXII compare la fréquence du suicide et celle du divorce dans les différents cantons suisses (si dissemblables entre eux par la race, la religion, les professions, les langues parlées; la loi relative au divorce est fédérale et par conséquent uniforme dans toute la Suisse).

(1) La statistique prussienne ne publie pas le nombre des divorces. Quelques chiffres épars suffisent à montrer que les divorces en Prusse, sans être très nombreux, le sont un peu plus que ne le sont les séparations en France.

(2) Voir sur ce point : *Étude démographique du divorce et de la séparation de corps dans les différents pays de l'Europe* par Jacques Bertillon, et *Journal de la Société de statistique*, 1884.

TABLEAU CXXII. — **Pour 1000 mariages célébrés, combien de divorces définitivement prononcés.**

(SUISSE, 1876-1880)

CANTONS.	SUR 100 HABIT. combien parlent allemand (les autres français ou italien) (1880).	SUR 100 HABIT. combien de protestants (les autres catholiques) (1880).	POUR 1000 MARIAGES combien de divorces définitifs ?	Pour 100,000 habit. combien de suicides annuels en chaque canton (1876-1881).
	1	2	3	4
I. — CANTONS CATHOLIQUES.				
Cantons français.				
Fribourg..................	31	16	15.9	119
Valais....................	32	1	4.0	47
Canton italien.				
Tessin....................	0.8	0.3	7.6	57
Cantons allemands.				
Lucerne...................	99.5	4	13.0	100
Uri.......................	76	2	0.0	60
Schwytz...................	97	2	5.6	70
Unterwalden-le-Haut........	99	2	4.9	20
Unterwalden-le-Bas.........	99	0.8	5.2	1
Zug.......................	98	5	14.8	87
Soleure...................	99	21	37.7	205
Appenzell intérieur...	99.6	4	18.9	158
II. — CANTONS PROTESTANTS.				
Cantons français.				
Vaud......................	9	92	43.5	352
Neuchâtel	24	88	42.4	560
Cantons allemands.				
Berne.....................	85	87	47.2	229
Zurich....................	99	89	80.0	288
Glaris....................	99	79	83.1	127
Bâle-Ville................	96	68	34.5	323
Bâle-Campagne	99	79	33.0	288
Schaffhouse...............	99	88	106.0	602
Appenzell extérieur........	100	93	100.7	213
Thurgovie.................	99	72	77.7	281
III. — CANTONS MIXTES (quant à la religion).				
Genève....................	11	48	70.5	360
Grisons...................	46	56	30.9	116
Argovie	99	54	40.0	195
Saint-Gall	99	40	57.6	179

On voit les différences profondes qui séparent les cantons catholiques et les cantons protestants. Chez les protestants le divorce et le suicide sont beaucoup plus fréquents; toujours la fréquence de ces deux déviations de l'esprit marchent ensemble.

RÉSUMÉ.

Après avoir indiqué les principaux chapitres dont se composerait un traité de démographie complet (p. 119-125), nous avons fait connaître la population de la Terre (p. 125) et celle des États européens (p. 129-134). Nous avons dû constater, d'après les chiffres de M. Levasseur, que la puissance numérique du peuple français diminue depuis deux siècles par rapport à l'ensemble de la population des grandes puissances politiques (p. 134).

Lois générales de l'accroissement des populations. — La population tend à se proportionner aux substances disponibles (p. 130 et surtout p. 138 à 148). Les vides qu'une grave calamité publique produit dans une population peuvent diminuer le nombre des naissances à la fin des périodes trentenaires qui suivent cette calamité (p. 149). En général, un pays qui a une forte mortalité a aussi une forte nuptialité et une forte natalité, et inversement (p. 153). Généralement il y a un peu plus d'hommes que de femmes (p. 156). La France est le pays qui contient le moins d'enfants et le plus de vieillards (p. 159) la proportion des mariés y est élevée (p. 161).

Nuptialité (p. 163). — Nous l'avons comparée dans différents pays (p. 163), à différentes époques (p. 142 et p. 154), à différents âges (p. 169). La statistique des mariages consanguins nous laisse sceptique sur leur mauvaise influence (p. 172). La nuptialité des veufs et celle des divorcés l'emporte sur celle des veufs. Le second mariage ne tarde guère. Règles analogues pour les femmes (p. 174.

Natalité (p. 177). — Nous avons étudié la natalité légitime et la natalité illégitime dans différents pays (p. 178), à différentes époques (p. 142, 154, 183). Nous avons vu à quel âge les femmes ont le plus d'enfants légitimes et illégitimes (p. 186) et combien elles en ont (p. 187). Si la natalité baisse en France, ce n'est pas qu'il y ait plus de ménages stériles qu'en 1856 (p. 189). Il naît 105 ou 106 garçons pour 100 filles. Les garçons sont plus nombreux encore parmi les premiers nés (p. 197) dans les premières années du mariage (p. 199) lorsque le père est jeune (p. 198). Ce rapport varie avec la classe sociale des parents (p. 201).

Environ un tiers des enfants nés illégitimes sont ensuite légitimés en France et en Belgique. Cette proportion tend à augmenter ; un tiers des légitimations se fait dans la première année de la vie (p. 203-215).

La *gémellité* (p. 215) est un caractère ethnique d'une invariable constance. Les grossesses doubles unisexuées sont plus fréquentes que les bisexuées (p. 217). La mortinatalité des jumeaux issus de grossesses unisexuées est plus grande que celle des jumeaux issus de grossesses bisexuées (p. 220).

Mortinatalité. — Elle a été étudiée dans chaque pays (p. 224). Elle augmente avec l'âge de la mère (p. 226). Elle est toujours plus forte parmi les illégitimes que parmi les légitimes (p. 226), surtout en France (p. 227) ; on doit attribuer ce résultat à la misère des filles-mères plutôt qu'à des crimes (p. 228). Nous avons étudié la mortinatalité selon l'âge des fœtus (p. 228). La mortinatalité des garçons est très supérieure à celle des filles.

Mortalité (p. 231). — Les méthodes à suivre pour la calculer ont été passées en revue. Elle doit être calculée âge par âge. Nous l'avons étudiée dans chaque pays (p. 246) par groupes d'âges. La mortalité des petits enfants est au maximum au moment de leur naissance et décroît rapidement ensuite (p. 254-257). L'influence funeste de l'alimentation artificielle dépasse tout ce qu'on pouvait craindre (p. 258).

La mortalité des mariés est plus faible que celle des célibataires, qui est elle-même plus faible que celle des veufs et des divorcés (p. 263). Nous étudions (page 267) la mortalité par profession. La vie normale de l'homme est de 72 à 74 ans (p. 269). La mortalité par causes de décès et par âge est étudiée rapidement (p. 275).

Migration. — Nous étudions les migrations qui se font d'une région dans une autre, dans l'intérieur d'un même pays (p. 277) ; celles qui se font d'un pays dans un autre dans l'intérieur d'un même continent (p. 281) ; celles qui se font d'un continent dans un autre (p. 287). Il est faux de dire que l'importance de l'émigration en outre-mer soit un signe de bien-être ; c'est le contraire même de le vérité.

Statistique morale (p. 295). — Nous avons passé rapidement en revue la statistique du degré d'aisance ; celle des religions (p. 296) ; celle de l'instruction publique (p. 296) ; celle de la criminalité (p. 297) ; celle du suicide (p. 298 et, enfin, celle du divorce (p. 301). Il existe des relations étroites entre ces trois derniers chapitres.

Contraste insuffisant ou différent, mauvaise qualité d'impression

Under-contrast or different, bad printing quality